COME VINCERE LO STRESS CON IL PROGRAMMA GNP

Dr. H. Greissing - Dr. C. Di Salvo - A. Zillo

COME VINCERE LO STRESS CON IL PROGRAMMA GNP

BASATO ANCHE SU ALCUNI PRINCIPI DEL
METODO ZILGREI
DI H. GREISSING E A. ZILLO

MANUALI SONZOGNO

Dedichiamo questo libro
a Lidia, Elisa e Chiara Di Salvo.

Copertina di Alberto Savoia

Illustrazione di copertina: Susanna Renzi

Progetto grafico: Graphic Designers
(Paola Masera - Amelia Verga)

Redazione e impaginazione: Asterisco s.r.l. - Milano

Via Mecenate 91 - 20138 Milano

I Edizione Manuali Sonzogno settembre 1992

Finito di stampare nel mese di luglio 1992
presso Grafiche Mazzucchelli - Seriate - BG

ISBN 88-454-0486-2

SOMMARIO

Questo libro è stato scritto dal Dr. Hans Greissing D.C.(U.S.A.), dal Dr. Carlo Di Salvo e da Adriana Zillo Monti, con la collaborazione dei componenti dell'équipe GNP.

Essi sono :

Dr. GREISSING Hans D.C. (U.S.A.),dottore in chiropratica, coautore del metodo Zilgrei e autore di *The Spinal Summa*, trattato di tecniche chiropratiche, Milano, Italia;

ZILLO MONTI Adriana, coautrice del metodo Zilgrei, Treviso, Italia;

ALBANESE Denis, infermiere professionale, istruttore Zilgrei, Marcon (Venezia), Italia;

ARRIGONI Chiara, istruttore Zilgrei, Longone al Segrino (Como), Italia;

BASQUE Monica, ostetrica, istruttore Zilgrei, Ludenscheid, Germania;

BERGER Mieke, esperta in metodi terapeutici naturali, istruttore Zilgrei, Diemen, Olanda;

Dr. BIANCHI Federico, medico odontoiatra, Milano, Italia;

BONZANINI Emilio, insegnante di educazione fisica, istruttore Zilgrei, Vergiate (Varese), Italia;

BOSCACCI Paolo, istruttore Zilgrei, Bellinzona, Svizzera;

Dr. CANNELLA Roberto, medico, istruttore Zilgrei, Milano, Italia;

Dr. DI SALVO Carlo, medico, istruttore Zilgrei, Palermo, Italia;

FADDA Flavio, istruttore Zilgrei, Maccagno Superiore (Varese), Italia;

FORTI Bruna, istruttore Zilgrei, Milano, Italia;

GASLINI Maddalena, tecnico di radiologia, istruttore Zilgrei, Milano, Italia;

GREISSING Roderick Arthur, collaboratore di *The Spinal Summa*, Torino, Italia;

INVERNIZZI Ugo, insegnante di educazione fisica, istruttore Zilgrei, Sondrio, Italia;

Dr. JOIST Rolf, medico, istruttore Zilgrei, Bad Sackingen-Rippolingen, Germania;

LEUKEL Bernard, insegnante di educazione fisica, istruttore Zilgrei, Enspel, Germania;

LEWIS Robert, Thirsk Hambleton, Yorkshire, Gran Bretagna;

LICCIARDELLO Salvatore, infermiere professionale, studente di medicina, istruttore Zilgrei, Catania, Italia;

Dr. NABELSICHT Heiko, medico, istruttore Zilgrei, Bielefeld, Germania;

PARINI Maurizio, fisioterapista, istruttore Zilgrei, Como, Italia;

Dr. POZZOLINI Marco, medico chirurgo, ortopedico, Milano, Italia;

ROGERS Jorun Charlotte, istruttore Zilgrei, Lugano, Svizzera;

SACCHIERO Antonio, fisioterapista, istruttore Zilgrei, Milano, Italia;

Dr. SCHRAM Steve D.C. (U.S.A.), dottore in chiropratica, istruttore Zilgrei, New York, N.Y., U.S.A. ;

SOMENZI PARINI Andreana, istruttore Zilgrei, Milano, Italia;

TANZI Allegra, istruttore Zilgrei, Usmate (Milano), Italia;

Dr. WERNER Manfred, medico, istruttore Zilgrei, Marburg, Germania;

ZOCCA Rosario, massoterapista, istruttore Zilgrei, Pisa, Italia.

Gli autori ringraziano in modo particolare Bruna Forti per la sua preziosa e insostituibile collaborazione e Carlo Crovetto per i disegni di ottima qualità e di facile comprensione.

SIMBOLOGIA

Cominciate a prendere confidenza con i simboli che abbiamo usato nel libro per descrivere, nelle figure, come eseguire i movimenti e la respirazione ad essi coordinata.

)→	Cominciare ad inspirare, o inspirazione
))→	Inspirazione
)))→	Inspirazione completa
●)))→	Inspirazione e pausa di cinque secondi
S ●)→	Inspirazione superficiale ed aria trattenuta, non espulsa
(←	Cominciare ad espirare, o espirazione
((←	Espirazione
(((←	Espirazione completa
○(((←	Espirazione e pausa di cinque secondi
(((((←	Espirazione prolungata
A	Flessione in avanti
P	Estensione (flessione all'indietro)
D	Rotazione a destra
S	Rotazione a sinistra
←	Direzione del movimento
←	Direzione del movimento
↙	Direzione del movimento
≈	Rilassare o rilassato
➤C◄	Contrarre o contratto
G ▼	Effetto della forza di gravità
■	Applicare una resistenza o bloccare
◄	Leggera pressione e sua direzione
V	Verticale
H	Orizzontale
S	Sinistra
D	Destra
A	Anteriore
P	Posteriore
N	Posizione neutrale
∠	Angolo

STORIA DI UN INCONTRO

CARLO DI SALVO, UN MEDICO...

Sono passati ormai sei anni da quando, con un misto di curiosità e perplessità, cominciai a leggere uno dei libri sul metodo Zilgrei, il primo della serie. Un paziente me lo aveva regalato e mi aveva chiesto di leggerlo con attenzione e di dirgli poi cosa ne pensavo. Non vi nascondo la mia perplessità mista ad un certo fastidio. Noi medici, infatti, riceviamo migliaia di pubblicazioni a carattere scientifico che hanno ben poco di scientifico. Siamo peraltro abbastanza abituati a sentire parlare dei miracoli di ogni nuova terapia, naturalmente alternativa, da parte dei nostri pazienti. Così il libro finì in un cassetto e per un po' ne dimenticai l'esistenza. Qualche mese dopo fu mia suocera a farmi ricordare dell'esistenza del libro, parlandomi con interesse di questo metodo. Così presi la decisione di leggerlo, tirandolo fuori dal cassetto, probabilmente con la convinzione che dal cassetto avrebbe cambiato destinazione, finendo nel cestino dei rifiuti. Invece il libro mi incuriosì parecchio e il mio atteggiamento cambiò un po'. Restai sempre perplesso, ma, allo stesso tempo, curioso.

Fui colpito dall'estrema semplicità e dalla logica del metodo, ma la mia formazione accademica mi impediva di accettare il messaggio "rivoluzionario" in esso contenuto.

Mi trovavo di fronte ad un metodo che non pretendeva di curare, ma di insegnare alla gente a curarsi da soli, a risolvere da soli quei disturbi a carattere artrosico-reumatico con i quali avevo a che fare quotidianamente nella mia esperienza di medico.

Devo dire, con tutta sincerità, che curare questo tipo di disturbi costituiva per me e, penso, anche per i miei colleghi, uno di quei problemi di non facile soluzione. Interessava tutti, non solo gli anziani, e le terapie proposte (farmaci, terapie fisiche ecc.) non davano alcun risultato oltre un illusorio quanto transitorio benessere. Notavo, poi, una certa rassegnazione da parte dei pazienti, una pericolosa tendenza a convivere con questi problemi, con conseguenze spesso negative sulla vita sociale e di relazione. In più, alcune delle terapie proposte, oltre che non risolutive, spesso avevano effetti collaterali.

Ero consapevole dell'importanza di conoscere il proprio corpo e come sportivo, oltre che medico dello sport,

mi rendevo conto dell'importanza di mantenerlo attivo e in buona forma.
Cercavo nella mia esperienza diretta, a contatto con la gente, di aiutarla a modificare alcune abitudini di vita sbagliate e, in un certo senso, a renderla più consapevole e responsabile, ma mi sembrava di non essere capito.
Mancava un linguaggio semplice, diretto al corpo, facile da eseguire e che non fosse troppo difficile da comprendere per la media delle persone. Qualcosa che li rendesse responsabili in prima persona della propria salute, che li aiutasse a gestirla quotidianamente e che non richiedesse troppo tempo.
Fu allora che decisi di mettermi in contatto col dottor Greissing.
A dire il vero lo chiamai a causa di un problema personale alla schiena che mi aveva impedito di continuare a praticare i miei sport preferiti (jogging e bicicletta). La mia TAC evidenziava un'ernia del disco intervertebrale, ma mi preoccupava veramente il mio costante peggioramento: a parte lo sport, cominciavo ad avere problemi anche nella vita quotidiana. Telefonai al dottor Greissing per affidarmi a lui, avvalendomi della sua esperienza di chiropratico.
In Italia ci sono purtroppo molti manipolatori improvvisati e parecchi corsi della durata di 10 ore in cui non si impara niente ma si riceve un attestato che, insieme alla laurea in medicina, dà una licenza di combinare guai, a volte seri, e gettare discredito sui veri chiropratici.
Mi ero preoccupato di raccogliere delle referenze al fine di tutelarmi dal discreto numero di falsi esistenti e il dottor Greissing risultava un vero esperto in questo campo. Negli Stati Uniti la chiropratica è un corso di laurea molto severo, che dura 6 anni e abilita alla professione attraverso un tour de force di esami teorici e pratici.
Questo fatto, unito alla sua quasi quarantennale esperienza, era per me motivo di garanzia. Immaginatevi la mia grande meraviglia allorché il dottor Greissing, dopo la visita, mi comunicò che non intendeva manipolarmi e mi affidò ad una simpatica collaboratrice che mi insegnò il metodo Zilgrei.
Dopo qualche settimana, oltre a stare meglio, capii di avere trovato una risposta anche dal punto di vista professionale. Avevo trovato quel linguaggio semplice, diretto al corpo, che avevo cercato per tanto tempo.
Cominciai a comprendere che alla base della semplicità c'erano anni di studio e di verifiche e che le verità sono semplici, purché l'atteggiamento dell'osservatore sia onesto, disincantato e allo stesso tempo rigoroso.
Ho avuto modo di conoscere in questi anni e di vedere crescere una piccola équipe, lavorando in una atmosfera di amicizia e solidarietà, valori che, seppure un po' in disuso, sono per noi dell'équipe fondamentali e utili a migliorare la qualità del nostro lavoro.
Ho avuto modo di conoscere la signora Zillo e di apprezzarne l'intelligenza e la sensibilità.
Quello che è iniziato negli ultimi anni tra me, il dottor Greissing, la signora Zillo e tutti i componenti dell'équipe è un rapporto di amicizia e di collaborazione, in cui non mancano i confronti, i punti di vista diversi e anche qualche litigio, come succede tra amici.

...E IL DOTTOR GREISSING, UN CHIROPRATICO

Come dottore in chiropratica mi è capitato spesso di curare pazienti che non rispondevano alle cure tradizionali e che reagivano positivamente alle semplici ma precise manipolazioni chiropratiche.

Ben presto compresi che siamo noi stessi, con le nostre abitudini di vita, a favorire l'insorgenza di quei problemi di cui ci lamentiamo frequentemente.
Questa semplice osservazione mi portò ad orientare la mia ricerca personale verso la realizzazione di qualcosa di semplice, attraverso la quale la gente potesse aiutare se stessa a risolvere da sola i problemi di salute più comuni da cui è costantemente afflitta.
Spesso avevo notato che, quando una persona veniva correttamente posizionata per correggere un disallineamento vertebrale con una manipolazione chiropratica, bastava pochissima forza per produrre la correzione e che, oltretutto, in alcune zone della colonna una determinata fase della respirazione, l'inspirazione, facilitava la correzione di un disallineamento; in altre, invece, a facilitare la correzione era l'espirazione.
Molte tribù primitive da me osservate erano solite fare determinati movimenti o assumere determinate posizioni, abbinandole ad un determinato tipo di respirazione, applicando inoltre una regola fondamentale della chiropratica: la regola del non dolore. La posizione assunta o il movimento compiuto era cioè nella posizione o nella direzione opposta al dolore.
Mi rendevo conto che stava diventando urgente trovare qualcosa di semplice, innocuo ed efficace, un metodo di cura che fosse utile alla gente per affrontare e risolvere da sola alcuni dei problemi più comuni, riguardanti la propria salute.
Così, grazie alle intuizioni di Adriana Zillo, una mia paziente, nacque il metodo Zilgrei, un metodo di autocura per il dolore osteo-neuro-muscolare. Senza le sue osservazioni, tutto questo non sarebbe mai nato.
In seguito la ricerca è andata avanti e si è avvalsa della collaborazione di persone qualificate che hanno lavorato e lavorano in équipe.
Dall'osservazione e dalla verifica delle ipotesi è venuta fuori una gran mole di materiale su diversi problemi che riguardano in particolar modo la gente che vive nelle società occidentali.
In questo libro, che è il primo di una serie, parleremo di stress e della possibilità di combatterne gli effetti negativi, attraverso delle semplici procedure naturali, semplici, innocue ed efficaci.

Cos'è la chiropratica?

È una tecnica terapeutica già praticata al tempo degli antichi Egizi. Serve a risolvere i cosiddetti "blocchi articolari", conseguenza di disallineamenti vertebrali che sono alla base di quei disturbi per i quali viene usato il termine "artrosi."
Il chiropratico, usando le proprie mani (*chiros* in greco vuol dire mano), agisce sulla colonna vertebrale del paziente, manipolandola, cioè eseguendo dei movimenti precisi e studiati dal punto di vista fisiologico, che tendono a ridare alle vertebre il loro naturale assetto e mobilità.
La chiropratica si è sviluppata in America ed è stata divulgata da D.D. Palmer che nel secolo scorso fondò una scuola, che ha oggi le caratteristiche di un vero e proprio corso di laurea.
Dai principi della chiropratica e della respirazione corretta, di cui parleremo diffusamente più avanti, originano questi GNP (Greissing's Natural Procedures).
Posizionarsi o muoversi nella giusta direzione, usando la respirazione corretta, facendo a meno delle mani del chiropratico: questa intuizione di Adriana Zillo ha costituito la premessa fondamentale del metodo Zilgrei, da me successivamente elaborato.
Sulle medesime premesse si basa questo programma di GNP per lo stress.

CURARSI DA SOLI

Arrivati a questo punto, molti di voi stanno sorridendo divertiti e increduli. Non stiamo scherzando. Ci si cura da soli. Noi autori e tutta l'équipe abbiamo come unico obiettivo di insegnarvi come fare, rendendo ciascuno di voi responsabile della sua salute e del suo benessere psico-fisico.

Il nostro organismo ha delle potenzialità innate di autoguarigione, la cosa veramente importante è stimolarlo in maniera adeguata.

Cerchiamo di riprendere coscienza di noi stessi e di come siamo fatti. Sentiremo come prima cosa il cuore che batte e i nostri polmoni che ritmicamente si riempiono e si svuotano, poi tutti i nostri muscoli che si muovono indipendentemente o su comando della nostra volontà, tutti i nostri organi che funzionano in maniera unitaria, interdipendente.

Consideriamoci come tali: un' unica entità, senza distinzioni mente-corpo, capace di recuperare il proprio stato di salute senza dipendere continuamente da autorità esterne a noi.

DUE PAROLE DEGLI AUTORI

Parlare di stress è di moda e, come accade spesso quando si parla molto di qualcosa, specie quando l'argomento è di grande interesse perché coinvolge tutti, incombe su chi scrive il rischio della banalità.

D'altra parte, in tutte le conversazioni spicciole che riguardano la salute, la parola "stress" è usata frequentemente e non sempre a proposito.

Nel linguaggio comune una persona nervosa, stanca, preoccupata, è una persona stressata e si considera lo stress una malattia tipica delle società ad alto sviluppo industriale.

Noi consideriamo lo stress come una semplice reazione di adattamento del nostro organismo a determinate situazioni ambientali esterne e, quindi, positiva e necessaria, per affrontare e superare gli ostacoli che ci si presentano, o che vogliamo superare, nella vita quotidiana.

Un po' di stress fa bene, ma è l'accumulo di fattori sia fisici sia mentali che sollecitano continuamente l'organismo a determinare quel "disequilibrio", quel cattivo funzionamento, che è il responsabile della quasi totalità delle malattie.

Eravamo quindi, in un certo senso, perplessi sull'opportunità di scrivere un ennesimo libro su questo argomento. A convincerci sono stati coloro che, in questi anni, hanno imparato il metodo Zilgrei.

Sono stati in molti, infatti, a segnalarci che, a mano a mano che il dolore in questa o in quella parte del corpo scompariva o diminuiva d'intensità, aumentava il benessere psico-fisico e migliorava la capacità di affrontare la vita.

Tutto questo non è stato per noi motivo di meraviglia, essendo sempre stati convinti assertori dell'unitarietà del corpo.

Se infatti riusciamo a migliorare o a guarire una parte ammalata, questo influisce positivamente su tutto il nostro organismo.

Ci siamo perciò decisi a parlare di stress, spinti dalla testimonianza della gente, rivolgendoci a quanti desiderano capire come esso abbia origine, che danni può determinare sull'organismo e cosa è possibile fare da soli, per convivere con esso senza danni.

Cominciamo anzitutto a fornire alcuni cenni di anatomia e di fisiologia, che serviranno a capire meglio cosa succede nel nostro organismo in determinate situazioni.

1

DALLA TEORIA ALLA PRATICA

Cenni di anatomia

Cos'è lo stress

Cosa fare per vivere meglio

Cos'è possibile fare per evitare il peggio

Il programma GNP per lo stress

Unitarietà del corpo e suo potere di autoguarigione

La respirazione

La respirazione dinamogenica

Respirazione e stress

La scelta dei GNP

CENNI DI ANATOMIA

IL SISTEMA NERVOSO E GLI ORMONI

In ogni momento, nel nostro corpo, vi è un continuo via vai di sostanze che vengono immesse ed emesse.
Nell'ambiente in cui ci troviamo, si verificano continuamente dei cambiamenti ai quali ci dobbiamo adattare, eppure vi è un equilibrio interno. L'organismo riesce cioè ad autoassestarsi, a trovare un equilibrio, in maniera da potere funzionare correttamente.
Questa capacità di autocontrollo si attua, istante per istante, attraverso uno scambio di informazioni tra il sistema nervoso e il sistema endocrino. Il sistema nervoso costituisce la "rete di trasmissione" dei segnali provenienti dall'ambiente o dalle altre parti del corpo. È costituito dalle cellule nervose, chiamate neuroni, e dai loro prolungamenti, che formano i nervi. Come una rete telefonica, il sistema nervoso collega tra di loro i vari organi, tessuti e cellule.
Senza di esso non sarebbe possibile coordinare nessuna funzione del corpo: non saremmo neppure in grado di respirare, muoverci, camminare.
Si distingue un sistema nervoso centrale e un sistema nervoso periferico.
Il primo è costituito dall'encefalo e dal midollo spinale, contenuti rispettivamente nella scatola cranica e nel canale vertebrale.
Il secondo è rappresentato, invece, dai nervi e dai gangli, vere e proprie stazioni all'interno di questa rete, e dai recettori, strutture che captano gli stimoli esterni e li traducono in una sensazione.
Il sistema nervoso centrale e quello periferico ci permettono di rapportarci all'ambiente esterno ed anche al nostro corpo e di elaborare risposte adeguate in termini di azione, attraverso i muscoli volontari. Il cervello è il quartiere generale, il centralino del nostro corpo.

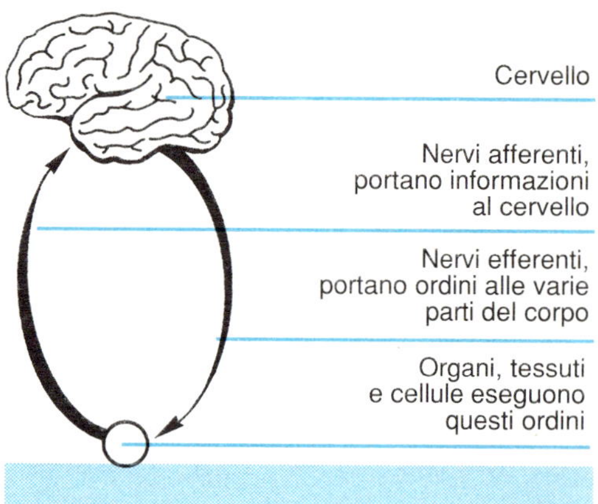

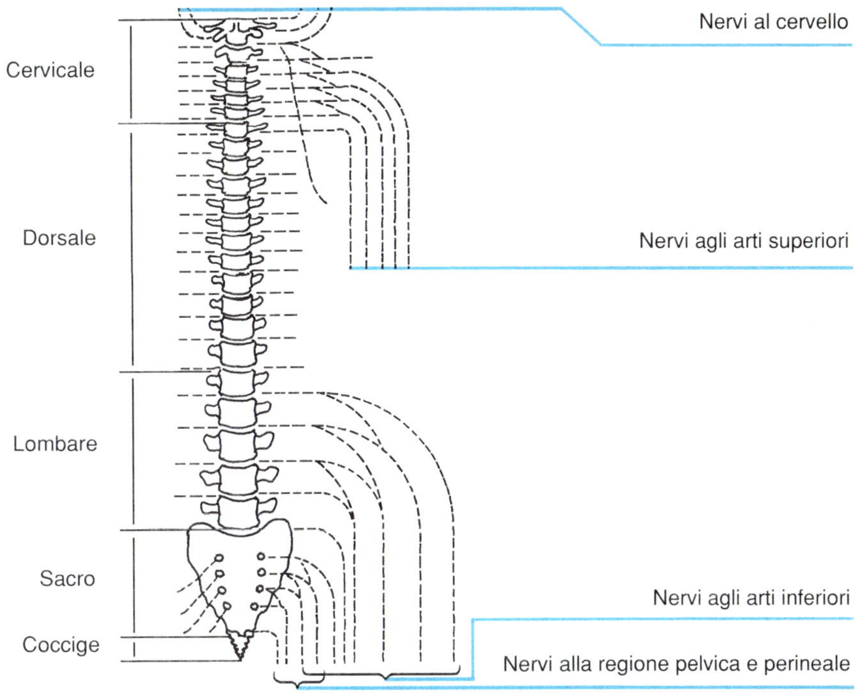

La colonna vertebrale è il sistema di comunicazione dei nostri impulsi nervosi, poiché collega il sistema nervoso centrale con quello periferico.
Il sistema della vita vegetativa è chiamato anche sistema autonomo e controlla tutte le funzioni involontarie.
Circolazione, digestione, escrezione, regolazione della temperatura corporea, regolazione della pressione arteriosa e del ritmo cardiaco sono esempi di funzioni autonome, cioè non volontarie.
Una paura, una emozione, una gioia, una buona o una cattiva notizia, influenzano il ritmo del nostro cuore, accelerandolo repentinamente, senza interventi della nostra volontà.
Anche se anatomicamente separati, il sistema nervoso autonomo e il sistema nervoso centrale sono collegati tra loro tramite i rami comunicanti, che fuoriescono dai forami intervertebrali.
Il collegamento tra i sistemi nervosi e la loro interdipendenza sono evidenziati nello schema che segue, dal quale si può anche intuire il collegamento tra nervi spinali e parti dell'organismo attraverso la colonna vertebrale e, di conseguenza, l'importanza e l'influenza di questa struttura su tutte le funzioni fisiologiche più importanti.
Il sistema endocrino è anch'esso un trasmettitore di informazioni, anche se la trasmissione avviene più lentamente e attraverso una serie di sostanze chimiche di natura proteica, gli ormoni, che vengono prodotti dalle ghiandole endocrine.
Sono chiamate così perché, a differenza delle ghiandole sudoripare, per fare un esempio, le sostanze da esse elaborate sono immesse nel circolo sanguigno, che provvede a trasportarle ai vari organi, dove esplicano la loro azione.

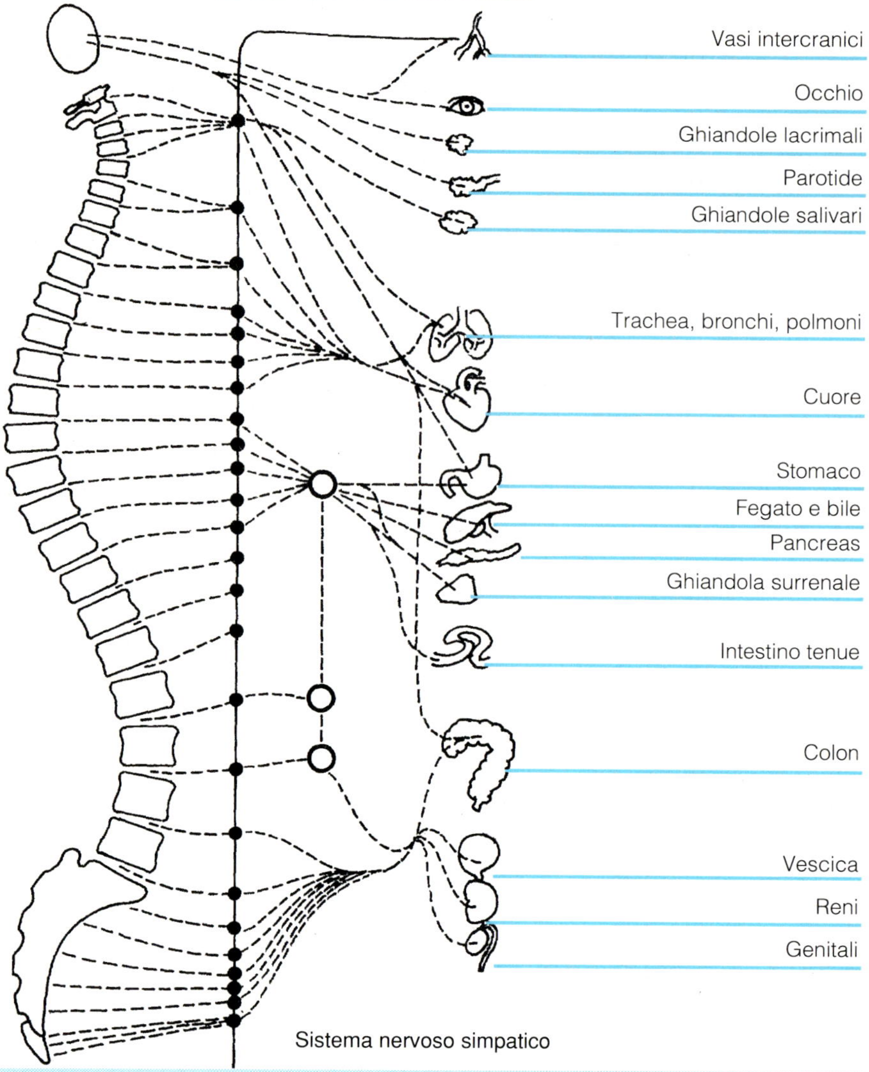

Sistema nervoso simpatico

L'adrenalina, ad esempio, ormone prodotto dalle ghiandole surrenali, poste a mo' di cimiero sui reni, condiziona alcune importanti funzioni. Agisce sul cuore rinforzandone l'azione, dilata la pupilla oculare, provoca dilatazione dei bronchioli, cioè della parte terminale dell'albero respiratorio, fa aumentare il tasso di zuccheri nel sangue e la pressione arteriosa.
Uno stimolo esterno che ne determina l'immissione nel circolo sanguigno è

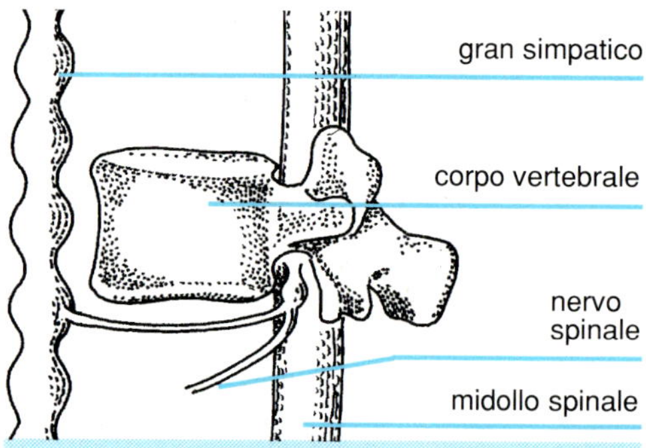

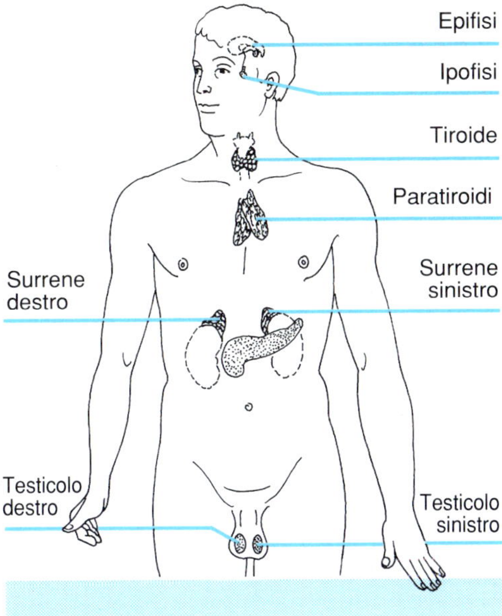

costituito appunto dalle situazioni di pericolo o di minaccia a cui ci troviamo esposti. Il protrarsi oltre un certo limite, differente per ogni individuo, di tali sollecitazioni diventa, come chiariremo meglio in seguito, la causa determinante dei sintomi e malattie da accumulo di stress.

LA COLONNA VERTEBRALE

La colonna vertebrale è paragonabile ad un veliero in cui l'albero maestro è costituito dalla successione delle vertebre, vere e proprie ossa, lo scafo o la piattaforma sono costituiti dal bacino, mentre ai due lati dell'albero una serie di tiranti: i legamenti e i muscoli, mantengono in equilibrio l'albero maestro.
Le vertebre sono separate una dall'altra da veri e propri ammortizzatori che attutiscono gli urti tra un corpo vertebrale e l'altro e scaricano le sollecitazioni di tipo prevalentemente pressorio alle quali è sottoposta la colonna vertebrale durante la giornata. Questi ammortizzatori sono i dischi intervertebrali: essi sono costituiti da una parte periferica, l'anello fibroso, che racchiude la parte interna, il nucleo polposo.
La colonna vertebrale è costituita da 33 vertebre: 7 vertebre cervicali, 12 vertebre dorsali o toraciche, 5 vertebre lombari, 5 vertebre sacrali fuse in un solo osso e 4 vertebre coccigee anche queste non raramente saldate assieme. Senza entrare in dettagli troppo tecnici, può essere importante sapere che la parte posteriore delle vertebre forma, sovrapponendosi, il canale vertebrale dove passa il midollo spinale. Da esso si dipartono i nervi spinali che collegano il cervello, contenuto nella scatola cranica, con tutte le parti del corpo.

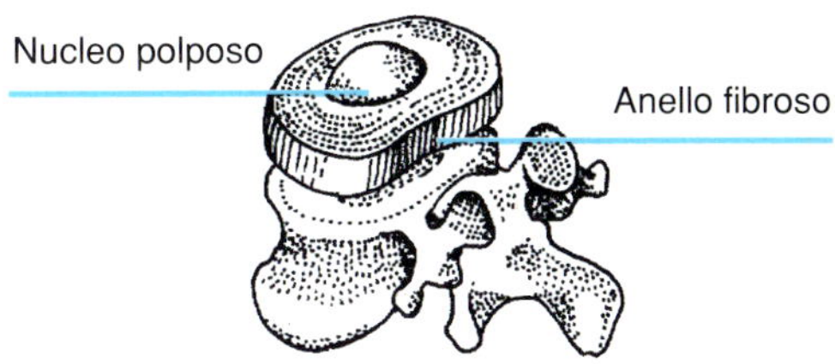

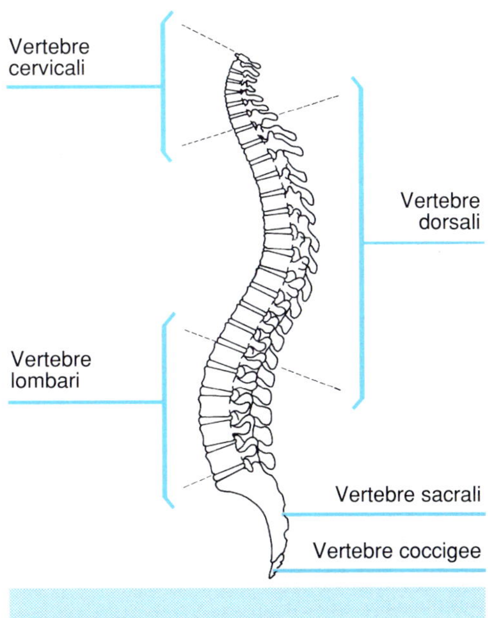

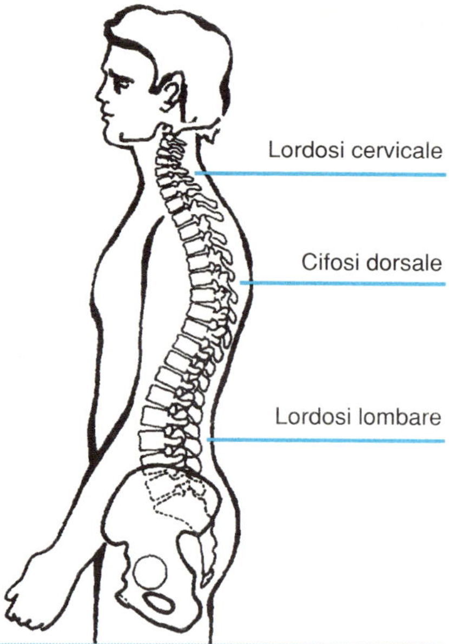

Vista di lato, la colonna vertebrale presenta tre curve fisiologiche, cioè normali. Immediatamente sopra il sacro, che è uno dei costituenti del bacino (la piattaforma o lo scafo del nostro veliero), si trova una curva a convessità anteriore disegnata da una successione di 5 vertebre: la lordosi lombare.
Alla lordosi lombare segue una curva opposta, cioè a convessità posteriore, meno pronunciata: la cifosi dorsale, disegnata da 12 vertebre.
La terza, e più alta delle curve, è la lordosi cervicale, una curva a convessità anteriore formata da 7 vertebre.
Per assicurare l'equilibrio della colonna vertebrale, ogni variazione dell'ampiezza di una delle curve deve essere compensata da una variazione proporzionale delle altre due.
Un altro elemento importante ai fini del mantenimento di un corretto allineamento dell'albero maestro del nostro veliero è costituito dall'azione dei muscoli spinali, cioè dei muscoli che mantengono l'albero centrale in equilibrio sul bacino (la piattaforma).

I MUSCOLI

I muscoli costituiscono la parte attiva dei movimenti del corpo, per i quali forniscono l'energia necessaria.
Camminare, correre, afferrare, spingere, tirare un oggetto sono gli esempi più comuni di movimento. Si tratta di movimenti compiuti sotto il controllo della volontà (muscoli striati o volontari o scheletrici) o di movimenti del tutto autonomi da essa (muscoli lisci o involontari).
Quasi tutti i muscoli che sono coinvolti nei movimenti volontari sono fissati alle ossa.
I muscoli spinali sono dei muscoli scheletrici che si innestano alle vertebre lungo tutto l'albero maestro e lo mantengono in equilibrio.
A un cattivo allineamento di una o più vertebre i muscoli spinali rispondono contraendosi (si accorciano) o rilassandosi, adattandosi così dinamicamente alla situazione.
Caratteristica propria dei muscoli è la capacità di contrarsi, cioè di accorciarsi (sotto la direzione del sistema nervoso centrale nel caso dei muscoli scheletrici, striati o volontari, o del sistema nervoso autonomo, nel caso dei muscoli lisci), e successivamente rilassarsi, riacquistando la loro primitiva lunghezza.
La tensione muscolare, di cui parleremo più avanti, è uno stato in cui perdura nel tempo una situazione di accorciamento, cioè di contrazione dei muscoli spinali, nel tentativo di adattarsi a degli stimoli stressanti per la colonna vertebrale e per l'organismo nel suo insieme.
I muscoli spinali, posti ai due lati della colonna vertebrale, nello sforzo di adattarsi agli stimoli esterni vanno incontro a uno squilibrio (differenza di tono riscontrabile ai due lati della colonna vertebrale).

COS'È LO STRESS

Moltissima gente è consapevole di vivere una vita che implica troppo stress, ma pochi sanno cosa ciò realmente significhi. Per la maggior parte delle persone "stress" equivale a tutto ciò che è l'opposto di quando si è calmi o rilassati.
Molti medici consigliano ai propri pazienti di evitare lo stress. Questo è senza dubbio un saggio consiglio, ma è impossibile fronteggiare ciò che non si conosce.
Come nasce lo stress? Pochi sanno che l'organismo umano, per affrontare le molteplici tensioni della vita moderna, mette in moto un meccanismo di difesa che risale all'età della pietra. Tale meccanismo comporta l'aumento di una sostanza di natura ormonale, l'adrenalina.
Questa sostanza viene immessa nel sangue dai surreni e, nell'insieme, determina un aumento del livello di energia di cui il corpo dispone per battersi con il nemico o per fuggire di fronte ad esso.
Si tratta di un meccanismo del tutto naturale e involontario, né sarebbe desiderabile un suo annullamento, in quanto la prontezza delle nostre reazioni ad eventuali attacchi esterni dipende proprio da esso.
Purtroppo la reazione di lotta o di fuga non viene scatenata solamente da situazioni di reale e immediato pericolo, ma anche dalle pressioni dell'ambiente sulla persona.
Un uomo d'affari non può però rispondere ad un attacco verbale con la violenza e nemmeno con la fuga; la stessa cosa vale per l'operaio, rimproverato dal suo capo, o per l'impiegato, che lavora sotto pressione, o in altre situazioni analoghe.
Secondo Hans Seyle, un noto fisiologo canadese, che introdusse nel 1930 il termine "stress" nell'ambito scientifico, la reazione individuale allo stress si svolge in tre fasi: una fase di allarme, in cui l'organismo si rende conto del pericolo; una fase di allerta, in cui le difese dell'organismo sono mobilitate per fare fronte al pericolo: è la fase in cui si ha l'immissione nel circolo sanguigno di adrenalina; una fase di esaurimento, in cui il perdurare nel tempo dei segnali di allarme, o l'aumento oltre un certo limite della loro frequenza, possono causare una diminuzione o persino un annullamento delle capacità reattive dell'organismo.
In altri termini, la capacità di tollerare una certa quantità di stress è prettamente soggettiva.

Ci sono alcuni che tollerano bene una grande quantità di stress, altri meno; comunque, superati certi limiti, cominciano a manifestarsi i sintomi fisici e psichici legati all'accumulo.
A livello fisiologico si determina una sorta di svuotamento dei surreni e spesso i segni iniziali, costituiti da costante stanchezza, tensione nervosa o irritabilità, vengono scambiati per problemi psichici o etichettati come problemi funzionali.
Quando parliamo di accumulo ci riferiamo anche ad una specie di memoria dell'organismo rispetto ai fattori di stress. L'eliminazione di ciò che era stato un fattore di stress e che aveva superato le capacità di adattamento, provocando effetti negativi sull'organismo, porta alla scomparsa delle manifestazioni fisiche e mentali, ma lascia una traccia. La comparsa di un altro fattore di stress provoca effetti negativi che sono il risultato non solo della situazione presente, ma anche di ciò che in passato aveva provocato stress per l'organismo.
L'esaurimento fisiologico diventa sempre più facile a mano a mano che si allunga la catena degli eventi che determinano stress. Per questo motivo è meglio fare ogni giorno qualcosa per evitare l'accumulo. Una "pulizia quotidiana", senza fatica o dispendio di tempo, è più utile ed anche più economica rispetto ai periodi, più o meno lunghi, nei cosiddetti centri antistress, perché solo eliminando, giorno per giorno, gli effetti dello stress sull'organismo si possono evitare questo "effetto sedimentazione" e i suoi danni. Se un individuo dorme poco cinque notti per settimana, non recupererà il sonno perduto dormendo l'intero week-end, anche se, apparentemente, si sentirà meno stanco.
Gli effetti negativi della perdita di sonno sul suo organismo vengono solo in parte annullati e le loro "tracce" renderanno quell'individuo sempre più vulnerabile. Allo stesso modo, non sono sufficienti due settimane l'anno, per eliminare del tutto i residui, presenti nel nostro organismo, che derivano da effetti negativi dello stress quotidiano.

LO STRESS È SOLO PSICHICO?

Molti credono che, in ultima analisi, lo stress sia solo mentale. Pur non essendo l'unico tipo di stress, è comunque una realtà. Un lutto familiare, preoccupazioni di carattere economico e, spesso, un lavoro non gratificante e con poche possibilità di miglioramento e una visione negativa della vita, che offre poche speranze per il futuro, sono solo alcuni esempi.
Questo tipo di problemi può, a lungo andare, determinare lo stato di esaurimento, di diminuita reattività dell'organismo, che porta all'insorgere di sintomi e malattie. Ma ci sono altri fattori di stress che producono effetti negativi sul nostro organismo.
La nostra dipendenza dall'automobile, strumento utilissimo e a volte indispensabile, e da altri strumenti tecnologici che, tuttavia, riducono notevolmente l'attività fisica contribuisce all'instaurarsi di problemi a carico della colonna vertebrale e delle strutture di sostegno.
A predisporre allo sbilanciamento di queste strutture contribuisce sicuramente l'uso prevalente di una parte del corpo rispetto all'altra, cioè il monolateralismo, di cui riparleremo.
Spesso determinati tipi di lavoro sono ripetitivi ed implicano una serie di gesti sempre eguali, che comportano l'uso dello stesso lato del corpo o la stessa direzione di movimento.

Talvolta, anche una attività che viene ad interrompere la routine quotidiana può causare problemi. Se un tale decide di passare l'intero week-end a dipingere la propria casa e, preso dalla frenesia di finire, va avanti senza riposo, al punto da stremarsi fisicamente, le strutture di sostegno possono andare incontro ad uno squilibrio che si manifesta con disturbi fisici.

Infine, non è sempre facile riconoscere che cosa in particolare determina lo stress. Per esempio, chi ha problemi economici potrebbe decidere di prolungare di 4 ore la sua giornata lavorativa e, come conseguenza, aumentare vertiginosamente il consumo di caffè. Costui potrebbe ben presto cominciare ad avere problemi di insonnia, diventando sempre più stanco e nervoso, e manifestare sintomi a carico di altre funzioni (disturbi digestivi o del ritmo cardiaco).

L'insieme di più fattori, psichici, fisici e chimici, e il loro accumulo può, col tempo, provocare l'insorgenza di sintomi e malattie.

IL CIRCOLO VIZIOSO PSICHICO E FISICO DELLO STRESS

L'elenco delle manifestazioni sintomatiche dovute all'accumulo di stress è molto ampio. Mal di testa, mal di schiena, artrosi, artriti, emicranie, pressione alta, ulcera duodenale, sono solo alcuni esempi. All'inizio i sintomi possono essere fisici o psichici, ma, a mano a mano che le capacità reattive dell'organismo diminuiscono, i sintomi fisici e psichici finiscono per coesistere e per influenzarsi negativamente. D'altra parte, il corpo e la mente non sono entità separate, e perciò le manifestazioni fisiche produrranno sintomi psichici e viceversa.

Le manifestazioni fisiche da accumulo aumentano a loro volta la vulnerabilità del soggetto rispetto all'iniziale stress psichico. Quello che si viene a creare è un circolo vizioso. Le figure seguenti illustrano questo concetto.

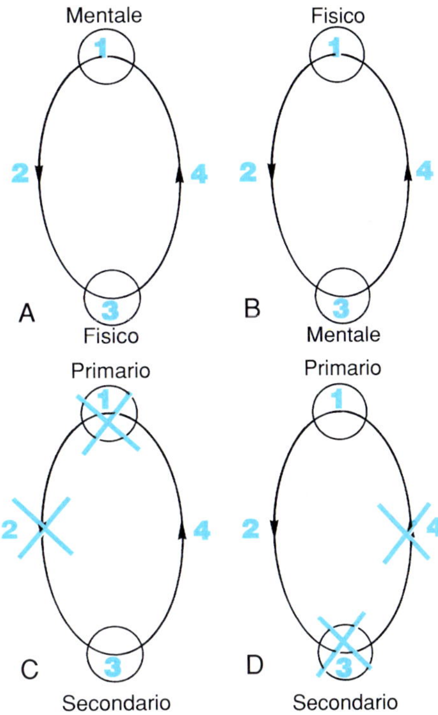

Fig. A - Inizialmente, lo stress può essere solamente mentale (1), ma finisce per determinare sintomi fisici (2 e 3). Le manifestazioni fisiche diminuiscono a loro volta la resistenza individuale ai fattori di stress psichici (4).

Fig. B - Oppure, inizialmente lo stress produce sintomi fisici (1), ma determina, a lungo andare, sintomi psichici (2 e 3). I disturbi psichici diminuiscono a loro volta la resistenza individuale ai fattori di stress fisici (4).

Riuscire ad interrompere questo circuito sarà a vantaggio della nostra salute e del nostro benessere psico-fisico.

Fig. C - Eliminando la causa iniziale fisica o psichica (1), si possono eliminare gli effetti secondari fisici o psichici (2, 3 e 4).

Fig. D - Eliminando gli effetti secondari (3 e 4) si può aumentare la resistenza individuale ai fattori iniziali di stress, fisici o psichici (1 e 2).

LO STRESS NELLA VITA QUOTIDIANA

È l'insieme dei problemi che quotidianamente dobbiamo affrontare: le preoccupazioni per il lavoro, la famiglia, i soldi, i traumi, le emozioni, le malattie ecc. Ci sono poi altri fattori che si vanno ad aggiungere, rischiando di far traboccare un vaso già pieno: un atteggiamento mentale negativo di fronte ai problemi e delle abitudini sbagliate nel posto di lavoro o durante il tempo libero che ci rendono più stanchi, abbassando il nostro livello di tolleranza. Alcuni suggerimenti possono pertanto tornare utili per migliorare, prestando un po' di attenzione, il nostro livello di tolleranza allo stress.

LO STRESS SECONDO IL DOTTOR HANS SEYLE

Il dottor Seyle divide i fattori che determinano lo stress in quattro gruppi: mentale, fisico, chimico e termico.

■ *Stress mentale.* Può essere sia emotivo sia psicologico. Le cause di tipo emotivo possono essere molteplici, così come quelle di tipo psicologico. L'atteggiamento negativo nei confronti della vita è forse il peggiore dei fattori che determinano stress mentale.

■ *Stress fisico.* È tutto ciò, come abbiamo già detto, che altera l'equilibrio del nostro organismo a livello strutturale (colonna vertebrale, funzioni fisiologiche). I due fattori principali sono la limitata attività fisica e l'uso monolaterale del corpo. La maggior parte di noi vive e lavora senza rendersi conto che questi fattori sono alla base di molti problemi riguardanti la salute, causando dolore o disturbi che diventano a loro volta causa di stress.

■ *Stress chimico.* Una causa di stress, in questi ultimi cinquant'anni, è il costante degrado dell'ambiente. I rifiuti industriali, i fumi, i gas di scarico, gli insetticidi turbano l'equilibrio del ciclo ecologico naturale.
La moderna dieta a base di grandi quantità di cibo poco naturale (trattato con conservanti e coloranti artificiali), sottopone a stress l'organismo.
L'automobile, per certi aspetti, i farmaci, per altri, entrambi a volte indispensabili, sono un esempio di stress quotidiano. L'alcool, niente affatto indispensabile, purtroppo usato da un crescente numero di persone come una droga quotidiana, è un altro esempio dei fattori che determinano stress nella vita di ogni giorno.

■ *Stress termico.* Gli sbalzi improvvisi e prolungati della temperatura sono ovviamente un fattore di stress. Quando la temperatura dell'ambiente aumenta o diminuisce rapidamente, il nostro corpo deve adattarsi per mantenere un livello termico adeguato, e ciò stimola eccessivamente le ghiandole surrenali. Entrare e uscire da edifici riscaldati o raffreddati con l'aria condizionata produce stress termici. Ricordate, inoltre, che coprirsi troppo è altrettanto dannoso per l'organismo che coprirsi poco.

IL MONOLATERALISMO E I SUOI EFFETTI SULL'ORGANISMO

La parola, che viene dal greco, significa "da un solo lato"; monolateralismo cioè vuol dire usare quasi costantemente i muscoli dello stesso lato del corpo, con la conseguenza di creare un "disequilibrio" tra i muscoli della parte destra e quelli della parte sinistra.
Il fatto che l'umanità per la maggior

parte sia destrorsa, usi cioè prevalentemente la mano e la parte destra del corpo, viene considerato scontato e la nostra società è strutturata in modo tale per cui quasi tutte le attività sono monolaterali.

Le molteplici azioni della vita quotidiana si servono dell'uso della mano destra e del lato destro del corpo, per esempio: pettinarsi, lavarsi, farsi la barba, scrivere, portare il cibo alla bocca, bere, aprire le porte, comporre i numeri del telefono, stirare, cucinare, usare utensili ecc.

Immaginatevi ora tutte queste azioni mentalmente, tenendo presente che nessun movimento, anche minimo, può avvenire senza l'uso dei muscoli.

Cercate di raffigurarvi la differenza tra il braccio destro e quello sinistro se ogni giorno sollevaste spesso un peso di cinque chili con il braccio destro.

I muscoli del braccio e della spalla destra diventerebbero molto sviluppati, mentre quelli del braccio e della spalla sinistra resterebbero normali. Questo è ciò che avviene quando usiamo in modo monolaterale il corpo, durante le attività quotidiane.

I muscoli della parte destra e sinistra della colonna vertebrale si sviluppano in maniera diversa.

Ciò provoca uno squilibrio muscolare che è alla base di vari disturbi attribuiti all'artrosi o a forme reumatiche. In un individuo molto stressato questo squilibrio invariabilmente è più accentuato.

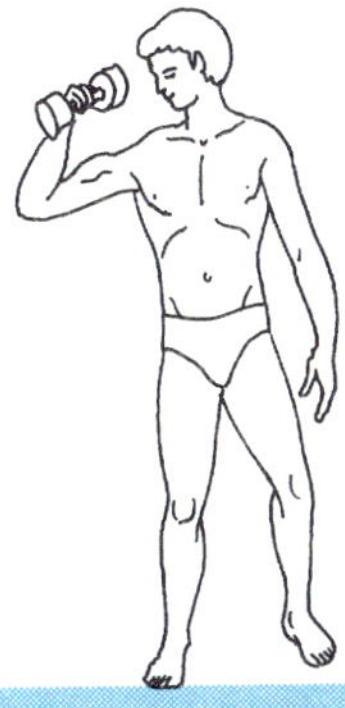

La manifestazione più comune degli effetti negativi del monolateralismo è la "sindrome della gamba apparentemente più corta". Essa è così diffusa che, dai vari controlli clinici eseguiti su migliaia di casi, risulta che l'85% delle persone adulte ne è affetto.

Ha cioè una gamba apparentemente più corta di qualche millimetro, e a volte di qualche centimetro, anche se in realtà le due gambe sono anatomicamente della stessa lunghezza.

In coloro che hanno accumulato molto stress questa manifestazione è ancora più evidente e contribuisce a rendere più negativi gli effetti dello stress sull'organismo oltre che evidenziarne la presenza.

È quindi fondamentale riuscire a contrastare questa tendenza e, non essendo possibile diventare ambidestri, occorre bilanciare il corpo, superando il "disequilibrio", attraverso l'uso dei GNP illustrati in questo libro per la soluzione del problema.

L'AUTOMOBILE

L'automobile, questo mezzo di trasporto utile e spesso indispensabile, è un fattore di stress e determina una diminuzione del livello di tolleranza dell'individuo per una serie di ragioni.

Spesso i sedili non sono studiati per mantenere una posizione corretta; si sta seduti con il busto afflosciato ed esteso all'indietro, con le ginocchia troppo alte rispetto alle cosce e con il collo rigido. In questa posizione, usando i comandi di guida (cambio, marce, freno, acceleratore) si effettuano continuamente dei movimenti ripetitivi monolaterali, usando sempre gli stessi muscoli del tronco, del collo e delle gambe.

I movimenti ripetitivi, eseguiti spesso in condizioni di disagio (traffico caotico, rumori, continua vigilanza), determinano nervosismo, ansia e di conseguenza aumento della tensione muscolare; insieme alle continue vibrazioni a cui è sollecitato il corpo durante la marcia, hanno un effetto nocivo sui muscoli spinali e sulla colonna vertebrale e conseguentemente su tutte le funzioni fisiologiche.
Va poi considerato l'inquinamento atmosferico provocato in gran parte dai gas di scarico, che è senza dubbio un fattore di stress chimico.
Un fattore di stress fisico può essere rappresentato dagli abiti troppo stretti (specie i jeans) e dai tacchi alti, che non sono mai consigliabili, ma sono assolutamente da evitare quando si è seduti alla guida dell'automobile. I pantaloni stretti di stoffa rigida e le cinture (specie se sono alte) condizionano e limitano i movimenti e interferiscono con la circolazione del sangue, soprattutto nella zona dell'inguine e al ginocchio; tendono inoltre a far basculare il bacino, favorendo con le vibrazioni della macchina l'insorgere di una ipocifosi lombare.
Sarà meglio perciò usare abiti comodi per guidare e magari tenere in bagagliaio un paio di mocassini da utilizzare per la guida.
Molti uomini hanno l'abitudine di stare seduti in macchina con il portafoglio nella tasca posteriore dei pantaloni. Ciò può spiegare i dolori al bacino e alle gambe, causati dalla pressione costante del portafoglio sull'articolazione sacro-iliaca.
La figura A mostra la posizione normale del bacino di una persona seduta. La figura B illustra invece cosa succede quando ci si siede con il portafoglio nella tasca posteriore. I calzoni, sedendo, vengono spinti indietro e verso il basso. Il portafoglio si sposta insieme

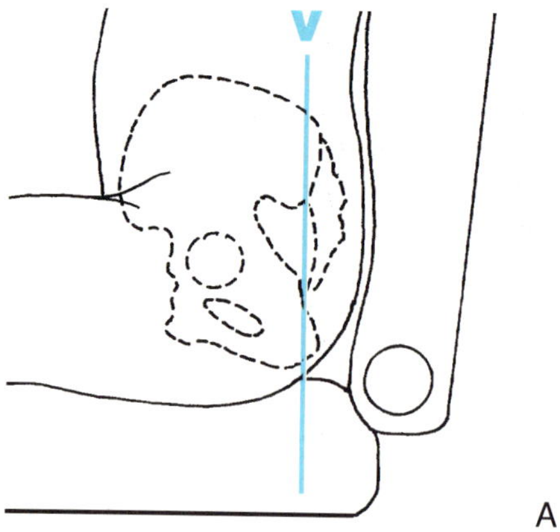

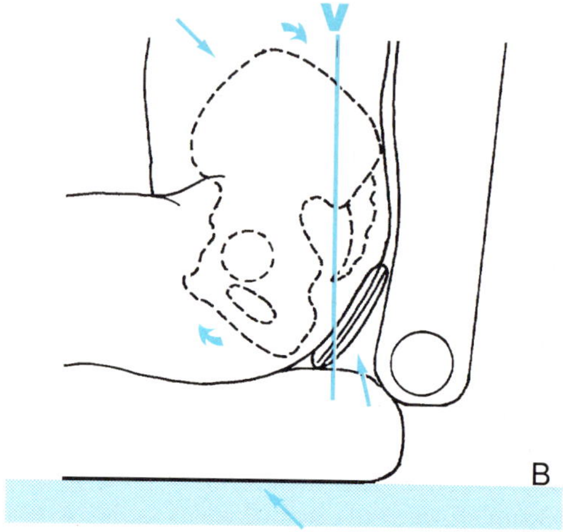

ai pantaloni e si colloca sul bordo inferiore dell'osso iliaco, tra il sedile e la parte postero-inferiore dell'osso, provocandone un disallineamento (cioè un lievissimo spostamento) in direzione postero-inferiore, come indicano le due frecce, e causando a lungo andare i disturbi di cui parlavamo.
La forza di gravità, sommata alle vibrazioni a cui si viene sottoposti durante un viaggio in automobile, produce un effetto di sedimentazione sulla colonna vertebrale, cioè un ulteriore fattore di stress. È noto che, se si misura una persona alla fine di una giornata lavorativa, risulta di 1 cm circa più bassa che al mattino appena alzata. Questo avviene perché durante le varie attività giornaliere i dischi inter-

vertebrali vengono compressi e il nucleo polposo, composto da sostanza gelatinosa, si riduce lievemente.
Il calo di statura avvenuto durante il giorno viene poi recuperato di notte durante il sonno.
Abbiamo constatato che lo stesso fenomeno (accorciamento di 1 cm circa) avviene anche dopo 3-4 ore di viaggio in automobile.
Basta provare! Misuratevi prima di salire in auto e misuratevi poi di nuovo dopo un viaggio di alcune ore.
Resterete sorpresi!
Abbiamo provato a mettere in macchina una bottiglia piena di sabbia, segnandone il livello e facendo in modo che la bottiglia rimanesse diritta. Osservandola dopo un viaggio di alcune ore, abbiamo constatato che il livello della sabbia era diminuito a causa delle vibrazioni. Qualcosa di simile succede alla nostra colonna vertebrale.
Per ridurre questi effetti negativi di tipo fisico sarebbe consigliabile una sosta dopo ogni ora di guida. Fermatevi, rilassatevi e camminate a passo spedito per cinque minuti. Se proprio non vi è possibile fermarvi ogni ora, fermatevi almeno ogni due ore e camminate per dieci minuti.
Durante queste soste eseguite qualcuno dei GNP che troverete nel settore che riguarda la colonna vertebrale e il bacino, o in quello relativo a stress e sedentarietà.

I FARMACI E LE BEVANDE ALCOOLICHE : DUE ESEMPI DI STRESS CHIMICO

Il consumo di alcune categorie di farmaci è in costante aumento. La ricerca di un benessere, anche se di breve durata e illusorio, spinge molta gente a diventarne dipendente.
L'illusione di poter cancellare gli effetti negativi dello stress con la pillola magica spinge l'individuo ad aprire l'armadio apposito, presente in quasi tutte le case delle famiglie americane ed europee, e ad ingoiare la pillola per poter finalmente dormire, dopo notti insonni o agitate, o quella per recuperare la calma e la padronanza di sé, o l'altra che riesca ad alleviare un tremendo mal di testa o un mal di schiena in costante aumento.
Così, milioni di americani e di europei sono diventati abituali consumatori di tranquillanti, ansiolitici e analgesici.
In realtà un altro fattore di stress si aggiunge così agli altri già presenti, proprio a causa del consumo abituale di questi farmaci, un fattore di natura chimica. Il ricorso abituale a tali farmaci, spesso senza avere nemmeno ascoltato un parere medico, non solo non risolve i disturbi legati allo stress, ma rende ancor meno reattivo l'organismo, provocando effetti collaterali, ben conosciuti dal consumatore, che peggiorano la situazione.
La pillola per dormire induce un sonno non fisiologico e di conseguenza non ristoratore e, dopo un po' di tempo, una sorta di stanchezza cronica si impadronisce dell'individuo, rallentandone i riflessi e i tempi di reazione e rendendolo meno efficiente in ogni campo.
L'analgesico non risolve il dolore se non per un breve periodo.
Chi ha fatto uso di questi farmaci sa perfettamente che il mal di schiena o il mal di testa o gli altri disturbi fisici provocati dallo stress ritornano come prima, e spesso ai dolori si aggiungono altri disturbi dovuti agli effetti collaterali provocati dai farmaci.
Spesso, poi, lo stordimento e l'estraniazione da sé indotti dagli ansiolitici vengono scambiati per rilassamento oppure accettati come se fossero un male minore.

Un'altra risposta fuorviante al problema è il tentativo di diminuire l'ansia, la tensione nervosa, le preoccupazioni in generale, attraverso il consumo di bevande alcooliche.
I dati, d'altra parte, parlano chiaro: 11 milioni sono i tossicodipendenti da alcool in America e la cifra è altissima anche in Europa. Ma ciò che allarma è anche il numero di persone che fanno uso di bevande alcooliche per rilassarsi dopo il lavoro o la sera per poter prendere sonno.
L'alcool, come del resto i farmaci, anche quando non conduce alla dipendenza fisica (tossicodipendenza da alcool) è un fattore di stress chimico. Favorisce un sonno non fisiologico e un rilassamento solo temporaneo e ottenuto a prezzo di un "disequilibrio", a causa degli effetti nocivi dell'alcool, soprattutto su fegato e sistema nervoso.

EFFETTI NEGATIVI DELLO STRESS SU ALCUNE FUNZIONI FISIOLOGICHE

■ *La vista.* La tensione nervosa, che è una delle manifestazioni iniziali dell'eccessivo stress, influisce negativamente sulla funzione visiva. È in corso un'opera di ricerca da parte della nostra équipe che si rifà alle esperienze compiute parecchi anni fa dall'oftalmologo W.H. Bates.
L'idea guida è molto semplice: alla base dei più comuni errori di rifrazione (miopia, ipermetropia, astigmatismo) vi sarebbe un eccessivo affaticamento dei muscoli estrinseci dell'occhio e conseguentemente un difetto nella messa a fuoco degli oggetti.
L'eccessivo stress e la conseguente tensione nervosa e muscolare non risparmierebbero i muscoli estrinseci dell'occhio, causando un peggioramento della funzione visiva.

■ *La funzione intestinale.* Il troppo stress influisce sulle funzioni intestinali, non solo causando malattie vere e proprie, dalla banale ma fastidiosa e molto diffusa colite alla grave e meno diffusa rettocolite ulcerosa, ma provocando anche alterazioni delle funzioni fisiologiche intestinali.
Stitichezza o diarrea, pur riconoscendo altre cause, sono spesso la conseguenza dello stress e contribuiscono, nello stesso tempo, ad aggravarlo.
L'organismo umano, infatti, necessita, per mantenere il suo equilibrio (omeostasi), di un apporto bilanciato di sostanze organiche, acqua e sali minerali.
Un'eccessiva stasi (stipsi) o al contrario un accelerato transito (diarrea) finiscono per creare uno squilibrio che è un ulteriore fattore di stress.

■ *Il sonno.* L'insonnia o la cattiva qualità del sonno sono entrambe condizioni causate dall'eccessivo stress.
I principali nemici di un buon sonno sono infatti la tensione nervosa, l'ansia, la paura ed anche la cattiva abitudine, purtroppo diffusa, di portarsi a letto i problemi personali, inerenti al lavoro o alla vita familiare.
Non dormire o dormire male, d'altra parte, è un fattore di stress.
Il circolo vizioso viene poi alimentato dall'uso di farmaci per dormire, che inducono un sonno non fisiologico.
Chi fa uso di questi farmaci si sveglia in genere stanco e privo di energie ed è per questa ragione più vulnerabile di fronte ai molteplici fattori di stress della vita quotidiana.
Molti di questi problemi saranno trattati in maniera più dettagliata nei prossimi libri.
La nostra équipe, per esempio, sta da tempo lavorando sui rapporti tra stress e caduta dei capelli e sulla possibilità di arrestarla attraverso un programma di semplici procedure naturali.

COSA FARE PER VIVERE MEGLIO

L'importanza di tenere sotto controllo le manifestazioni fisiche e psichiche dovute all'accumulo di stress va posta sempre in primo piano.
Il fatto di vivere costantemente preoccupati è indubbiamente un fattore di stress e, d'altra parte, è altrettanto vero che accumulare stress aumenta il nostro timore che qualcosa di negativo e di irreparabile stia accadendo proprio a noi.
Nella figura è illustrato il circolo vizioso ansia-stress-ansia.
Esso si può interrompere programmando i pensieri in maniera positiva.

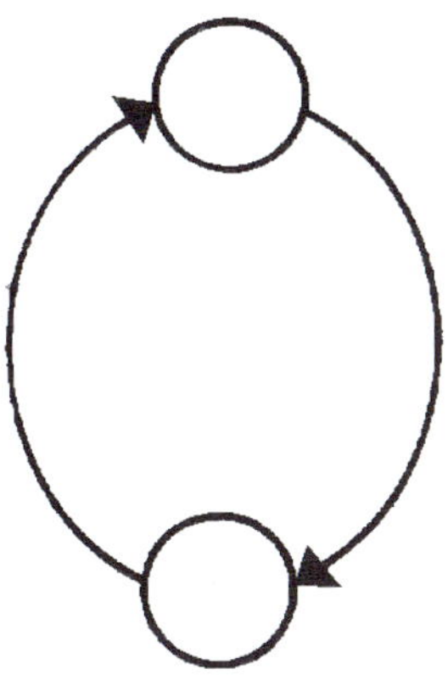

Pensare in positivo significa eliminare il negativismo e l'indecisione e porsi di fronte ai problemi con un atteggiamento ottimista.
Lasciate spazio ai pensieri negativi solo per virare, come farebbe un abile timoniere con la sua barca, prendendo coscienza dell'onda che arriva per poterla evitare.
Ogni problema potrà essere così affrontato al momento giusto con più calma e con maggior successo.
Provate a sostituire, con un pensiero ottimista e per voi gradevole, quel pensiero o quel flusso di pensieri che, come una nube tossica, si era insinuato nel vostro cervello.
Una maniera semplice per tenere sotto controllo lo stress, impedendone le manifestazioni fisiche da accumulo, consiste nel prestare attenzione, durante la vita quotidiana, a dei particolari che vengono spesso ignorati o sottovalutati.
Cercate di assumere una posizione corretta, quando siete seduti, stando ben appoggiati allo schienale, con i piedi appoggiati a terra, senza incrociare le gambe.
Stare seduti in maniera corretta significa mantenere il busto eretto, le cosce orizzontali, i piedi ben appoggiati

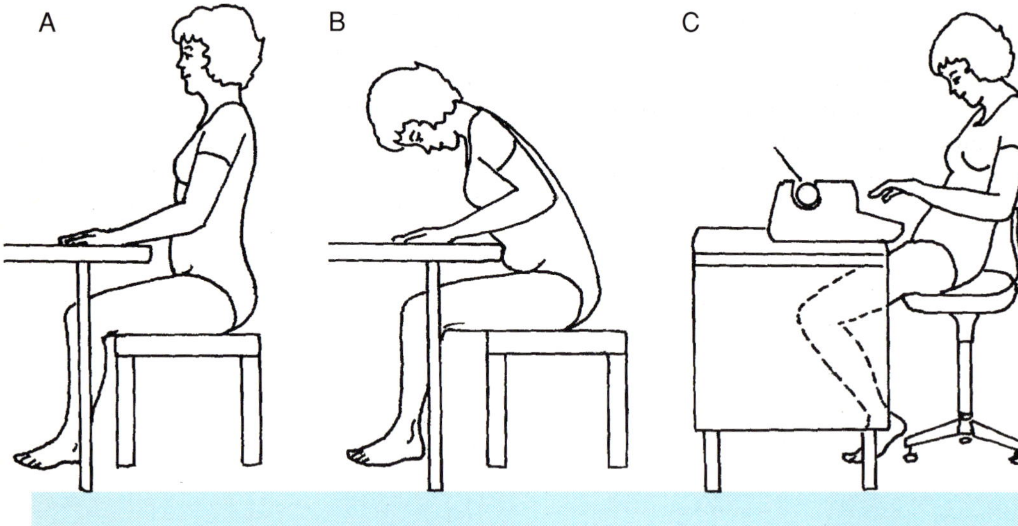

al pavimento, i muscoli del corpo bilanciati tra parte destra e sinistra, le braccia e le gambe rilassate (fig. A).
Nelle figure (B e C) sono evidenziati due modi di sedersi in maniera scorretta. Queste posizioni influiscono negativamente sulla respirazione e possono a lungo andare avere effetti negativi su tutta la colonna vertebrale.
Sono spesso la causa di quella sensazione di rigidità e di stanchezza alla fine di una giornata di lavoro.
Tenete presente che stare troppo a lungo seduti può essere nocivo.
Chi fa un lavoro sedentario dovrebbe alzarsi ogni 20 minuti, mezz'ora al massimo, fare due passi ed eseguire qualcuna delle autoterapie previste da questo programma.
In questa maniera avrete un vantaggio sugli altri perché, anche dal punto di vista dell'efficienza mentale, vi sentirete più in forma e svolgerete meglio il vostro lavoro.
Prestate un po' di attenzione al vostro abbigliamento, non solo dal punto di vista estetico, ma vestitevi in maniera tale da permettere al vostro corpo di funzionare meglio.
Usate il meno possibile tacchi alti e

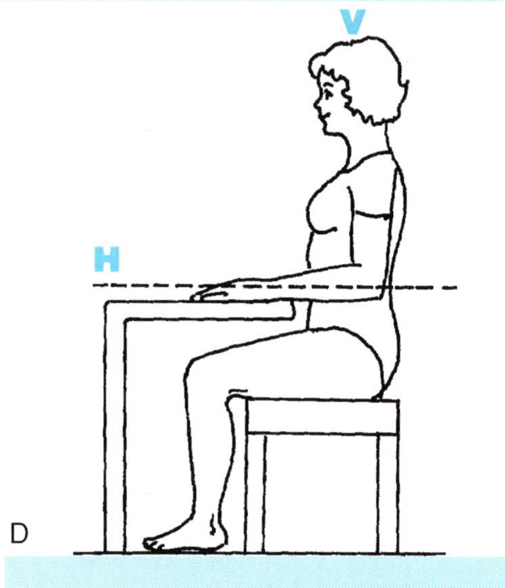

cinture strette. Se avete qualche chilo di troppo, mangiate di meno piuttosto che nascondere la pancia e, se proprio non ci riuscite, lasciatela pure andare in fuori.
Può anche darsi che non sia il massimo dal punto di vista estetico, ma vi può aiutare a tenere alla larga il mal di schiena.
È il vostro corpo che deve condizionare i vestiti e non il contrario.
Controllate che il vostro banco di la-

voro o la vostra scrivania siano all'altezza giusta.
Usate, se possibile, una sedia regolabile, in maniera da poterla personalizzare, cioè adattare la sedia alla vostra altezza, così da potere assumere una posizione corretta. A questo punto piegate le braccia ad angolo retto e, mantenendole in questa posizione, provate a vedere se toccano la superficie del vostro tavolo da lavoro o della vostra scrivania.
Fate più attenzione al vostro modo di camminare. Cercate di armonizzare il movimento delle braccia con quello delle gambe. Ciò è molto importante per mantenere l'equilibrio muscolare.
Spesso abbiamo notato che la gente fa istintivamente certi movimenti per superare le sensazioni di disagio o di tensione, ma non sempre nella maniera corretta.
Nella figura E, il soggetto, un impiegato o una dattilografa o anche un operatore addetto al controllo di un'apparecchiatura elettronica (computer), istintivamente allunga le braccia verso l'alto, ma contemporaneamente inspira, rendendo addirittura controproducente il suo gesto. Il suo tentativo di "stirarsi" è contrastato dall'accorciamento, sia pur lieve, della colonna vertebrale durante l'inspirazione.

E

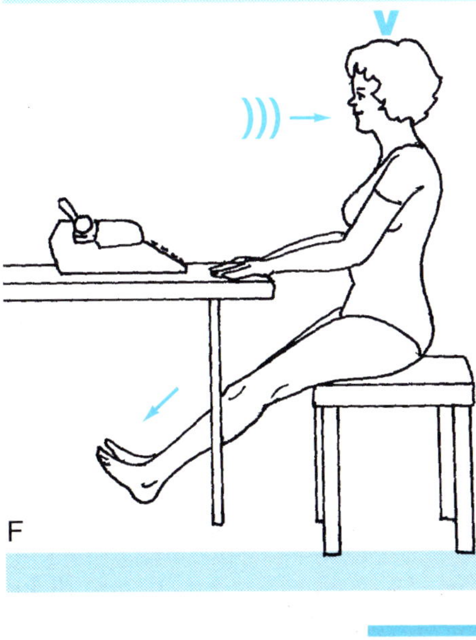
F

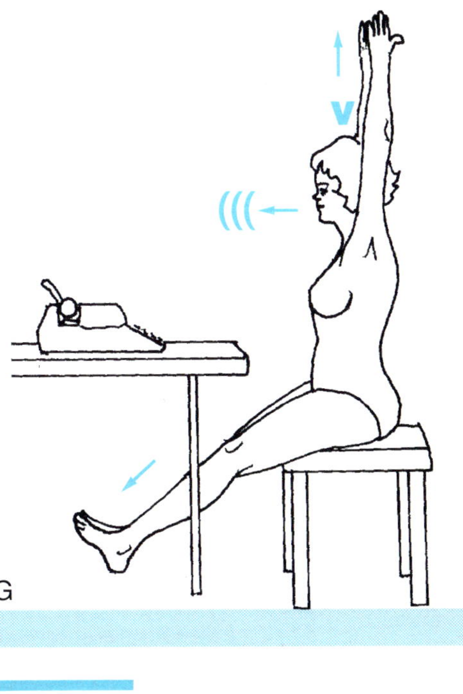
G

Anche nella figura F (a pag. 29), l'effetto positivo sulle tensioni muscolari determinato dall'allungamento delle gambe viene annullato dall'uso contemporaneo dell'inspirazione.
Il modo corretto di eseguire l'allungamento degli arti è invece rappresentato nella figura G, nella quale il soggetto raffigurato esegue l'allungamento solo durante l'espirazione. Così facendo il tentativo di "stiramento" è favorito dal contemporaneo allungamento della colonna vertebrale, che avviene durante l'espirazione.
Mangiate con sobrietà, scegliendo cibi naturali, per quanto è possibile. Evitate il consumo di alcoolici o bevete con moderazione. Un po' più di fiducia in voi stessi e meno nei farmaci può rendervi la vita più piacevole. Imparate a conoscere meglio il vostro corpo: vi porterà col tempo ad accettarvi meglio e ad amarvi di più di quanto non abbiate fatto finora.

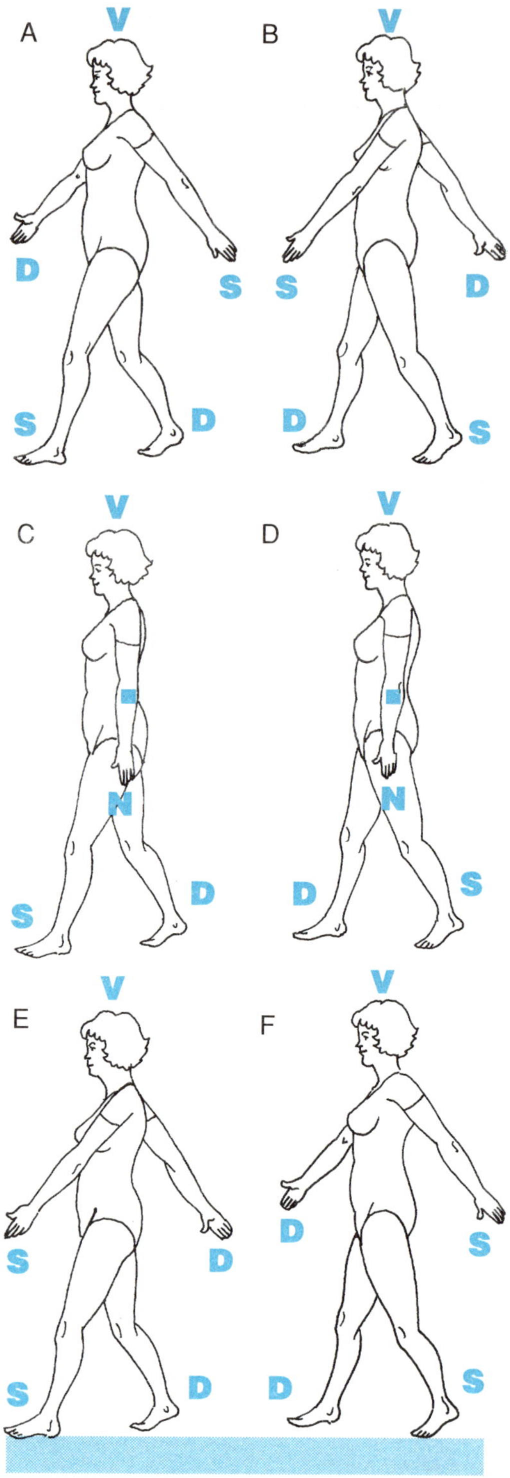

ESERCIZIO FISICO

Il programma GNP per lo stress non esclude il movimento. "La vita è movimento, il movimento è vita", e tutto ciò che mantiene attivo il corpo e la mente può servire a tollerare meglio lo stress quotidiano.
La noia, il dolce far niente, per quanto possa sembrare strano a chi è costretto a un ritmo di vita frenetico, possono diventare dei fattori di stress, se si trasformano in abitudini di vita.
La vita sedentaria può causare molti problemi e mantenersi attivi, praticando un'attività fisica, può servire a convivere con lo stress, limitandone i danni da accumulo.
Non sempre, però, è possibile trovare il tempo necessario e, spesso, l'assunzione di atteggiamenti troppo competitivi finisce per rendere stressante ciò

che, invece, dovrebbe servire a scaricare le tensioni accumulate.
L'esercizio fisico non è comunque sufficiente ad eliminare gli effetti del monolateralismo.
La tendenza ad usare in maniera ripetitiva un lato del corpo è alla base di quello squilibrio muscolare che è, di per se stesso, un fattore di stress.
Se proprio sentiamo l'esigenza di praticare un'attività fisica scegliamo quella che ci è più congeniale e più facilmente realizzabile.
Uno dei modi più semplici per verificare se una persona è molto stressata è osservarla mentre cammina.
Il movimento corretto, alternato, delle braccia e delle gambe (figg. A e B) manca del tutto (figg. C e D), o viene sostituito da un movimento non coordinato (figg. E e F). In questo caso il corpo è in squilibrio.
Un'attività fisica, semplice da realizzare, può consistere dunque nel camminare a passo svelto per mezz'ora, un'ora, utilizzando correttamente gli arti nella loro successione e respirando in maniera corretta.

DIETA

Non ci sono diete miracolose ed è noto che molte persone tendono a mangiare troppo in situazioni di eccessivo stress, accumulando peso superfluo.
D'altra parte, è proprio durante questi periodi che le diete alimentari funzionano meno. Probabilmente il "disequilibrio" vissuto dal corpo non favorisce l'equilibrio, anche dal punto di vista nutrizionale.
Imparando a controllare gli effetti negativi dello stress sull'organismo e le manifestazioni fisiche e mentali conseguenti, è probabile che si riesca a raggiungere un equilibrio anche dal punto di vista alimentare e, di conseguenza, mangiando meno e meglio, a controllare più facilmente il proprio peso corporeo.

PRATICARE SPORT

Come già detto, "la vita è movimento, il movimento è vita"; siamo convinti che qualsiasi sport faccia bene alla salute e sia utile a combattere gli effetti negativi dello stress.
È importante però non cadere nell'errore di praticare sport in maniera troppo competitiva.
L'agonismo finisce spesso col trasformare un'attività ricreativa in un lavoro faticoso e stressante.
Misurate pure le vostre capacità impegnandovi nelle gare podistiche domenicali, ma non forzate troppo e, soprattutto, mantenete un atteggiamento mentale sereno nei confronti di una eventuale sconfitta.
È pure importante sapere che lo sportivo domenicale, che vuole in un giorno solo porre riparo alla sedentarietà e alle cattive abitudini di un'intera settimana, finisce col trasformare un'attività utile in un ulteriore fattore negativo di stress. Meglio praticare un'attività fisica leggera altre due volte alla settimana oltre la domenica.
Tra i vari tipi di sport ci permettiamo di segnalarne alcuni in particolare.
Degli effetti benefici del "camminare" in maniera corretta abbiamo parlato precedentemente, ma non ci stancheremo di ripetere che camminare quotidianamente senza pesi e con scarpe adatte è più salutare di qualsiasi sport praticato solo la domenica o durante il week-end o saltuariamente.
Consigliamo inoltre di associare alla pratica dello sport preferito il vostro personale programma GNP per lo stress: vi aiuterà ad aumentare il vostro livello di tolleranza allo stress e a

combattere gli effetti negativi del monolateralismo.

Uno sport ottimo e in parte adatto a combattere gli effetti nocivi del monolateralismo è il nuoto, in quanto riequilibra, se fatto bene, la muscolatura di tutto il corpo.

Un altro sport molto bello e salutare e in pieno sviluppo è il golf.

Si possono trovare campi da tennis, piscine, palestre, anche uno stadio di calcio, dentro le città di cemento, ma per avere un campo da golf sono necessari molti ettari di verde fuori del traffico cittadino, lontano dall'inquinamento e dal rumore.

È uno sport che favorisce il rilassamento e nello stesso tempo le relazioni umane e che permette quindi di integrare al meglio attività fisica e socializzazione, in un'atmosfera ben diversa da quella stressante e caotica della vita quotidiana.

L'unico neo di questo sport è che il movimento che si esegue è sempre monolaterale: si ruotano il busto e le braccia sempre dallo stesso lato del corpo da destra verso sinistra; l'unica differenza tra un colpo e l'altro è che di volta in volta, a seconda del tiro da effettuare, si usa meno forza e meno ampiezza di movimento.

Eseguire qualche GNP prima e/o dopo la pratica di questo sport può servire a combattere gli effetti negativi del monolateralismo.

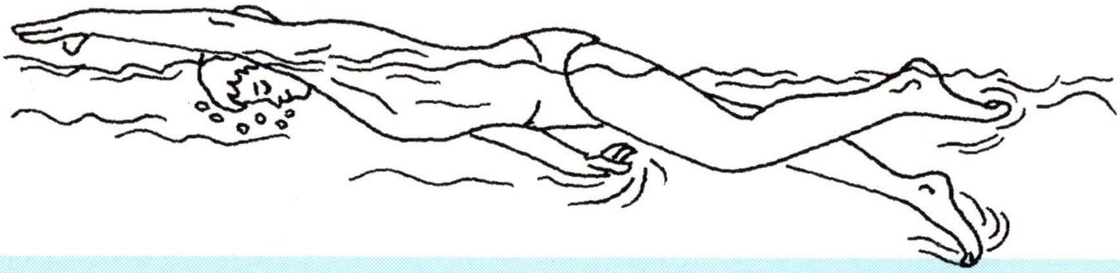

COS'È POSSIBILE FARE PER EVITARE IL PEGGIO

A causare malattie non è lo stress in sé ma sono gli effetti negativi dovuti al suo accumulo.
Cosa fare allora se cominci a renderti conto che stai andando in tilt? Le soluzioni possibili sono le seguenti:

FAR FINTA DI NIENTE

Questa è, se così si può chiamare, la soluzione adottata da molte persone. Il comportamento "da struzzo" è molto più diffuso di quanto si possa credere. "Se faccio finta che il problema non c'è, magari va via". Niente di più errato. Con ogni giorno che passa a stress si aggiunge stress.
A mano a mano che gli effetti negativi dello stress si accumulano, le difese immunitarie dell'individuo si abbassano e si manifestano i sintomi e le malattie a carico dell' apparato digerente, dell'apparato cardio-vascolare (coliti, ulcere, aritmie, per citarne alcune) o dolori articolari (mal di schiena, emicrania, mal di testa ecc.)
A questo punto, trovare una soluzione diventa ancora più difficile. Il ricorso continuo a cure di ogni tipo, spesso costosissime, può sembrare un palliativo ma in realtà spesso serve soltanto a complicare le cose. Qualche volta il rimedio è un ulteriore fattore di stress.

RAGGIUNGERE UNA MIGLIORE FORMA FISICA PRATICANDO SPORT E METTENDOSI A DIETA

Ottima cosa! L'individuo che compie questa scelta aumenta il proprio livello di salute e incrementa la propria resistenza nei confronti dello stress.
Tuttavia a volte basta un periodo della propria vita in cui c'è un aumento anche minimo dei fattori di stress per annullare quanto di buono si è ottenuto.
Più stress significa dover intraprendere più attività fisica per fronteggiarlo e il risultato finale è molto spesso l'abbandono totale dell'attività fisica per ragioni di tempo.
L'attività fisica, peraltro, come già detto e ripetuto, non risolve gli effetti negativi dovuti al monolateralismo che possono manifestarsi anche negli sportivi (ne parleremo più avanti). Per quanto riguarda il mettersi a dieta, abbiamo già accennato precedentemente alle difficoltà che incontra un individuo molto stressato ad iniziare e a mantenere un regime dietetico.

DIVENTARE UN VAGABONDO

Questa è solamente una maniera di non affrontare i fattori di stress prodotti da situazioni diverse (conflitti familiari, problemi sul lavoro ecc.).
I vagabondi, peraltro, non possono certamente evitare situazioni ambientali stressanti.
Per tale ragione sconsigliamo questo tipo di soluzione.

MODIFICARE LE RISPOSTE DELLA MENTE E DEL CORPO ALLO STRESS

L'uso di farmaci come tranquillanti, ansiolitici e analgesici, provoca per breve tempo un illusorio benessere, poi ricominciano i problemi con l'aggravante degli effetti collaterali.
Forse è questa la ragione per cui, nonostante il larghissimo consumo di queste categorie di farmaci, solo il 10% dei medici ne fa uso personale o li consiglia ai propri familiari.
Fare psicoterapia individuale e, soprattutto, di gruppo può essere di grande aiuto, tuttavia richiede molto tempo a disposizione, da sottrarre ai propri impegni.
Anche la meditazione o, meglio, le tecniche di meditazione possono essere utili, tuttavia molta gente non impara a meditare anche perché ciò presuppone, nella maggior parte dei casi, l'applicazione di una filosofia orientale che, spesso, non è facilmente accettata dall'uomo occidentale.

ANDARE A VIVERE IN POLINESIA

Ci abbiamo sicuramente pensato tutti, e forse anche più di una volta, come un'ottima soluzione per sbarazzarsi di tutti i guai e ritrovare la propria serenità e la propria salute.
Tuttavia, dopo l'entusiasmo iniziale, comincerebbero a manifestarsi anche lì dei problemi e delle situazioni stressanti. Le nuvole di insetti, il caldo appiccicoso, le enormi distese di terre disabitate, la solitudine, il pericolo costante che una noce di cocco possa cadervi in testa e soprattutto la mancanza delle comodità della nostra civiltà rendono anche la Polinesia una soluzione da scartare.

FAR USO DI QUESTO PROGRAMMA GNP PER LO STRESS

Non ci resta altra soluzione che rimboccarci le maniche, racimolare un po' di buona volontà e far uso di questo programma GNP per lo stress.
Si tratta di semplici ed efficaci autoterapie, che non hanno alcuna controindicazione e non provocano alcuna assuefazione.
Riescono a combattere gli effetti negativi del monolateralismo sul corpo e richiedono pochi minuti al giorno.
Dal momento che queste autoterapie sono state sviluppate dal dottor Greissing, le abbiamo chiamate Greissing's Natural Procedures, o più brevemente GNP.

IL PROGRAMMA GNP PER LO STRESS

Lo stress non è una malattia, ma può esserne una causa, se non combattiamo, giorno per giorno, i danni prodotti sull'organismo dal suo accumulo.
L'eccessivo stress provoca fondamentalmente una diminuzione dei poteri di difesa dell'organismo.
Ciò permette il manifestarsi di svariati sintomi e malattie.
Lo sbilanciamento o non coordinazione dei sistemi preposti al mantenimento dell'equilibrio del corpo è un altro effetto da accumulo.
I sistemi che regolano l'equilibrio del corpo sono il sistema nervoso e il sistema endocrino, di cui abbiamo parlato in precedenza.
Molti finiscono con l'accettare, senza rendersene conto, questa situazione la quale finisce col produrre malattie fisiche e psichiche che non rispondono alle cure tradizionali per il semplice fatto che la causa di base, il troppo stress, è sempre presente.
C'è una sola persona disponibile 24 ore al giorno e capace di difendere un bene così prezioso come la propria salute: siete voi stessi con l'intelligenza innata del vostro organismo.
Non essendo possibile, per ovvie ragioni, dedicare 2 o 3 ore al giorno per seguire un programma terapeutico, occorre trovare un sistema semplice ed efficace e che richieda pochi minuti quotidiani da impiegare nella maniera giusta.
Il programma GNP per lo stress risponde a questi requisiti.
Esso si basa sull'effetto riequilibrante sull'organismo prodotto dalla pratica di una respirazione corretta, abbinata a posizioni e/o movimenti semplici, precisi e fondati su concetti fisiologici.
Questo programma, che si fonda anche su alcuni principi del metodo Zilgrei, ideato dal dottor Hans Greissing e dalla signora Adriana Zillo, ha — e di questo è doveroso informare i lettori — i suoi "difetti".
Il programma GNP, infatti, non ha praticamente controindicazioni. Insegna a curarsi da soli ed è di conseguenza economico.
Permette di evitare l'abuso di alcune categorie di farmaci come gli ansiolitici o gli analgesici e, nel caso di loro necessario uso sotto controllo medico, ne potenzia gli effetti positivi, limitando di fatto l'insorgenza di effetti collaterali.
È semplice ma va eseguito correttamente, esige poco tempo, non richiede forza fisica e non fa sudare.
Permette allo specialista di non essere

assillato con richieste di farmaci, consentendogli di dedicarsi, con maggiore disponibilità di tempo, allo studio delle risposte terapeutiche più valide per la risoluzione dei casi più gravi.
Se ritenete in partenza che questi "difetti" rendano il programma GNP troppo semplice e quindi inefficace, la lettura di questo libro potrebbe farvi cambiare opinione.

PER I LAVORATORI E LE AZIENDE

In un articolo pubblicato sulla nota rivista americana *Newsweek*, dal titolo "Lo stress sul posto di lavoro", veniva tradotto in cifre il costo complessivo dell'assenteismo, della diminuita produttività e della spesa sanitaria.
La cifra di 150 miliardi di dollari corrisponde all'ammontare della spesa annua per queste voci, stimata dagli esperti in materia, ma, secondo altri, molte grosse aziende superano i 200 miliardi l'anno.
La maggior parte delle assenze per malattia in America e in Europa (circa il 70% secondo le statistiche) sarebbe dovuta a disturbi di tipo artrosico-reumatico come mal di schiena, mal di testa, sciatica, dolori cervicali, tutti legati al tipo di vita, alla attività lavorativa dell'individuo ed all'accumulo di stress.
L'interesse per il problema non è certamente dovuto a filantropia.
Oltre ad un problema immediato di natura economica vi sono altri effetti dell'eccessivo stress sui lavoratori e quindi di riflesso sull'azienda stessa che rendono sempre più vivo l'interesse per questo fenomeno: una diminuita capacità lavorativa, questioni di produttività (diminuzione quantitativa ma soprattutto qualitativa), crescente livello di assenteismo, diminuzione della capacità di concentrazione e lentezza dei riflessi che comportano un notevole aumento del rischio di incidenti sul lavoro.
Anche se la maggior parte dei lavoratori ritiene che i propri problemi di salute siano legati all'ambiente e al tipo di lavoro, ciò è solo una parte della verità.
Infatti una parte degli incidenti sul lavoro è senz'altro collegata al modo in cui si è passato il pomeriggio o la sera precedente all'incidente.
La stanchezza fisica e mentale, la carenza o la cattiva qualità del sonno, l'eccessivo uso di bevande alcooliche sono certamente cause di incidenti sul lavoro.
Bisognerebbe informare e rendere i lavoratori consapevoli di questo, anche se non è popolare.
Basterebbe rivolgere loro una domanda di questo tipo: "Chi di voi accetterebbe di essere operato da un chirurgo che ha passato la notte bevendo e mangiando a dismisura e che ha dormito poco o niente affatto?"
Essere in buona forma non vuol dire avere necessariamente un corpo dai muscoli modellati da ore e ore di jogging o di body-building, ma un corpo capace di rispondere in maniera adeguata e prontamente ai comandi che arrivano dal cervello. In altri termini, vuol dire un corpo bene equilibrato.
Gli orientali sono più consapevoli di noi riguardo a questo ed è forse una delle ragioni per cui, quando una azienda in Giappone propone un programma di attività fisica per rompere la monotonia e la ripetitività del lavoro, esso viene iniziato con entusiasmo dai lavoratori giapponesi che lo trovano semplicemente utile per la loro salute.
Cosa si può fare per migliorare il benessere psico-fisico dei lavoratori e di conseguenza la loro capacità produttiva, riducendo quelle spese che potreb-

bero a lungo andare mettere in discussione la sopravvivenza stessa di molte aziende?
Una intensa attività fisica sarebbe senz'altro utile, ma non tutti sono in condizioni di svolgerla o non ne hanno il tempo e, in ogni caso, non sarebbe adatta a tutti gli ambienti di lavoro.
L'uso di farmaci o la psicoterapia individuale o di gruppo dipendono dalla presenza di uno staff medico, con conseguenti problemi di carattere economico ed organizzativo.
Farmaci come i tranquillanti, gli ansiolitici e quelli comunemente usati, anche senza controllo medico, per combattere il dolore articolare che è spesso fattore e causa di stress, danno solo temporaneamente un'illusione di benessere.
In pratica, questi farmaci riducono quelle capacità biocibernetiche dell'organismo, di cui parleremo nel prossimo capitolo, diminuendo la capacità di concentrazione, e rallentano i tempi di reazione, inducendo molto spesso sonnolenza.
Chi abitualmente fa uso di questi farmaci deve fare continuamente un grande sforzo per essere efficiente sul posto di lavoro ed è più predisposto agli incidenti.
Ciò è particolarmente pericoloso per alcune categorie di lavoratori come i piloti delle compagnie aeree o i conducenti di automezzi pesanti, per i quali sono essenziali un elevato potere di concentrazione e dei tempi di reazione veloci.
Alcune aziende hanno offerto ai loro dipendenti la possibilità di partecipare a dei corsi o programmi anti-stress ma non hanno purtroppo ottenuto i risultati desiderati.
In genere questi corsi vengono effettuati in ambienti tranquilli, lontani dalle condizioni ambientali di vita e di lavoro che producono i fattori di stress.
I partecipanti stanno sicuramente meglio durante il periodo dei corsi ma non appena tornano alle loro attività quotidiane (lavoro e tempo libero) finiscono per tornare in balia dello stress.
Quello di cui la gente ha bisogno è qualcosa di efficace, che possa essere usato quotidianamente, se è necessario anche durante l'orario di lavoro, semplice da comprendere e da attuare, e che richieda poco tempo.
Il programma GNP risponde a questi requisiti. Dopo un periodo di addestramento per formare degli istruttori all'interno dell'azienda, tutto viene portato avanti dai lavoratori stessi, che saranno in grado di insegnare ai propri compagni di lavoro come eliminare da soli gli effetti negativi ed i problemi collegati allo stress.
L'obiettivo del programma GNP per le aziende (commercio e industria) è infatti proprio quello di insegnare ai lavoratori a risolvere e a gestire da soli i problemi causati dal troppo stress e prevenirne la cronicizzazione.
Il ripristino delle funzioni fisiologiche e il riequilibrio di esse facilita la capacità di concentrazione, aumentando l'efficienza e la produttività e diminuendo il rischio di incidenti sul lavoro.
Le parole chiave per la soluzione dei problemi da stress sembrano essere prevenzione e autogestione, e in queste due parole si esprime il significato del programma GNP.

...PER LA FAMIGLIA

Gli effetti positivi dal punto di vista economico (risparmio di tempo e di denaro) possono estendersi ai componenti familiari ed anche ai lavoratori in pensione, dando loro la possibilità di accesso ai nuclei all'interno dell'azienda.

Ciò può favorire le relazioni di amicizia tra i lavoratori e dare all'esterno un'immagine positiva dell'azienda.
Star bene in salute e avere la possibilità di evitare gli effetti negativi dello stress, insegnando agli altri compagni di lavoro e ai componenti familiari come fare, può servire a migliorare i rapporti all'interno dell'ambiente di lavoro e in famiglia.
Una pronta normalizzazione delle funzioni fisiologiche comporta una maggiore capacità di concentrazione e dei riflessi più pronti e, di conseguenza, una maggiore efficienza sul lavoro ma anche una maggiore serenità e armonia in famiglia.

...E NELLO SPORT

L'uso di questo programma GNP per lo stress può aiutare chi pratica sport a vari livelli.
Nell'atleta professionista può essere di grande utilità nei periodi di maggiore carico di lavoro in vista di gare importanti, per migliorare la concentrazione, per diminuire l'eccessiva tensione nervosa, che può aumentare nei giorni che precedono l'evento agonistico, e per bilanciare il corpo.
Tutto ciò può aiutare a prevenire piccoli infortuni o cali di rendimento che possono compromettere l'esito di un'intera stagione.
Per chi fa sport per la salute e per combattere lo stress è un prezioso alleato, sempre a portata di mano, per aumentare gli effetti positivi dell'attività fisica e per estenderli ad ogni momento della vita quotidiana.
L'équipe GNP sta preparando delle pubblicazioni per i singoli sport, nelle quali sarà proposta agli sportivi una serie di GNP, particolarmente indicati a prevenire gli infortuni e a migliorare il rendimento psico-fisico.

UNITARIETÀ DEL CORPO E SUO POTERE DI AUTOGUARIGIONE

Se provassimo, magari approfittando di un bel tramonto, durante un periodo di vacanza o in una breve sosta durante la nostra frenetica routine quotidiana, a concentrarci un po' di più su noi stessi, saremmo certamente colpiti nel percepire i nostri ritmi fisiologici continuare a funzionare, indipendentemente dalla nostra volontà.

Dopo aver fatto un'introspezione del nostro corpo dovremmo rimanere meravigliati del perfetto meccanismo di cui è composto.

Potremmo allora chiederci: ma quale parte è più importante? Il cuore che pompa ininterrottamente sangue agli organi, i polmoni che immagazzinano aria e selezionano l'ossigeno necessario alle cellule per la loro sopravvivenza, ossigeno che il cuore provvede ad inviare a tutto l'organismo, a cui è necessario per sopravvivere, o piuttosto il cervello?

Tutte sono egualmente importanti e nessuna lo è più di un'altra. Tutti i nostri organi esistono uno in funzione dell'altro.

Siamo composti per il 90% di acqua, la cui composizione chimica è simile all'acqua di mare, e al mare e al ritmo delle onde somigliano i nostri ritmi fisiologici.

Anche il nostro organismo può attraversare un periodo burrascoso, ma la sua tendenza è quella di ritornare in una situazione di equilibrio che è ritmo, come il moto ondoso.

Questa tendenza all'equilibrio è ancor più evidente proprio in quelle situazioni in cui si mettono in moto una serie di reazioni fisiologiche per combattere i pericoli esterni.

Ne abbiamo parlato in precedenza, mostrando quello che avviene nell'organismo in questi frangenti (vedi il capitolo "Che cos'è lo stress").

L'organismo tende ad eliminare il fattore o i fattori di stress per ristabilire il suo equilibrio.

È solamente l'accumulo di questi fattori che può provocare un "disequilibrio", che è alla base della quasi totalità delle malattie.

La medicina moderna dovrebbe considerare una persona nel suo insieme, composto da complesse strutture e funzioni interdipendenti ed in relazione, a loro volta, con l'ambiente.

La malattia non è un'entità a sé stante, ma un processo, la manifestazione, cioè, di una fisiologia alterata.

L'accumulo di stress ne rende possibili gli effetti negativi sull'organismo, che sono fondamentalmente costituiti da

una diminuita reattività e da un indebolimento dei meccanismi naturali di difesa.
La malattia è il risultato finale della perdita da parte dell'organismo della sua integrità fisiologica.
La salute nasce in noi stessi. Per far funzionare bene tutto nel suo insieme, il nostro organismo è dotato di un meraviglioso e importantissimo strumento: la programmazione biocibernetica. *Bios* è una parola greca e significa "vita", cibernetica significa "l'arte di dirigere", di "controllare". Nel moderno linguaggio tecnologico, il termine "cibernetica" significa il processo di assimilare, elaborare e trasmettere informazioni di vario genere.
Nel nostro caso intendiamo quelle forze naturali, in gran parte ancora sconosciute, che dirigono e controllano i processi organici e psichici del nostro corpo.
In termini più semplici, ci riferiamo alla "intelligenza innata", che comunica a ciascuna cellula del nostro organismo il messaggio in codice più adatto al fine di mantenere l'integrità fisiologica dell'organismo o a combattere le eventuali disfunzioni che possono manifestarsi.

IL TRIANGOLO ECOLOGICO DELLA SALUTE

Per mantenere una buona salute e un buon equilibrio fisico e mentale, ognuno di noi deve considerare tre aspetti fondamentali e dare a ciascuno di essi uguale importanza e considerazione, senza privilegiarne alcuno.
I tre aspetti sono tra loro interdipendenti e formano quello che viene definito il triangolo ecologico della salute. Essi sono: l'aspetto strutturale, l'aspetto biochimico e l'aspetto psicologico del corpo.

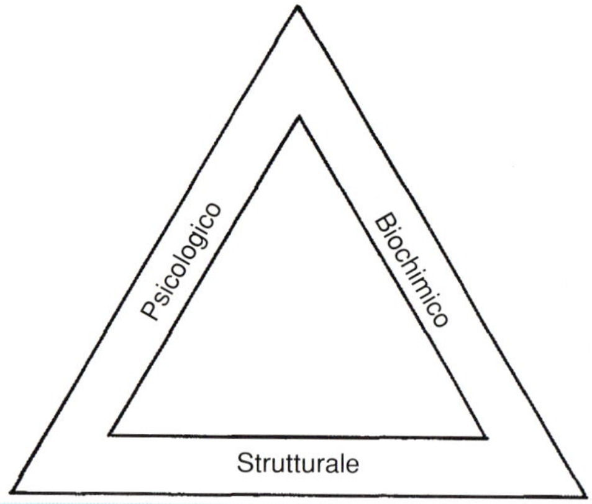

Aspetto strutturale. È la costruzione fisica del nostro corpo; in particolare come sono formati il cranio, il bacino e la colonna vertebrale, e come si configurano le loro correlazioni con il sistema nervoso centrale e con gli organi interni. Qualsiasi alterazione nella struttura della colonna vertebrale e delle sue fondamenta, il bacino, influisce sul sistema nervoso; la colonna vertebrale, infatti, racchiude il sistema nervoso periferico e qualsiasi lesione alla sua integrità può acquistare particolare importanza.

Aspetto biochimico. Riguarda il "laboratorio chimico" all'interno del corpo, cioè la digestione, l'assorbimento dei cibi, la selezione delle sostanze utili per il corretto funzionamento dell'organismo, l'eliminazione di ciò che non è utile o è dannoso per il corpo.
A questo proposito, non sempre vengono considerate le cause originarie dello squilibrio chimico e quindi della malattia. Si tende ad eliminare l'effetto ma non la causa del problema.Si prende, ad esempio, il bicarbonato o un digestivo per eliminare l'acidità prodotta da alcuni cibi o si iniziano le cosiddette diete "miracolose" per eliminare il peso superfluo senza affrontare i problemi in maniera globale.

L'acidità potrebbe essere di origine psicologica e costituire un segnale da parte dell'organismo del troppo stress accumulato, oppure potrebbe essere di origine allergica o infine potrebbe avere come origine un disturbo strutturale della colonna vertebrale che ha causato il cattivo funzionamento di uno o più organi interni.
Il sovrappeso, oltre che all'eccesso alimentare, una cattiva abitudine purtroppo radicata nella nostra società, può avere all'origine cause strutturali e psichiche.
In questa epoca di inquinamento, un disequilibrio biochimico è un rischio costante, a causa dei prodotti alimentari troppo raffinati o derivanti da terreni trattati con prodotti chimici oppure a causa dell'assunzione di gas di scarico.
Gli effetti insidiosi di un'alimentazione "scorretta" in questo senso vengono considerati di rado; la medicina specializzata tende a considerare l'organismo "a settori" piuttosto che nel suo insieme, e non si preoccupa, di conseguenza, di ricercare i motivi globali del suo "non equilibrio", che è sinonimo di malattia.

■ *Aspetto psicologico.* Riguarda il nostro equilibrio mentale, cioè la capacità di affrontare i problemi quotidiani con un atteggiamento positivo e con la giusta carica per superarli. Noi non consideriamo, comunque, la mente come un'unità a sé stante e preferiamo parlare di unità mente-corpo.
È quindi di grande importanza prestare eguale attenzione ai tre elementi del triangolo ecologico della salute; tuttavia, a causa dello stretto collegamento che esiste tra un elemento e l'altro, intervenendo in modo naturale e positivo su uno di essi avremo effetti benefici anche sugli altri due, e quindi sullo stato di salute in generale.

LA RESPIRAZIONE

La respirazione è un processo fondamentale per la vita, ma spesso non ce ne rendiamo conto e facciamo ben poco per influire positivamente sul modo di respirare e trarne tutti i benefici possibili.
Ci preoccupiamo dell'alimentazione, di ciò che mangiamo, della sua qualità, di quanto mangiamo, dedicando molto tempo alla scelta del cibo, al rituale della sua preparazione e alla sua consumazione, ma prestiamo poca attenzione a come respiriamo.
Attraverso la respirazione l'organismo si procura l'ossigeno necessario al funzionamento delle cellule, eliminando i prodotti tossici che via via si formano (tra questi principalmente la anidride carbonica). L'ossigeno gioca un ruolo fondamentale nello svolgimento della maggior parte delle nostre funzioni fisiologiche. Se il nostro organismo non riceve una sufficiente quantità di ossigeno, la funzionalità di ogni parte del nostro corpo, compreso il cervello, ne risente negativamente. Si può vivere per un periodo di tempo abbastanza lungo senza mangiare ma bastano solo tre, al massimo cinque minuti senza respirare, per morire a causa della carenza di ossigeno.
Il sangue è il veicolo di trasporto dei due gas, mentre lo scambio vero e proprio avviene a livello polmonare.
Il ricambio d'aria è assicurato dai movimenti respiratori.
Durante l'inspirazione si ha un aumento del volume del torace, che determina una differenza di pressione favorevole al riempimento di aria da parte dei polmoni; il contrario avviene durante l'espirazione: i polmoni si svuotano, espellendo la maggior parte dell'aria che contengono.
Durante l'inspirazione, l'aumento di volume della gabbia toracica è determinato dall'azione di alcuni muscoli, tra i quali gli intercostali esterni, la cui contrazione determina un sollevamento delle coste in alto e in avanti ed un aumento di volume del torace.
L'azione più importante è dovuta però ad un muscolo a forma d'arco, chiamato diaframma.
Durante l'espirazione, i muscoli che si erano precedentemente contratti si rilassano e le coste tornano nella loro posizione originaria; il diaframma, che si era abbassato, ritorna nella sua posizione di partenza; le pareti toraciche, grazie alla loro elasticità, riprendono anch'esse la loro posizione originaria.

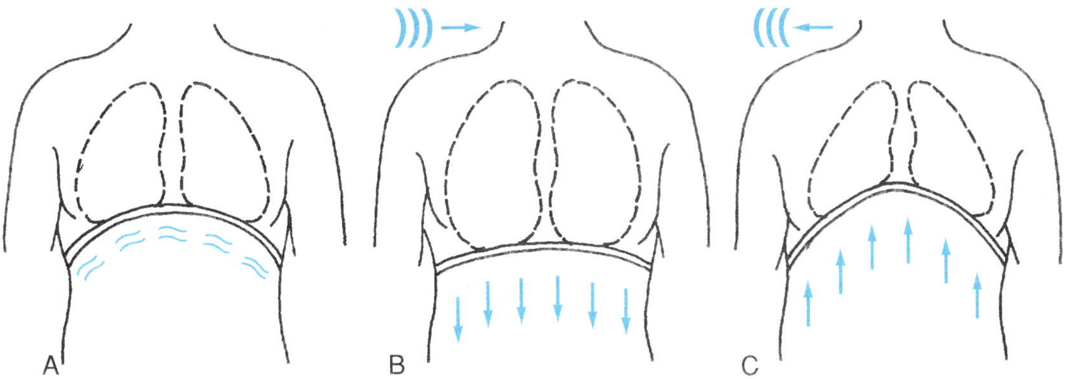

Le figure a sinistra (A e A1) mostrano la posizione normale del diaframma.
Le figure al centro (B e B1) mostrano come durante l'inspirazione il diaframma si abbassa, l'addome si espande in fuori (pancia in fuori) e i polmoni si riempiono interamente d'aria.

Le figure a destra (C e C1) mostrano come durante l'espirazione il diaframma si solleva, l'addome si contrae (pancia in dentro) e i polmoni si svuotano dell'aria già utilizzata.

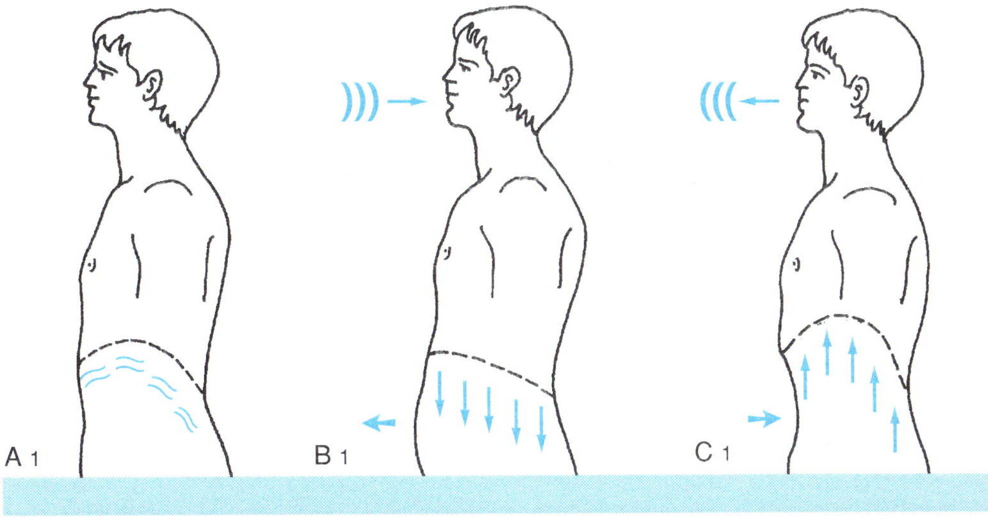

Osservate nelle figure qui sopra l'azione del diaframma, muscolo a forma d'arco, durante la respirazione effettuata in modo corretto.
I movimenti del diaframma vengono completati, durante la respirazione, dai movimenti delle coste e dello sterno (gabbia toracica). Nella figura D, durante l'inspirazione, mentre il diaframma si abbassa la gabbia toracica si innalza. Durante l'espirazione (fig. E), mentre il diaframma si alza la gabbia toracica si abbassa.

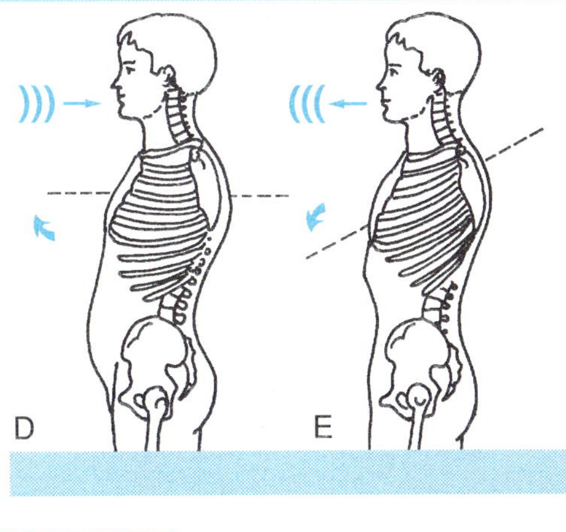

LA RESPIRAZIONE DINAMOGENICA

La respirazione dinamogenica è quella del metodo Zilgrei, ideato dal dottor Hans Greissing e dalla signora Adriana Zillo. È una respirazione completa, addominale, non forzata, con pause di respiro. Il suo scopo è quello di sfruttare in modo più corretto la funzione respiratoria.
Respirando correttamente e coordinando i movimenti dell'addome e del torace, si riesce ad utilizzare completamente tutta la capacità polmonare, cioè tutto lo spazio disponibile nei polmoni.

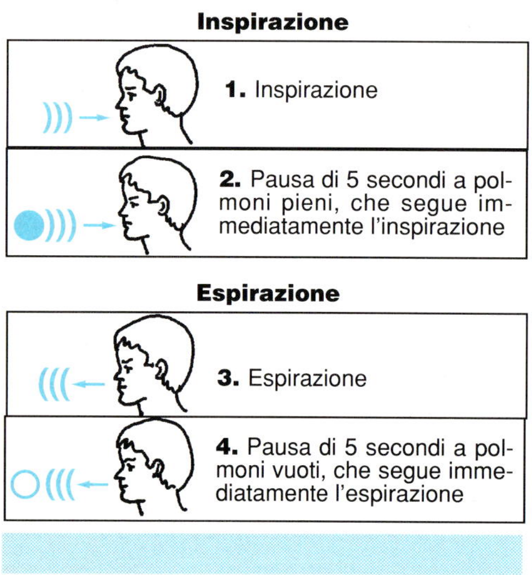

Bisogna, in altre parole, imparare a respirare di nuovo "con la pancia", senza sforzarsi troppo, immettendo la quantità di aria che si riesce ad inspirare senza irrigidirsi.
L'efficacia dei GNP dipende molto dalla precisione con cui si coordinano i movimenti e/o le posizioni del corpo alla respirazione dinamogenica.
Un ciclo di respirazione normale è composto da due tempi: inspirazione ed espirazione. Un ciclo di respirazione dinamogenica standard si compone invece di quattro tempi.

COME ESEGUIRE LA RESPIRAZIONE DINAMOGENICA

Il modo più semplice per imparare la respirazione dinamogenica è di sdraiarvi sul vostro letto, se è abbastanza duro, o sul pavimento sopra una grossa coperta, tenendo le braccia lungo il corpo e i piedi leggermente divaricati.
In questa posizione è più facile rilassarvi e anche la respirazione diventa più calma e regolare.
Lasciatevi andare, allontanando ogni inutile pensiero, e limitatevi ad ascol-

tare il flusso di aria che entra ed esce dai vostri polmoni.
Rilassate il corpo e in particolare distendete i muscoli del collo.
All'inizio, allo scopo di imparare, potete respirare dalla bocca, in modo da distinguere la fase di inspirazione da quella di espirazione. In seguito, quando sarete diventati più bravi, eseguite tutte le fasi della respirazione dinamogenica con il naso.
Respirare con il naso è importante perché esso funziona come un filtro che protegge i polmoni dal pulviscolo e dall'aria troppo fredda. Tuttavia, in caso di raffreddore o di altri impedimenti, va bene anche la respirazione effettuata con la bocca socchiusa.
Espirate completamente, con calma, con la bocca socchiusa, tutta l'aria che avete nei polmoni. Cercate di sentire il "rumore" dell'aria che esce lentamente dal vostro corpo.

A

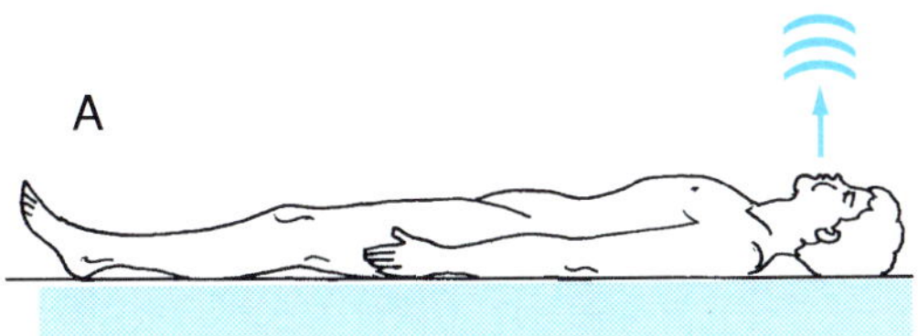

Ora iniziate la respirazione dinamogenica. Inspirate (prendete aria) con calma, senza forzare, espandendo prima l'addome (pancia in fuori)...

B

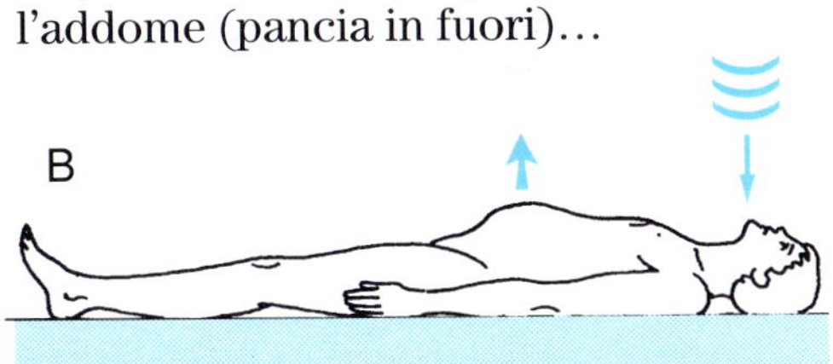

...e poi anche il torace, in modo molto più lieve, mantenendo sempre l'espansione dell'addome. Così facendo il diaframma si contrae; la contrazione di questo muscolo, insieme all'innalzamento delle coste, aumenta il volume della gabbia toracica, permettendo ai polmoni di espandersi al massimo della loro capacità.

C

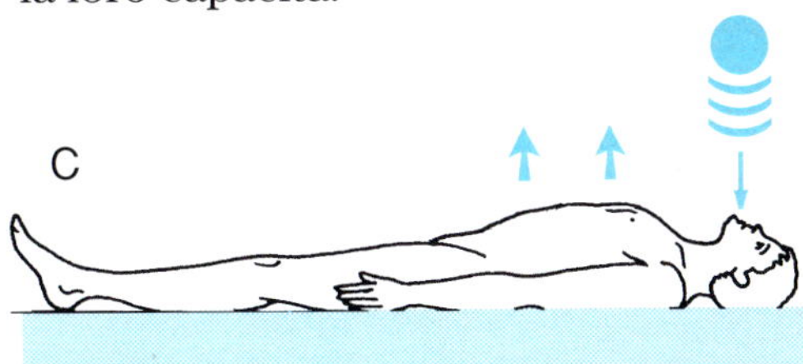

Ora che avete i polmoni pieni e avete terminato l'inspirazione senza forzare, trattenete l'aria per 5 secondi, il tempo di contare mentalmente: uno, due, tre, quattro, cinque secondi.
Dopo la pausa, iniziate a espirare lentamente e con calma dalla bocca socchiusa, portando l'addome in dentro (pancia in dentro) senza forzare. Quando avrete espulso l'aria contenuta nei polmoni...

D

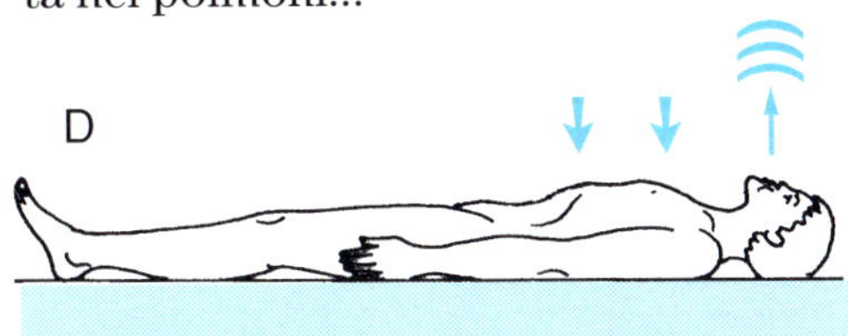

...fate una pausa a polmoni vuoti per 5 secondi; il tempo di contare mentalmente: uno, due, tre, quattro, cinque secondi.

E

Le figure B, C, D, E illustrano un ciclo completo di respirazione dinamogenica standard.
Per capire se state eseguendo correttamente la respirazione dinamogenica potete fare questo piccolo test: sdraiatevi sul letto o su un tappeto, sollevate le gambe e appoggiate un libro sulla

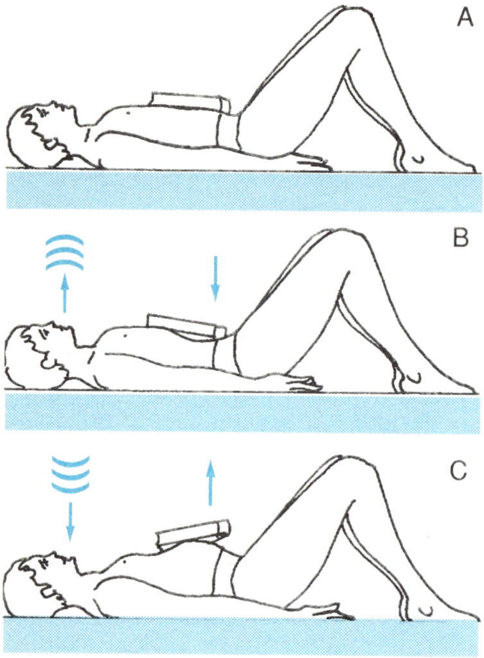

parte bassa del torace e dell'addome (fig. A). Osservando il libro, riuscirete a controllare se state coordinando correttamente i movimenti dell'addome con le fasi respiratorie. Se state respirando correttamente, infatti, il margine inferiore del libro deve inclinarsi verso il basso durante l'espirazione (fig. B). Durante l'inspirazione il margine inferiore del libro deve inclinarsi verso l'alto (fig. C).
Quando vi sarete esercitati per qualche tempo e avrete imparato ad eseguire bene e senza sforzo la respirazione dinamogenica stando sdraiati, sarete allora in grado di provare ad eseguirla allo stesso modo stando in piedi o seduti.
La tecnica è la stessa. Ricordatevi di mantenere una posizione corretta, con il busto eretto ma non rigido, e di respirare possibilmente dal naso.
Come abbiamo visto precedentemente, chi ha accumulato troppo stress respira in maniera scorretta e ciò, a sua volta, diventa un altro fattore di stress per l'individuo. Di conseguenza, reimparare a respirare correttamente può contribuire a ridurre gli effetti negativi dello stress sull'organismo e a migliorare la resistenza individuale allo stesso stress.
In uno dei successivi capitoli, attraverso semplici test che potrete eseguire da soli, sarete in grado di stabilire se il vostro modo abituale di respirare è corretto.
Se scoprirete che il vostro modo abituale di respirare è scorretto perché avete accumulato troppo stress, rileggete con attenzione ciò che abbiamo precedentemente detto a proposito della respirazione dinamogenica e imparatela bene prima di iniziare ad eseguire i GNP di questo libro.
Se invece scoprirete che il vostro modo abituale di respirare è corretto, imparate ugualmente bene la respirazione dinamogenica. Vi sarà utile per respirare ancora meglio e contrastare così gli effetti negativi dello stress.

ALCUNI SUGGERIMENTI PER IMPARARE LA RESPIRAZIONE DINAMOGENICA

Se avete qualche difficoltà nell'apprendere la respirazione dinamogenica, appoggiate una mano sull'addome. Durante l'espirazione aiutatevi spingendo in dentro l'addome con la mano (figg. A, B, C), durante l'inspirazione allentate la pressione della mano sull'addome (figg. A1, B1, C1), che si solleverà naturalmente.
Se proprio non riuscite a coordinare i movimenti dell'addome con le fasi respiratorie, provate ad estendere l'addome in fuori e a contrarlo in dentro senza preoccuparvi di coordinare i movimenti alla respirazione (fig. D, E, F, G, H). Quando avrete imparato ad

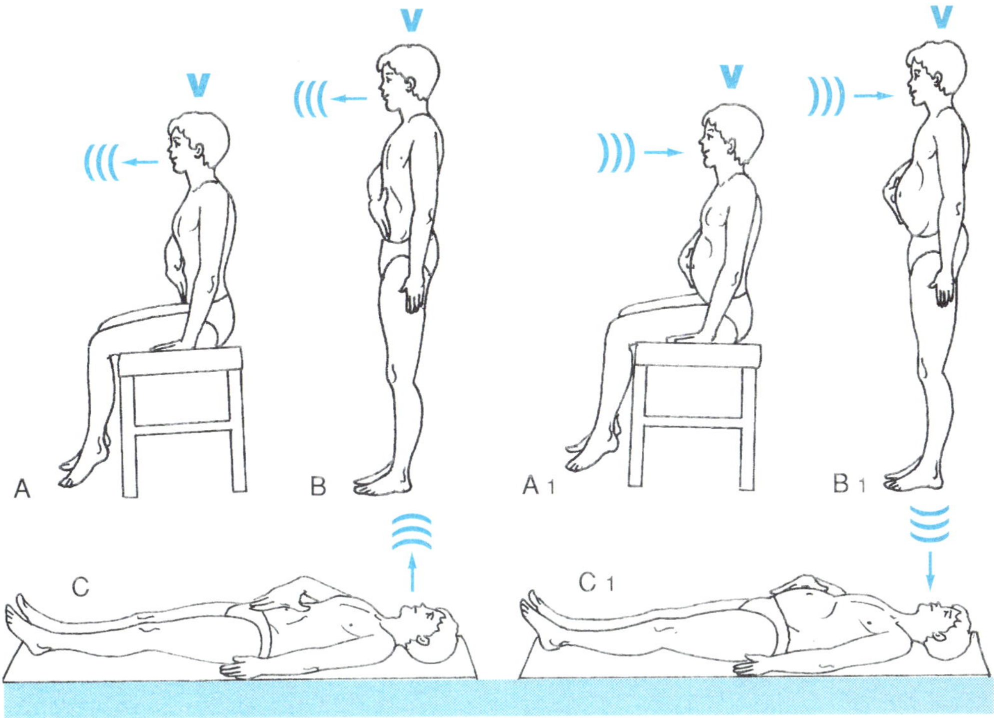

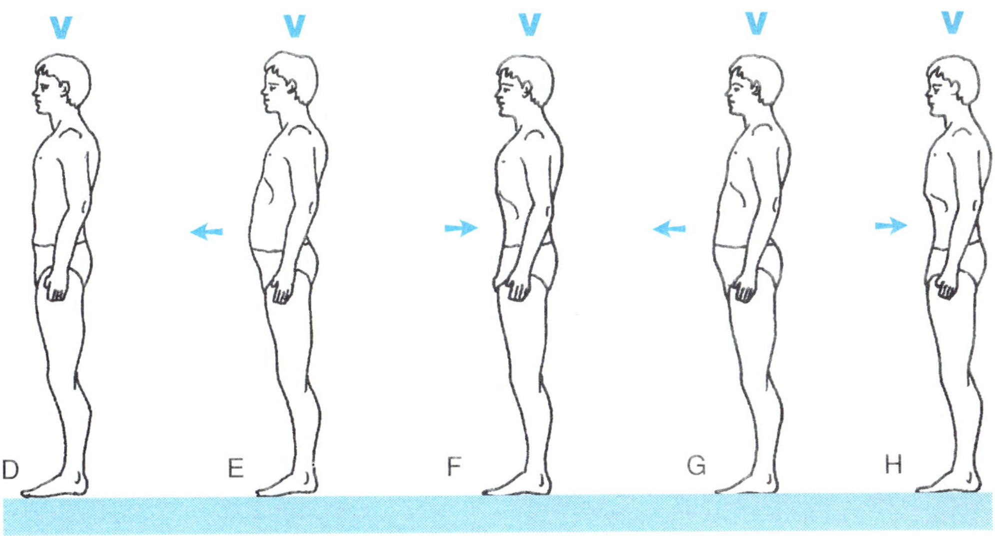

estendere e a contrarre l'addome facilmente, provate a coordinare questi movimenti con le fasi respiratorie, senza eseguire le pause. Infine, quando anche questo vi sarà facile, inserite le pause.

GLI ERRORI PIÙ FREQUENTI

Un errore frequente è quello di non espirare sufficientemente. Sappiate che è più importante espirare bene e completamente che inspirare a fondo forza-

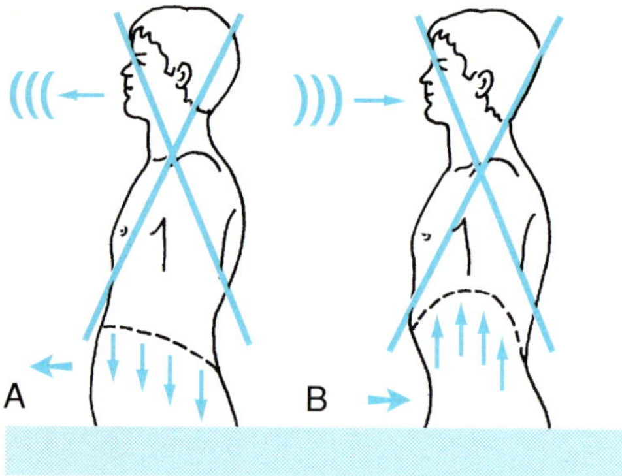

tamente. Fate quindi una lenta, lunga, completa espirazione, e l'inspirazione verrà da sé spontanea e naturale.

Un altro errore comune è quello di forzare l'inspirazione per immettere un grosso quantitativo d'aria, con la convinzione di migliorare la funzione respiratoria. In realtà inspirare una grossa quantità d'aria non serve a riempire pienamente i polmoni. È solo coordinando bene i movimenti del torace e dell'addome che si utilizza tutto lo spazio dei polmoni. Perciò inspirate l'aria che riuscite ad immettere senza sforzarvi e senza irrigidirvi.

Fate attenzione anche a non coordinare male i movimenti del diaframma e dell'addome, a non farli cioè in modo contrario. Se espandete l'addome in fuori durante l'espirazione, l'abbassamento del diaframma (fig. A) non consentirà l'espulsione di tutta l'aria dei polmoni; allo stesso modo, se contraete in dentro l'addome durante l'inspirazione, l'innalzamento del diaframma (fig. B) non permetterà l'espansione e quindi il completo riempimento dei polmoni.

Quando eseguite la respirazione dinamogenica, stando sia seduti sia in piedi, ricordatevi di mantenere il busto fermo, eretto ma non rigido (figg. C e C1). Cercate di non spostarvi in avanti e indietro, seguendo il ritmo dell'inspirazione e dell'espirazione (figg. D, D1, E, E1). Evitate anche di afflosciarvi.

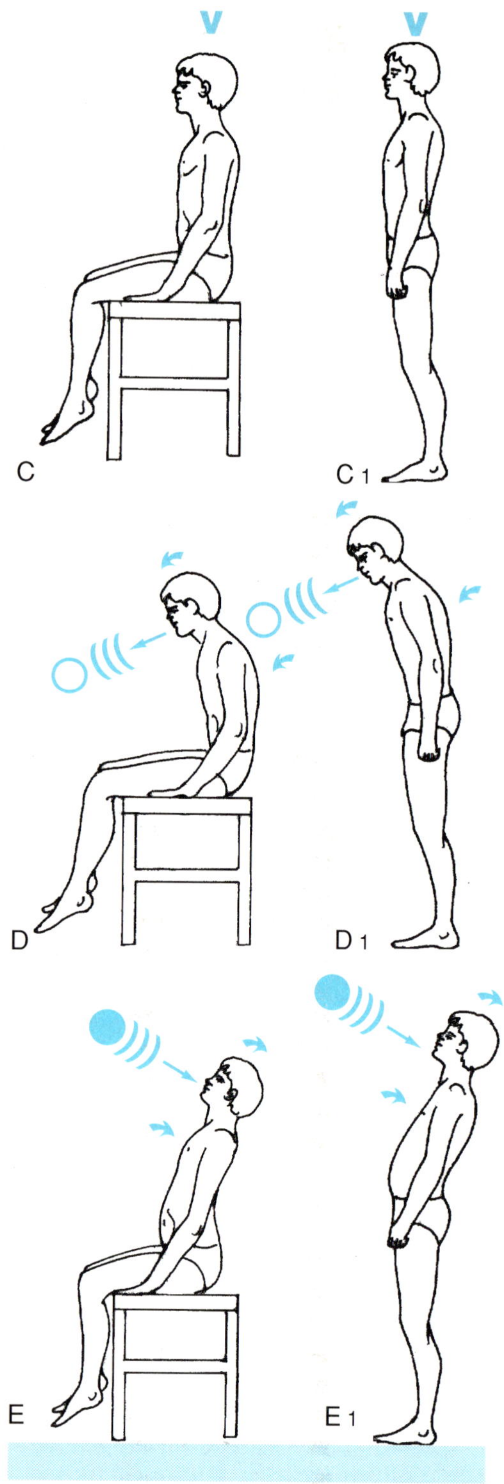

RESPIRAZIONE E STRESS

La funzione respiratoria può essere inibita da molti fattori. La tensione nervosa, la mancanza di movimento, le posizioni innaturali e scorrette che si assumono durante il lavoro o in altri momenti della vita quotidiana sono le cause più comuni.

Quando riceviamo una cattiva notizia o qualcosa ci innervosisce o durante un periodo della nostra vita in cui abbiamo accumulato troppo stress e ci sentiamo stanchi, depressi e incapaci di avere un atteggiamento mentale positivo, il nostro modo di respirare ne risente.

Tendiamo a trattenere l'aria nei polmoni, a prolungare cioè l'inspirazione, impedendo quel ricambio di aria così importante ai fini di un corretto funzionamento del corpo.

La colonna vertebrale ne risente direttamente. I micromovimenti delle vertebre durante le fasi della respirazione sono estremamente importanti per il mantenimento della sua flessibilità.

Una respirazione scorretta può cioè provocare i blocchi che sono alla base dei disturbi comunemente riferiti all'artrosi e che finiscono per essere un ulteriore fattore di stress.

Imparare a respirare correttamente è estremamente utile per limitare gli effetti dannosi dello stress e tollerarlo meglio.

Nella figura seguente si può vedere come cambia il nostro modo di respirare quando riceviamo una cattiva notizia o qualcosa ci preoccupa o ci rende ansiosi. Si vede anche che cosa avviene quando riceviamo una notizia rassicurante che ci libera dal precedente stato di tensione.

Come potete vedere nel primo caso (fig. A), il soggetto raffigurato tende ad inspirare superficialmente e a trat-

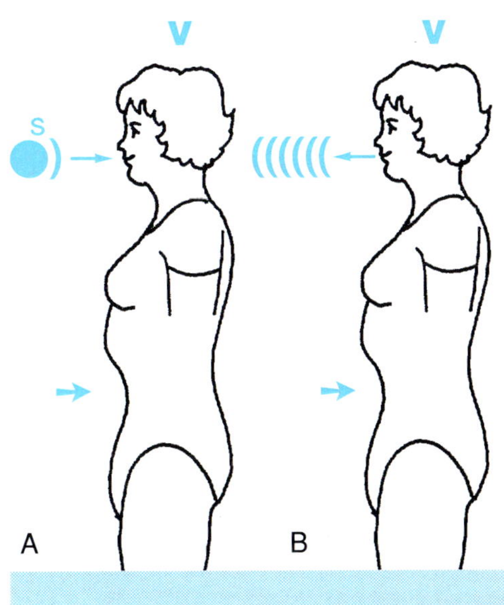

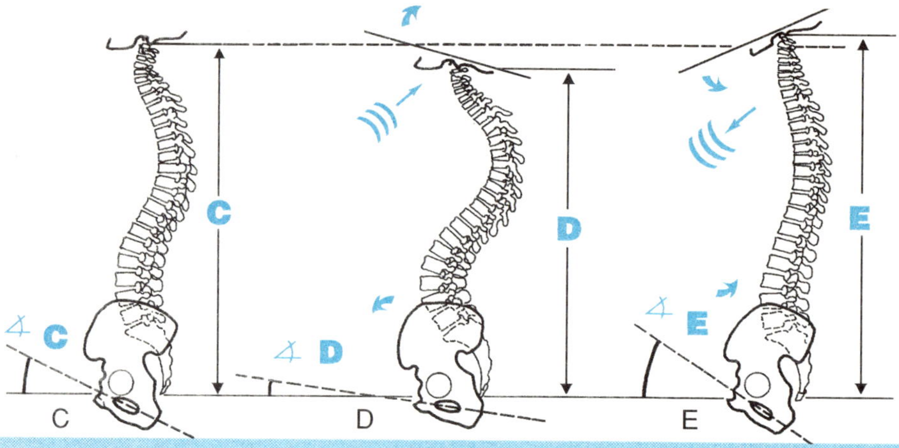

tenere l'aria portando erroneamente in dentro la pancia; mentre, nel secondo caso (fig. B), una espirazione prolungata e corretta (pancia in dentro) esprime una sensazione di sollievo e di liberazione.
Osservando un filmato radiografico di una persona in piedi mentre respira correttamente, potremmo facilmente vedere i movimenti della gabbia toracica. Meno percettibili sarebbero invece i movimenti della colonna vertebrale. Le curve fisiologiche di quest'ultima si accentuano o diminuiscono a seconda della fase respiratoria, producendo dei movimenti a "fisarmonica".
L'assetto normale della colonna vertebrale con la testa ed il bacino pressoché in asse (fig. C) si modifica durante le fasi della respirazione.
Durante l'inspirazione corretta e non forzata, le curve fisiologiche della colonna vertebrale si accentuano, la testa si estende lievemente, la mandibola si solleva, l'occipite si abbassa e il bacino bascula anteriormente (fig. D).
Durante l'espirazione corretta avviene invece l'opposto: le curve fisiologiche della colonna vertebrale diminuiscono, la testa si flette lievemente in avanti, la mandibola si abbassa, l'occipite si alza e il bacino bascula posteriormente (fig. E).
Meno accentuati e percettibili, e definiti perciò micromovimenti, sono quelli che le singole vertebre fanno continuamente durante tutto questo processo. In ogni ciclo respiratorio, infatti, le vertebre si flettono in avanti e indietro. Proprio questi movimenti sono di estrema importanza per mantenere la flessibilità della colonna vertebrale e un buon equilibrio muscolare.

LA TENSIONE NERVOSA E MUSCOLARE

Nervosismo e irritabilità, insieme a sensazioni, talora penose, di tensione, rigidità o pesantezza, localizzate soprattutto in alcune zone del corpo, sono manifestazioni iniziali fisiche e mentali dello stress.
"Mi sento teso, rigido, ho difficoltà a concentrarmi e non riesco a rilassarmi in nessuna occasione" sono parole che la gente usa spesso quando si rivolge al proprio medico di fiducia o allo specialista, esprimendo così il proprio disagio insieme alla richiesta di una soluzione al problema. Spesso la tensione muscolare che si localizza in deter-

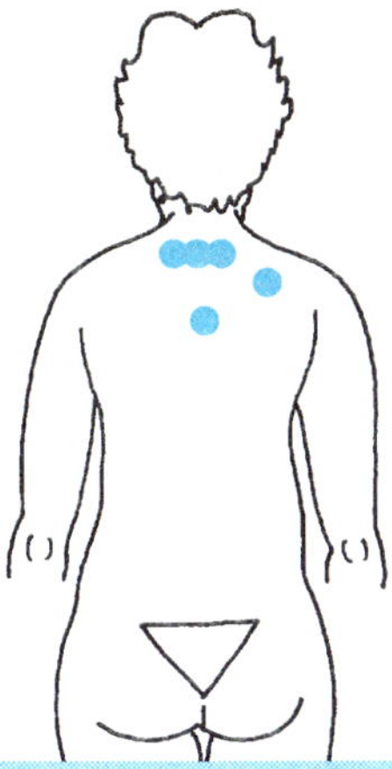
F

Un corpo rilassato sarà allora forte e ben bilanciato, equilibrato dal punto di vista muscolare. Alla base di un buon funzionamento, rilassato e armonioso, del nostro organismo vi è un modo di respirare corretto. Nel settore dedicato ai GNP per lo stress mentale vi spiegheremo come, proprio attraverso il controllo della respirazione, si può far funzionare meglio il nostro corpo, liberandolo dalle tensioni muscolari e dalla stanchezza, rendendolo più forte ed equilibrato e perciò rilassato.

minate zone del corpo (collo e regione interscapolare) può essere causata da una respirazione scorretta.
Respirare in maniera scorretta può, come abbiamo visto, causare dei “blocchi vertebrali”. Questi blocchi o disallineamenti (cioè il cattivo allineamento vertebrale) vengono stabilizzati dall'azione dei muscoli scheletrici, che cercano di adattarsi alla situazione.
I muscoli situati ai lati della colonna vertebrale (muscoli spinali), modificando la loro lunghezza, si adattano allo spostamento delle vertebre fissandone il cambiamento, seppure lieve, in una determinata zona della colonna vertebrale.
A lungo andare, la tensione muscolare si trasforma in una vera e propria contrattura dolorosa, con ripercussioni negative su tutte le funzioni fisiologiche, sull'equilibrio psico-fisico e sulla nostra salute.
Le zone e le fasce muscolari più coinvolte sono, generalmente, i muscoli posteriori del collo, che durante il giorno sono sottoposti ad un superlavoro.
Nella figura F sono indicati i punti del corpo dove si accumula principalmente la tensione muscolare e dove di solito si sentono dolore e/o indolenzimento.

QUANTO STRESS AVETE ACCUMULATO?

Mettete una mano sull'addome ed eseguite un ciclo respiratorio completo (una inspirazione e una espirazione) respirando naturalmente come siete soliti fare. Prestate attenzione ai movimenti del vostro addome durante questo ciclo di respirazione e fate un paragone tra quel che succede a voi e quello che viene evidenziato nei disegni delle pagine successive.

■ *Auto-test n.1* Le figure A, B, C evidenziano uno dei più comuni errori commessi da chi è molto stressato. Nella prima figura (A) si evidenzia uno stato neutrale che è naturalmente ipotetico e serve solo a far risaltare meglio le successive figure con gli errori. Nella seconda figura (B) il soggetto raffigurato inspira e inverte il movimento dell'addome, che rientra, anziché espandersi in fuori. Nella terza figura (C) è raffigurata l'inversione del movimento dell'addome durante l'espirazione.
Gli errori evidenziati nelle figure, ostacolando le normali escursioni del diaframma, limitano la capacità polmonare (i polmoni si riempiono meno) e,

Auto-test n.1

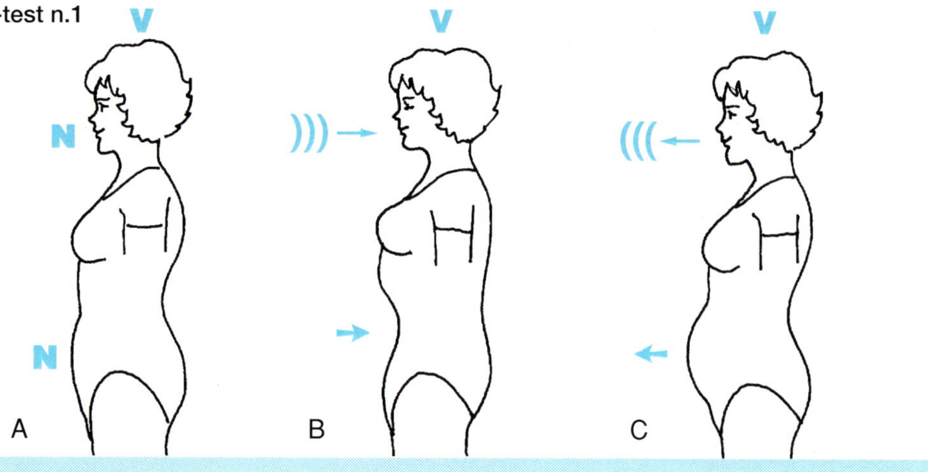

Auto-test n. 2

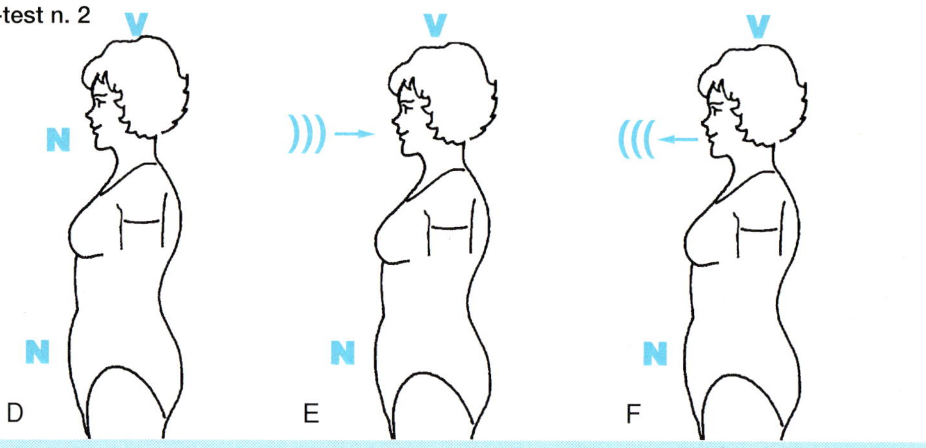

nello stesso tempo, irrigidiscono la colonna vertebrale. Provate, dopo un ciclo respiratorio completo, a girare la testa da un lato. Se vi accorgete che il vostro collo è rigido e incontrate qualche difficoltà nel girare la testa, state respirando in maniera non corretta e siete con ogni probabilità troppo stressati.

■ *Auto-test n. 2* Le figure D, E, F evidenziano un altro errore respiratorio in cui incorre frequentemente chi è molto stressato.
Nella prima figura (D) è raffigurato lo stato neutrale, mentre nelle successive l'addome, anziché espandersi in fuori durante l'inspirazione, rimane fermo (fig. E) e lo stesso comportamento assume durante l'espirazione (fig. F).
Anche in questo caso vengono inibiti i movimenti del diaframma, sono diminuite la capacità polmonare e la mobilità della colonna vertebrale.
Se, dopo un intero ciclo respiratorio, trovate difficile girare la testa o avete una sensazione di rigidità, state respirando scorrettamente e siete, con ogni probabilità, molto stressato.

Auto-test n. 3

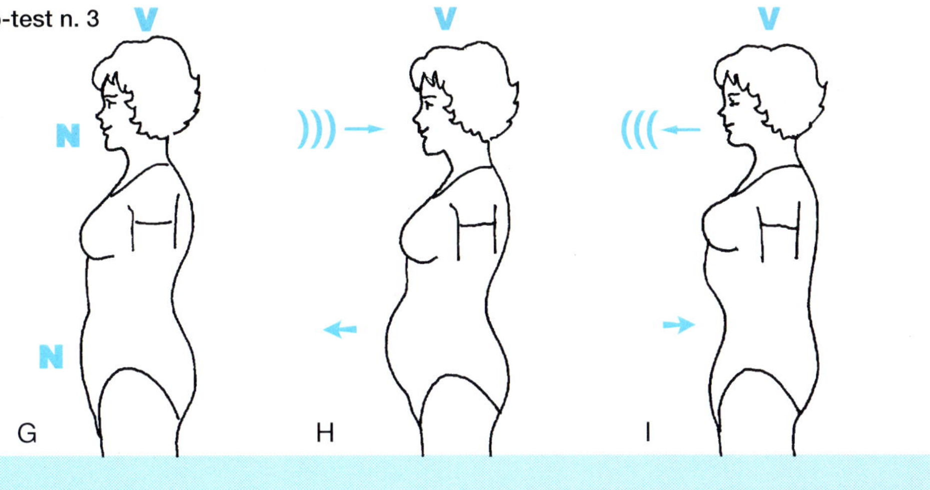

Auto-test n. 3 Queste figure mettono in evidenza il modo corretto di respirare.

Nella prima figura (fig. G) viene raffigurato lo stato neutrale. Durante l'inspirazione, l'addome si espande in fuori (fig. H) e va nella direzione opposta, cioè si contrae in dentro, durante l'espirazione (fig. I).

Il diaframma può compiere liberamente i suoi movimenti durante le fasi della respirazione, permettendo ai polmoni di riempirsi completamente ed evitando l'irrigidimento della colonna vertebrale. Se, dopo un intero ciclo respiratorio, trovate facile girare la testa e vi sentite abbastanza sciolti, non siete troppo stressati o per lo meno sapete convivere abbastanza bene con lo stress.

Anche se siete uno dei pochi fortunati, capaci di respirare correttamente, imparate ugualmente la respirazione dinamogenica prima di iniziare questo programma GNP per lo stress; vi servirà ad ottenere il massimo da esso.

LA SCELTA DEI GNP

Prima di iniziare questo programma GNP per lo stress, mettete a fuoco qualsiasi problema che riguarda la vostra salute.
Il vostro stress si manifesta di più attraverso segnali fisici, siete cioè tormentati da un fastidiosissimo mal di schiena o soffrite di mal di testa o soffrite comunque a causa di disturbi comunemente riferiti all'artrosi o non riuscite ad eliminare la stitichezza? Oppure vi sentite troppo stanchi, nervosi o eccessivamente irritabili?
Questa indagine preliminare vi sarà utile per stabilire quale dovrà essere il tipo di GNP e il settore di questo libro più indicato per voi. A questo punto siete pronti per cominciare.
Iniziate ad eseguire i GNP richiesti soltanto dopo avere imparato ad eseguire correttamente la respirazione dinamogenica.
Nella fase iniziale, sia che il vostro tipo di stress sia più accentuato dal punto di vista fisico sia che i segnali di allarme siano più accentuati dal punto di vista mentale, eseguite comunque i due GNP Cigno e Martin Pescatore, che sono anche le autoterapie di base del metodo Zilgrei. Essi vanno eseguiti prima perché servono a bilanciare il corpo prima di passare ai GNP più specifici. Consigliamo inoltre di eseguire per qualche giorno anche il GNP Gru, che mobilizza le articolazioni del bacino e ne riduce i disallineamenti ed è anche molto efficace per ridurre gli effetti negativi del monolateralismo.
Scegliete poi i GNP di questo programma a voi più congeniali, partendo dai più semplici e dal settore che vi riguarda in modo particolare. Fate però in modo che i GNP da voi scelti non appartengano soltanto al settore che vi riguarda più da vicino. Ricordatevi che il monolateralismo riguarda tutti e che ciò che influisce positivamente sul corpo ha un effetto positivo sulla mente e viceversa.
Ricordatevi inoltre di non esagerare; non eseguite di seguito più di 5 GNP diversi ogni volta che eseguite il vostro programma GNP.

COME SCEGLIERE I GNP PIÙ ADATTI

Noi consigliamo di iniziare scegliendo qualche semplice GNP che agisca sulla colonna vertebrale, dopo avere eseguito quelli di base e il GNP Gru.
In precedenza, abbiamo parlato dell'unitarietà del corpo e della funzio-

ne di trasmissione che viene assunta dalla colonna vertebrale.
Ogni squilibrio, anche minimo, può in sostanza creare dei problemi ad altri sistemi e il mantenimento di un equilibrio muscolare e di un corretto allineamento vertebrale può servire a prevenirli.
Anche alcuni problemi cosiddetti "funzionali", come la stitichezza o l'insonnia, possono essere fattori di stress o essere a loro volta determinati dal troppo stress.
A volte è sufficiente eseguire alcuni GNP per la colonna vertebrale, per risolverli.
Dopo avere eseguito per qualche giorno i GNP di base e quelli per la colonna vertebrale, scegliete due procedure naturali per ogni settore.
Abbiamo diviso il libro in settori soltanto allo scopo di facilitarvi l'apprendimento.
Iniziate dal settore che vi sembra più adatto al vostro problema e individuate quei GNP che a vostro parere sono i più congeniali al vostro corpo e che trovate più facili da eseguire.
Eseguiteli, scegliendo la versione in cui state più a vostro agio o che eseguite più facilmente.
Nel giro di qualche settimana, riuscirete a stabilire quali sono i GNP più adatti a voi e avrete quindi a vostra disposizione un programma GNP contro lo stress "personalizzato" a vostra misura e sarete stati voi gli unici artefici della scelta.

COME GESTIRE I VOSTRI GNP

Le procedure naturali da voi scelte sono semplici da eseguire; ci sono però alcune regole da seguire e di cui tener conto, prima, durante e dopo la loro esecuzione.

COSA FARE PRIMA DI INIZIARE

Imparate bene la respirazione dinamogenica.
Cercate di memorizzare bene i simboli utilizzati nel libro.
Leggete attentamente le istruzioni e memorizzate le figure.
Evitate di indossare abiti stretti per non ostacolare i movimenti e la respirazione e, se siete al vostro posto di lavoro, eseguite qualche semplice operazione che vi aiuti a farvi stare più a vostro agio senza crearvi problemi nei rapporti con i vostri colleghi o con i clienti (è sufficiente slacciare il colletto e allentare la cintura), ed eseguite quei GNP più adatti alla situazione scegliendo, ad esempio, quelli che si possono eseguire, stando seduti oppure in piedi.
Come già detto, eseguite i GNP Cigno e Martin Pescatore prima degli altri.

COSA FARE MENTRE ESEGUITE I GNP

Non forzate mai un movimento o una posizione; non dovete provare dolore o notevoli sensazioni di disagio.
Se durante l'esecuzione di un GNP cominciate a sentire dolore, fermatevi. Tornate nella posizione neutrale e rilassatevi. Eseguite un altro GNP più adatto a voi ed eventualmente consultate uno dei libri Zilgrei o GNP più specifici per l'area del corpo nella quale è localizzato il disturbo.
Mantenete la posizione o eseguite il movimento del GNP da voi scelto con tranquillità, senza irrigidirvi.
Muovetevi lentamente, mai di colpo o a strappi. Una volta che siete arrivati al limite del movimento, se dovete restare in tale posizione, siate costanti nel mantenerla.

Rimanete sempre rilassati; in particolare non irrigidite i muscoli del collo durante la respirazione dinamogenica.
Mantenete un buon portamento, eretto ma non rigido, per tutta la durata del GNP, stando attenti a non insaccarvi a mano a mano che lo eseguite.
Se siete seduti, non incrociate le gambe o i piedi; non tenete le gambe o le ginocchia troppo divaricate, a meno che questo non sia esplicitamente richiesto.
Se sentite di dover tossire, starnutire, sbadigliare, o se siete disturbati in altro modo (trilli del telefono o del campanello ecc.), ritornate nella posizione neutrale e poi sospendete il GNP che stavate eseguendo.
La direzione dello sguardo può influenzare l'esito di un GNP. Guardate sempre davanti a voi o, meglio ancora, chiudete gli occhi mentre lo eseguite.
Spegnete radio, televisione, stereo ecc. perché disturberebbero la vostra concentrazione.
Dato che la respirazione è una componente fondamentale, praticate i GNP all'aria aperta; se ciò non è possibile, aprite almeno le finestre.

COSA FARE DOPO AVER TERMINATO IL GNP

Quando avete finito di eseguire il vostro o i vostri GNP non fate alcun movimento per qualche minuto. Rilassatevi. Aspettate che quello che avete appena fatto per riequilibrare il corpo abbia effetto.
Terminate perciò con qualche minuto di rilassamento, possibilmente stando sdraiati. Se siete impossibilitati a farlo (perché siete in ufficio o per altre ragioni) fermatevi comunque per un paio di minuti pensando a qualcosa di piacevole, poi riprendete a muovervi con calma.

Se avete eseguito dei GNP in posizione supina (su un letto o su un pavimento), è importante alzarsi nel modo giusto.
A volte, infatti, gli effetti benefici vengono annullati dal modo sbagliato in cui ci si alza.
Spesso ci si solleva distendendo il dorso sino a raggiungere la posizione seduta, come illustrato nelle figure A, B, C. Questo modo di sollevarsi sollecita in modo eccessivo la colonna vertebrale e i muscoli spinali.

A

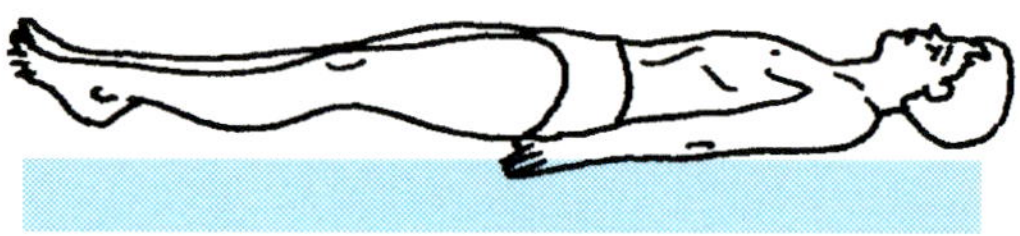

B

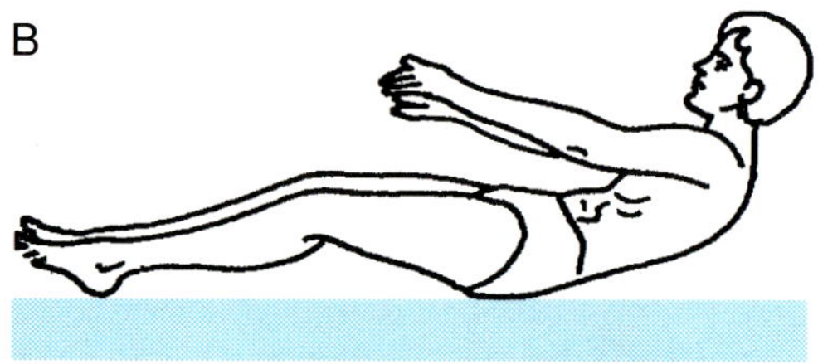

C

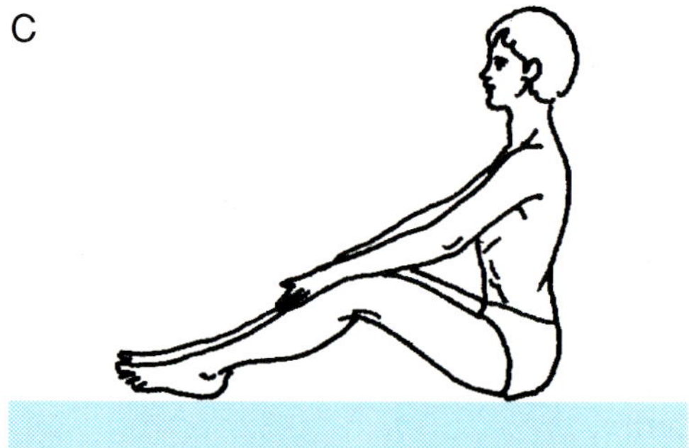

Il modo giusto di sollevarsi dalla posizione supina (fig. D) è quello illustrato nelle figure alla pagina serguente.
Mentre espirate, ruotate dapprima su di un fianco (fig. E) e flettete poi le gambe (fig. F) in modo da trovarvi, ruotando ancora (fig. G), nella posizione "a quattro zampe" (fig. H).

Mentre finite di espirare, spostate una gamba in avanti (fig. I).
Cominciando ad inspirare, portate il busto in posizione verticale (fig. L).
Sempre inspirando, facendo leva sulla gamba spostata in avanti, raddrizzate le ginocchia (figg. M, N) fino a ritrovarvi in piedi (fig. O), senza aver sottoposto la colonna vertebrale e i muscoli spinali ad alcuno sforzo.
Seguire la logica e il buon senso senza esagerare mai è una regola d'oro. Tenetela bene a mente. È inutile quindi eseguire più di cinque cicli di respirazione dinamogenica per ogni GNP o eseguire i GNP più di tre volte al giorno, tranne che non sia esplicitamente indicato, o utilizzare più di quattro o cinque GNP diversi per volta.
Non sempre "più è meglio", e le persone con questo tipo di atteggiamento mentale sono più facilmente vittime degli effetti negativi dello stress.
È d'altra parte ormai risaputo che un certo tipo di mentalità, troppo incline alla competizione, finisce col procurare problemi che si possono rivelare anche seri in termini di salute.
Fare più cicli di respiro o più GNP non vi farà sentire meglio prima.

I PIANI DI MOVIMENTO DEL CORPO

Al fine di rendere più semplice e più efficace la pratica dei GNP parleremo dei piani di movimento del corpo.
Ogni movimento del nostro corpo, reso possibile dall'azione dei muscoli volontari e dalle articolazioni, avviene nello spazio e in qualsiasi direzione, su determinati piani. Per facilitare l'esecuzione dei GNP proposti abbiamo utilizzato solo tre piani base di movimento del corpo: il piano sagittale, il piano orizzontale ed il piano frontale.
In altre parole, dovete prestare attenzione a muovere o posizionare la parte del corpo solo su uno dei tre piani.

■ *Piano sagittale.* Teoricamente divide il corpo in due parti simmetriche: la destra e la sinistra (fig. A). I movimenti su questo piano sono chiamati: flessione per il movimento in avanti, estensione per il movimento indietro della testa (fig. A1), del busto e degli arti e basculamento per il bacino.

■ *Piano orizzontale.* Teoricamente divide il corpo in due parti: la parte superiore e la parte inferiore (fig. B). I movimenti su questo piano sono denominati di rotazione. La figura B1 mostra i movimenti della testa sul piano orizzontale, cioè la sua rotazione verso destra e verso sinistra.

■ *Piano frontale.* Teoricamente divide il corpo in due parti: il davanti e il dietro (fig. C). I movimenti su questo piano sono denominati di inclinazione. La figura C1 illustra il movimento della testa sul piano frontale, cioè la sua inclinazione a destra e a sinistra.

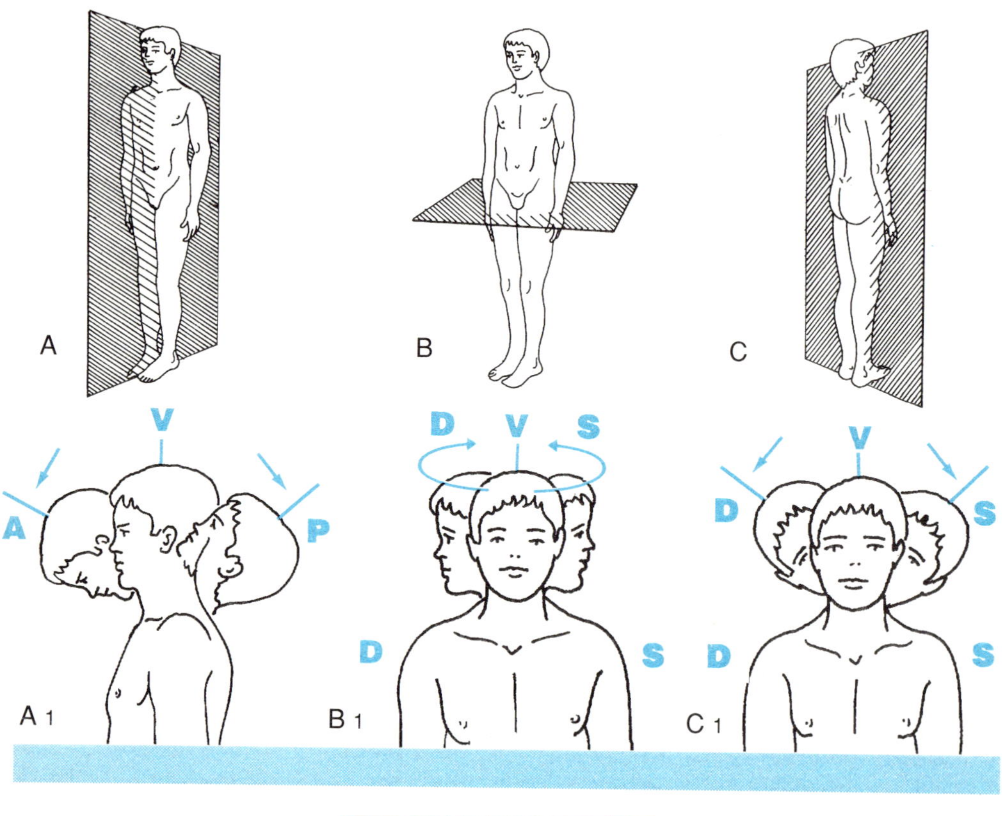

Le figure D e D1 mostrano l'intero arco di movimento del braccio e della gamba sul piano sagittale; le figure E ed E1 mostrano l'arco di movimento degli arti sul piano orizzontale, e le figure F e F1 quello sul piano frontale.

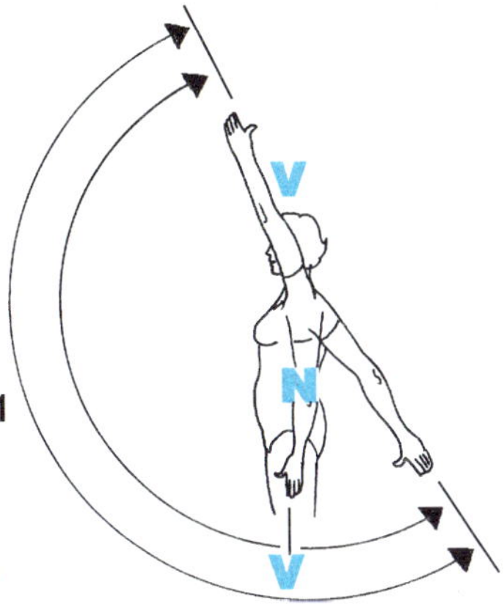

D

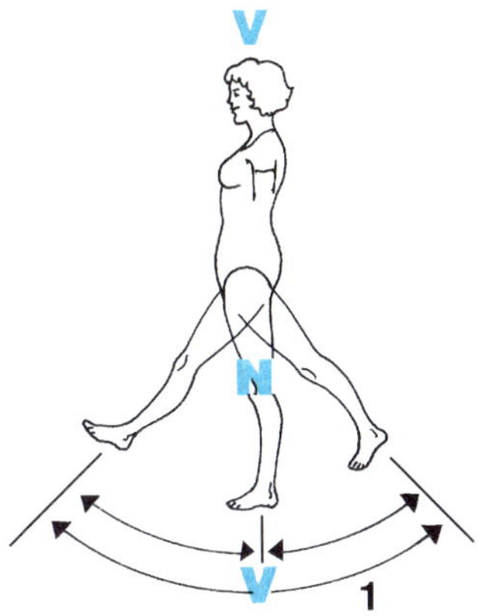

D 1

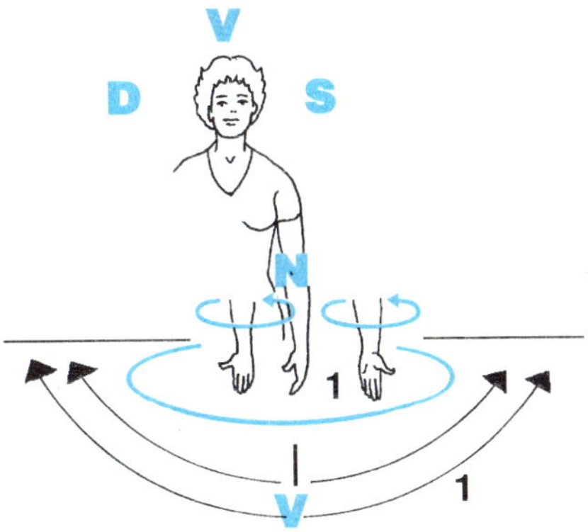

E

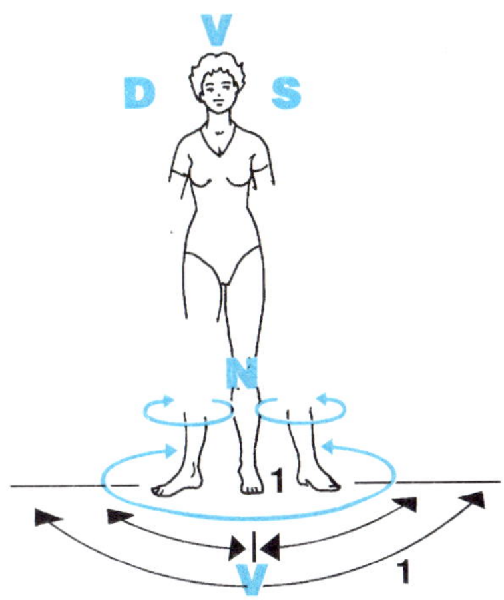

E 1

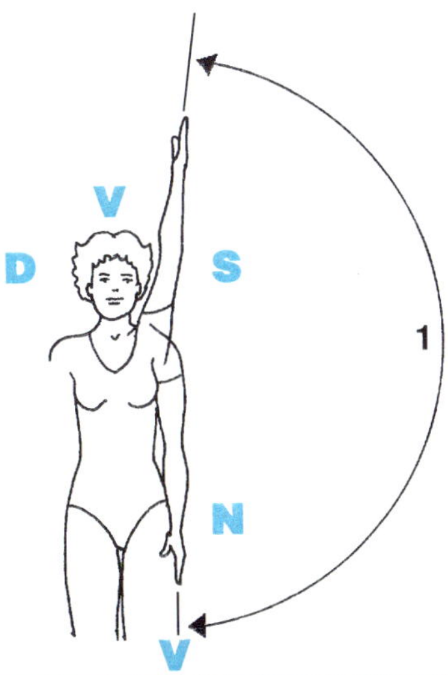

F

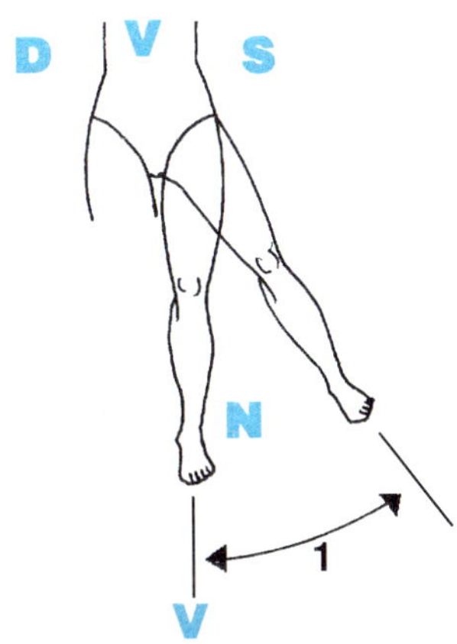

F 1

Il motivo per cui consigliamo di imparare a muovere correttamente il capo, il tronco e gli arti secondo i piani del corpo e usando un piano alla volta è che, così facendo, si fanno lavorare quei muscoli e solo quelli che devono lavorare, mantenendo rilassati gli altri.
Tutto questo è importante ai fini del raggiungimento di un obiettivo: l'equilibrio muscolare e il bilanciamento del corpo.

AUTO-ORIENTAMENTO ED AUTOPERCEZIONE

Auto-orientamento e autopercezione fanno parte del nostro bagaglio sensoriale, solo che il punto di partenza siamo noi stessi e non il mondo esterno.
Queste due parole stanno ad indicare la consapevolezza del proprio corpo nello spazio ad occhi chiusi ed anche la percezione del movimento di esso o di una sua parte (testa, tronco, arti) su un determinato piano. Ad occhi aperti è facile renderci conto di quanti gradi sul piano orizzontale o verticale solleviamo per esempio un braccio o una gamba, ma ad occhi chiusi non è sempre semplice.
Reimparare ad utilizzare queste nostre qualità sensoriali è molto utile a chi è molto stressato. Serve ad utilizzare al meglio questo programma, contribuisce a migliorare il proprio equilibrio e portamento, favorendo la prevenzione di quei problemi alla colonna vertebrale che sono, come abbiamo visto, fattori di stress.
Inoltre, il fatto stesso di potere, per qualche minuto, concentrarsi su se stessi con un approccio semplice, diretto al corpo, può far diminuire quelle tensioni muscolari, veri e propri segnali di accumulo di stress, partendo dal loro riconoscimento.
Reimparare a percepirsi non è difficile: mettetevi davanti ad uno specchio, chiudete gli occhi e assumete volontariamente con un braccio o una gamba una determinata posizione. Poi aprite gli occhi e controllate se siete effettivamente nella posizione voluta e nel piano di movimento corretto.
All'inizio commetterete qualche errore, ma con un po' di esercizio ne commetterete sempre meno e vi sarà più facile muovervi al buio rispettando i tre piani di movimento.
Piano piano imparerete ad essere consapevoli dei cambiamenti che avvengono nel vostro corpo e a capirlo meglio, riconoscendo i segnali che esso vi invia per comunicarvi che qualcosa non va.
Reimparare ad ascoltarci senza paura ci aiuterà ad evitare che determinati atteggiamenti mentali o fisici possano danneggiarci.

UNO SBADIGLIO PRIMA DI INIZIARE

Può sembrare strano ma sbadigliare, contrariamente a quanto comunemente si crede, non prepara il corpo al sonno, ma ha piuttosto un effetto contrario sull'organismo.
Serve infatti a svegliare, a stimolare, e ha un effetto distensivo sulla mente e sul corpo.
Ricordate che un corpo rilassato è un corpo bilanciato, equilibrato nelle sue funzioni e pieno di energia vitale.
Per questa ragione, sbadigliare può essere utile a combattere gli effetti negativi dello stress. Vi consigliamo di usare questo fenomeno naturale, quando vi è possibile farlo. D'altra parte non è difficile, basta provare o anche soltanto osservare qualcuno mentre sbadiglia e in poco tempo ciascuno di voi sarà in grado di farlo volontariamente.

2

GNP DI BASE E GNP PER LA COLONNA VERTEBRALE E IL BACINO

Cigno - GNP n. 154

Martin Pescatore - GNP n. 145

Gru -GNP n. 100

Uccello Azzurro - GNP n. 61

Ghiandaia - GNP n. 13

Airone - GNP n. 36

Colibrì - GNP n. 74

Zigolo delle nevi - GNP n. 887

Abbiamo diviso in settori la seconda parte del libro, dove vengono illustrati i GNP per lo stress.
Eseguite sempre i GNP di base (Cigno e Martin Pescatore) prima di passare ai successivi.
Non trascurate il settore dei GNP per la colonna vertebrale e il bacino, scegliendo quelli a voi più congeniali, cioè quei movimenti che eseguite con facilità o quelle posizioni in cui vi trovate più a vostro agio.
Rileggete i capitoli dove si parla dell'unitarietà del corpo, della colonna vertebrale e degli effetti positivi su tutte le funzioni fisiologiche di un buon equilibrio muscolare.
Controllare gli effetti negativi dello stress a livello fisico può essere utile anche sotto il profilo psicologico. La mente e il corpo, infatti, non sono due entità separate e ciò che influenza positivamente il corpo ha un effetto benefico sulla mente e viceversa.

CIGNO
GNP N. 154
AUTOTERAPIA DI BASE
ZILGREI

Questo GNP e il successivo sono autoterapie di base Zilgrei. Mobilizzano l'intera colonna vertebrale ed equilibrano i muscoli spinali, disposti attorno ad essa. Agendo su tutta la colonna vertebrale, devono essere eseguiti prima di altri GNP più specifici.

■ *Indicazioni:* il Cigno agisce sul tratto cervicale della colonna vertebrale. Serve a riequilibrare il tono dei muscoli situati sul lato destro e sinistro di essa e a mobilizzare le vertebre cervicali. Può essere utile per eliminare la tensione muscolare alla base e ai lati del collo, e, più in basso, dove inizia il tratto dorsale della colonna vertebrale, con possibili irradiazioni alle spalle e alle braccia, e alterata sensibilità alle dita della mano (punture di spillo, formicolii o intorpidimento). Serve anche a ristabilire la normale mobilità articolare del collo a destra e a sinistra, quando essa è limitata. Può eliminare o ridurre: mal di testa, rigidità localizzata al collo, vertigini, emicrania, pesantezza alla testa.

■ *Piano di movimento:* orizzontale.

■ *Frequenza:* eseguite il Cigno non più di tre volte al giorno al mattino, a mezzogiorno e alla sera prima di andare a letto, per qualche giorno, all'inizio del vostro programma GNP per lo stress. Continuate ad eseguirlo una o due volte al giorno e, dopo un po' di tempo, due o tre volte alla settimana, per mantenere il benessere psico-fisico raggiunto e controllare gli effetti negativi dello stress sul vostro organismo.

■ *Attenzione:* questo GNP si esegue stando seduti in posizione corretta, tuttavia si può eseguire anche in piedi.
I movimenti vanno eseguiti lentamente. La testa va ruotata sul piano orizzontale, evitando di inclinarla sul piano frontale o fletterla su quello sagittale. Ruotate solo la testa quanto più potete, senza forzare, e mantenete fermi il tronco e le spalle.
È molto importante mantenere la posizione richiesta senza irrigidire i muscoli del collo; per questa ragione, mettete sulla guancia opposta l'indice e il medio della mano corrispondente al lato verso cui ruotate la testa (se ruotate la testa a destra, dovrete quindi mettere l'indice e il medio della mano destra sulla guancia sinistra).
Scegliete ed eseguite una delle prime due versioni che vi proponiamo, quella più confortevole o più facile da eseguire.

Versione n. 1

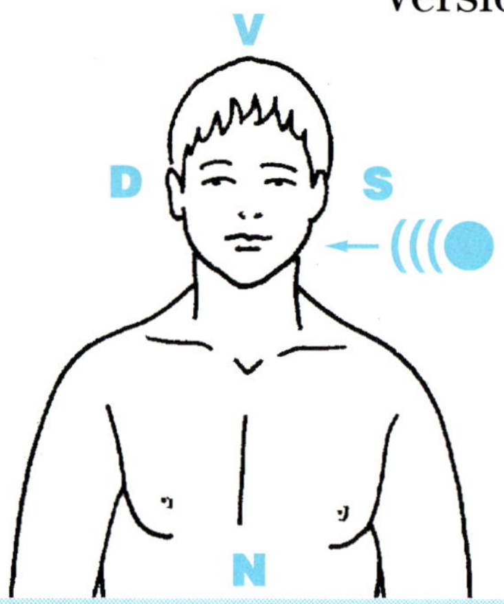

1

Posizione neutrale di partenza: seduti o in piedi, in posizione corretta, inspirate (pancia in fuori) e fate una pausa di cinque secondi a polmoni pieni.

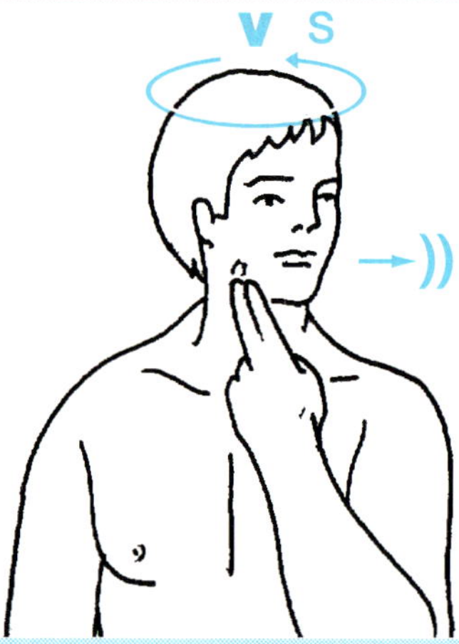

2

Mentre espirate (pancia in dentro), mettete l'indice e il medio della mano sinistra sulla guancia destra e ruotate la testa a sinistra quanto più potete, senza forzare.

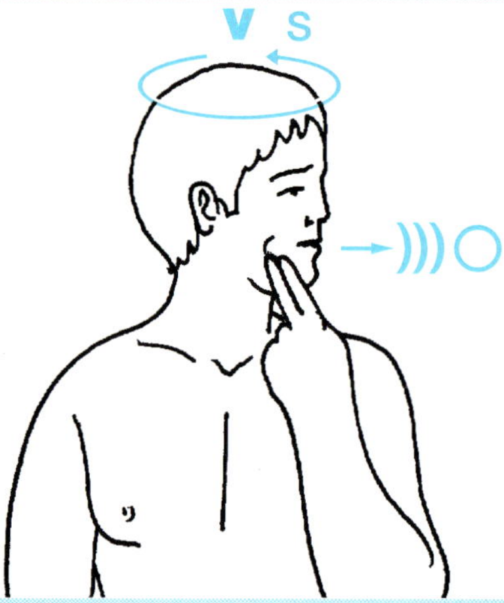

3

Quando avete raggiunto la posizione richiesta e avete completato l'espirazione (pancia in dentro), fate una pausa di cinque secondi a polmoni vuoti.

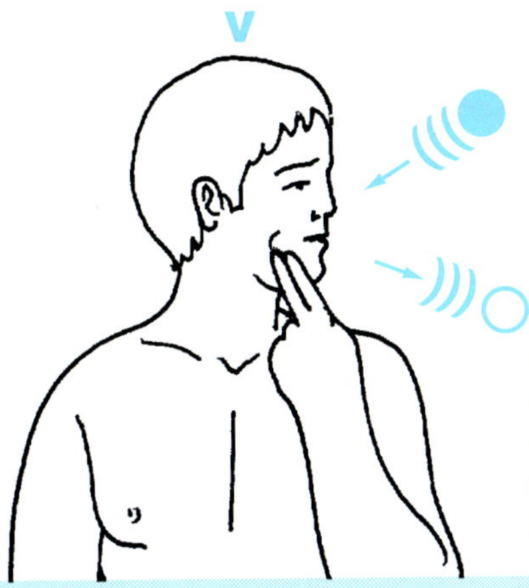

4

Restate in questa posizione e, iniziando dall'inspirazione, eseguite i rimanenti quattro cicli di respirazione dinamogenica standard.

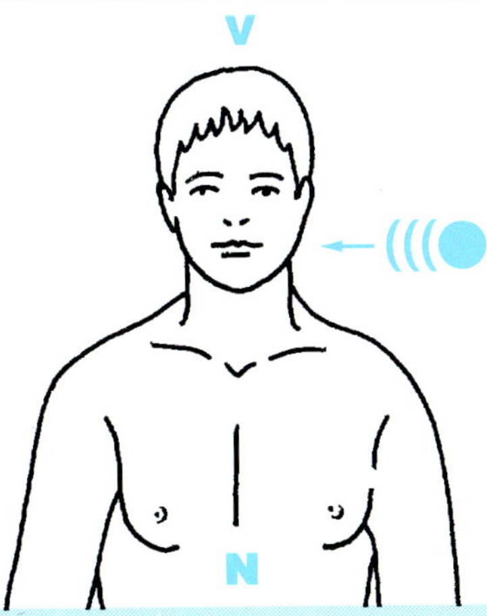

5

Terminati i cinque cicli di respirazione dinamogenica, cioè mentre state inspirando (pancia in fuori) per la sesta volta, allontanate le dita dalla guancia e lentamente ritornate in posizione neutrale.
In questa posizione fate una pausa di cinque secondi a polmoni pieni.

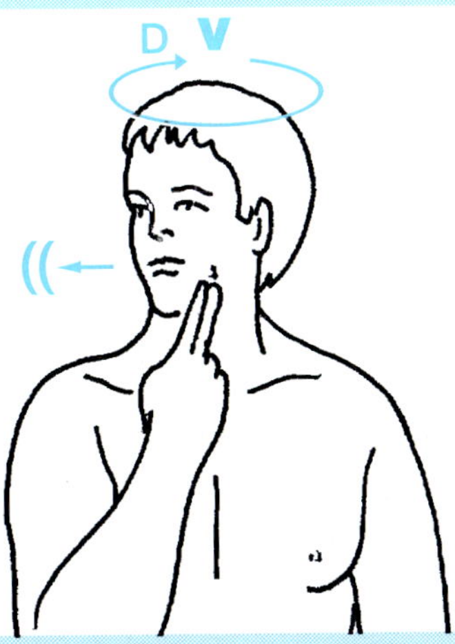

6

Mentre espirate (pancia in dentro), mettete l'indice e il medio della mano destra sulla guancia sinistra e ruotate la testa a destra quanto più potete, senza forzare.

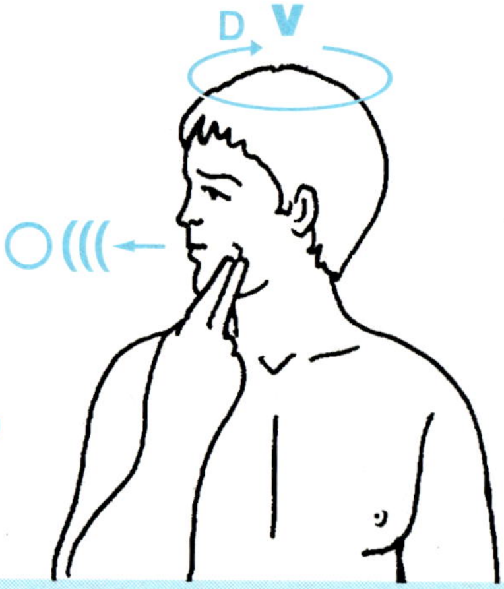

7

Quando avete raggiunto la posizione richiesta e avete completato l'espirazione (pancia in dentro), fate una pausa di cinque secondi a polmoni vuoti.

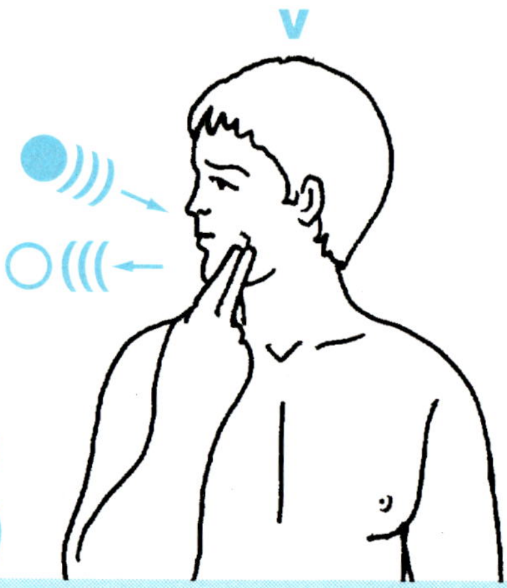

8

Restate in questa posizione e, iniziando dall'inspirazione, eseguite i rimanenti quattro cicli di respirazione dinamogenica standard.

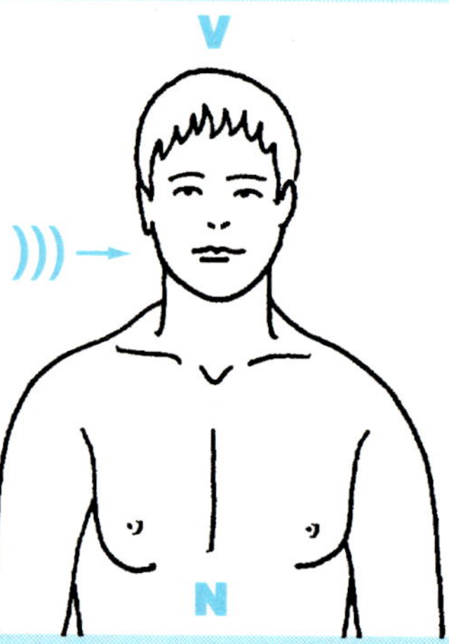

9

Terminati i cinque cicli di respirazione dinamogenica, mentre inspirate (pancia in fuori), allontanate le dita dalla guancia e lentamente ritornate in posizione neutrale.

Versione n. 2

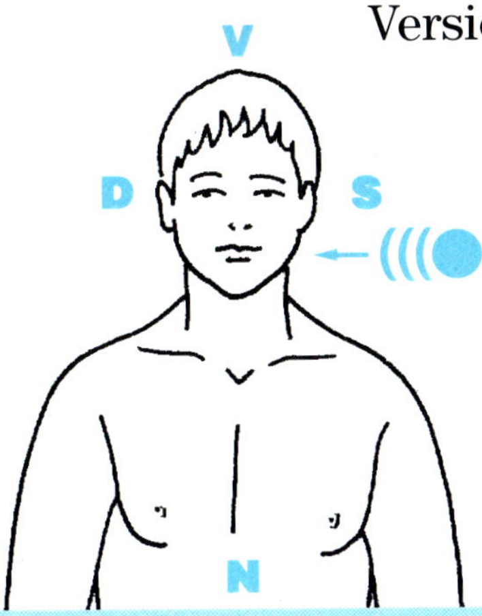

1

Posizione neutrale di partenza: seduti o in piedi in posizione corretta, inspirate (pancia in fuori) e poi fate una pausa di cinque secondi a polmoni pieni.

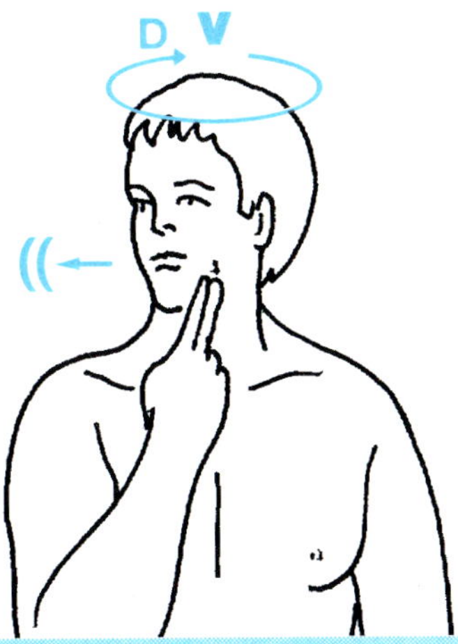

2

Mentre espirate (pancia in dentro), mettete l'indice e il medio della mano destra sulla guancia sinistra e ruotate la testa a destra quanto più potete, senza forzare.

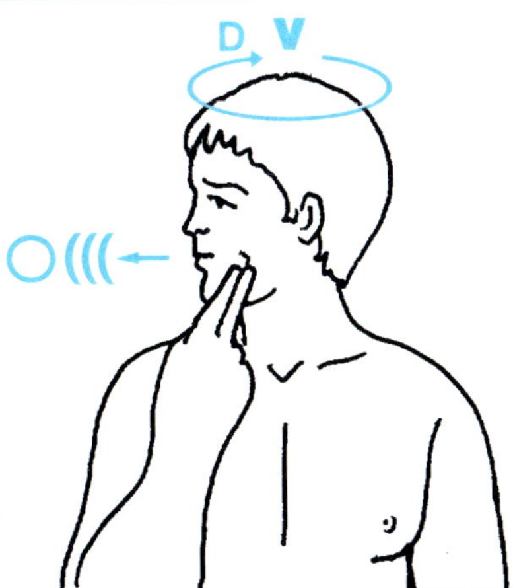

3

Quando avete raggiunto la posizione richiesta e avete completato l'espirazione (pancia in dentro), fate una pausa di cinque secondi a polmoni vuoti.

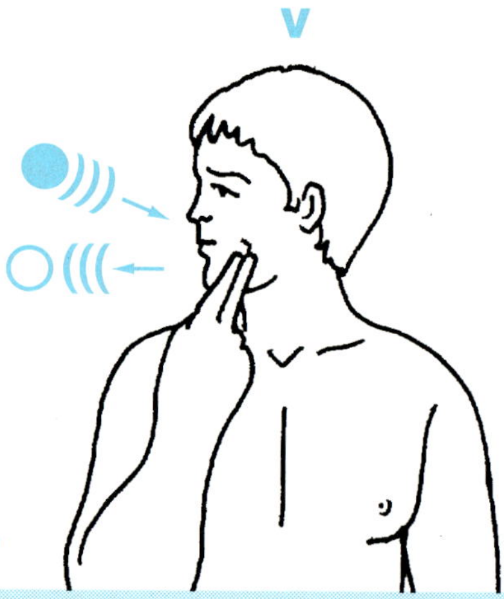

4

Restate in questa posizione e, iniziando dall'inspirazione, eseguite i rimanenti quattro cicli di respirazione dinamogenica standard.

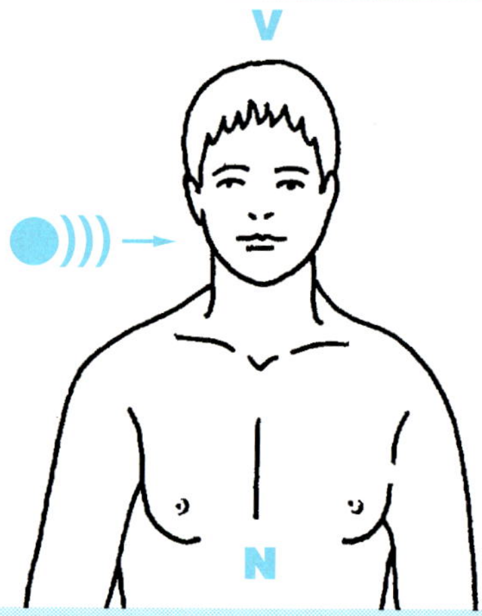

5

Terminati i cinque cicli di respirazione dinamogenica, mentre inspirate (pancia in fuori), allontanate le dita dalla guancia e, lentamente, ritornate nella posizione neutrale.
In questa posizione fate una pausa di cinque secondi a polmoni pieni.

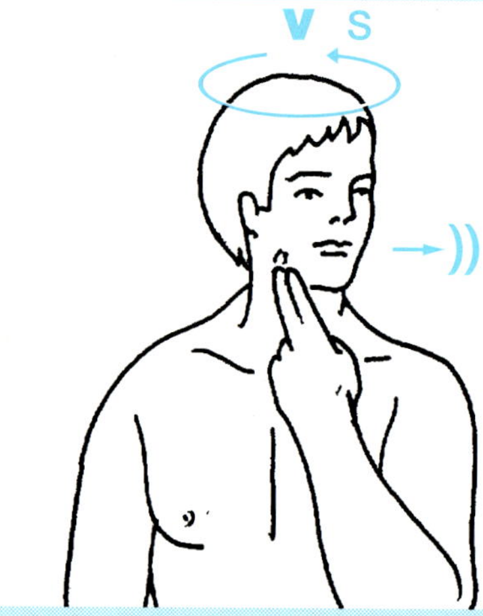

6

Mentre espirate (pancia in dentro), mettete l'indice e il medio della mano sinistra sulla guancia destra e ruotate lentamente la testa a sinistra quanto più potete, senza forzare.

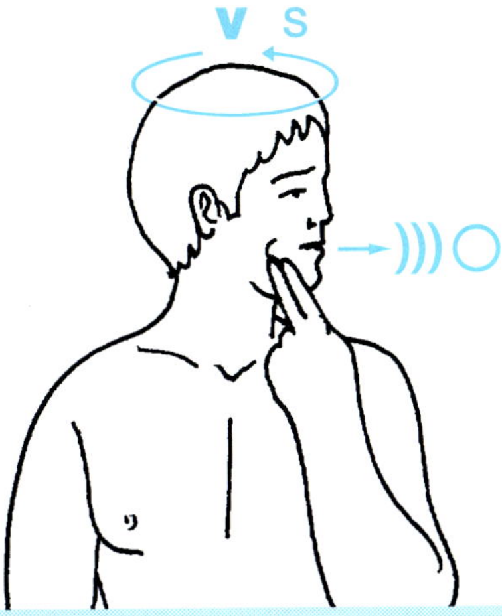

7

Quando avete raggiunto la posizione richiesta e avete completato l'espirazione (pancia in dentro), fate una pausa di cinque secondi a polmoni vuoti.

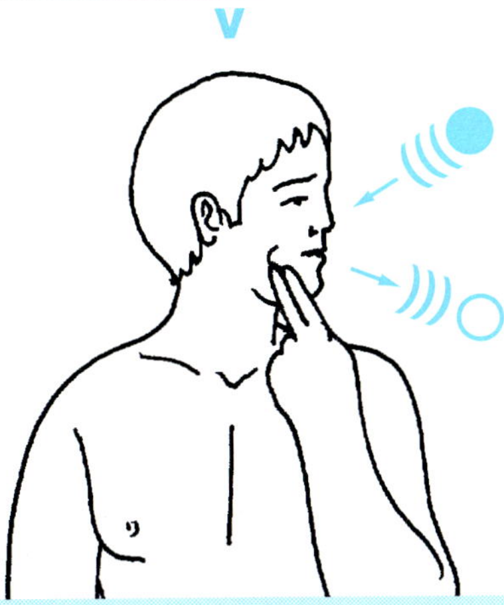

8

Restate in questa posizione e, iniziando dall'inspirazione, eseguite altri quattro cicli di respirazione dinamogenica.

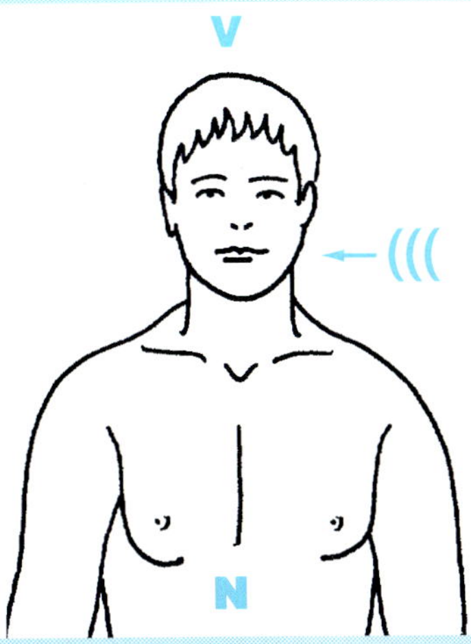

9

Terminati i cinque cicli di respirazione dinamogenica, mentre inspirate (pancia in fuori), allontanate le dita dalla guancia e, lentamente, ritornate nella posizione neutrale.

Se provate dolore durante l'esecuzione di questo GNP in entrambi i modi illustrati, provate una delle seguenti versioni, per qualche giorno, scegliendo quella che non vi provoca dolore.

Versione n. 3

1

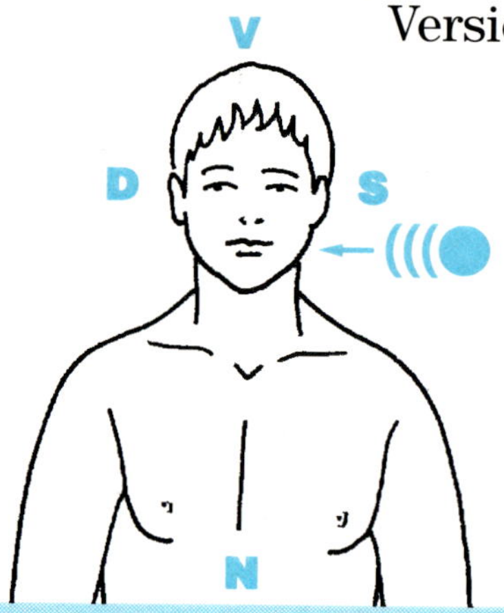

Posizione neutrale di partenza: seduti o in piedi, in posizione corretta, inspirate (pancia in fuori) e fate una pausa di cinque secondi a polmoni pieni.

2

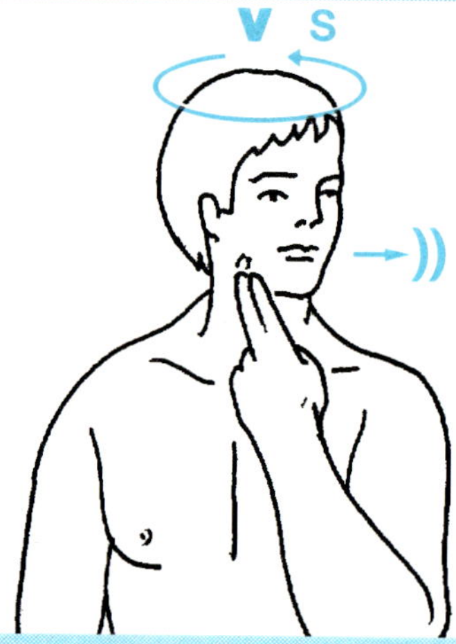

Mentre espirate (pancia in dentro), mettete l'indice e il medio della mano sinistra sulla guancia destra e ruotate la testa a sinistra quanto più potete, senza forzare.

3

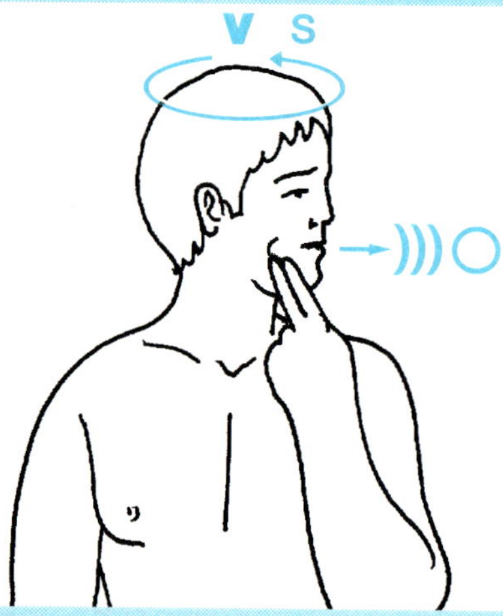

Quando avete raggiunto la posizione richiesta e avete completato l'espirazione (pancia in dentro), fate una pausa di cinque secondi a polmoni vuoti.

4

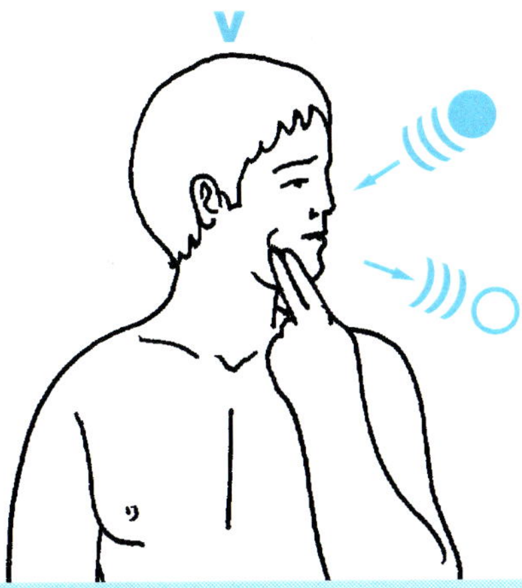

Restate in questa posizione e, iniziando dall'inspirazione, eseguite i rimanenti quattro cicli di respirazione dinamogenica standard.

5

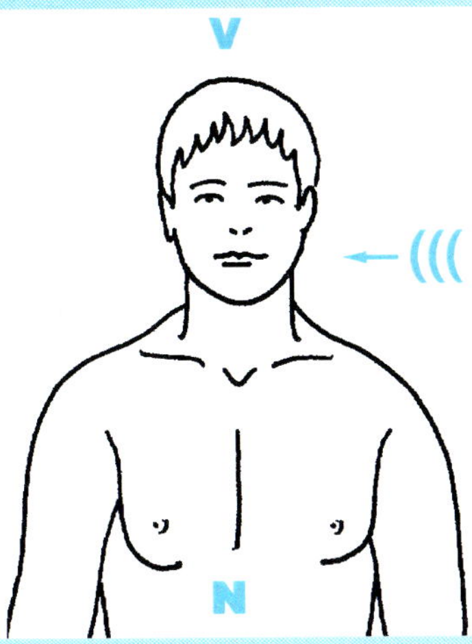

Terminati i cinque cicli di respirazione dinamogenica, cioè mentre state inspirando (pancia in fuori) per la sesta volta, allontanate le dita dalla guancia e, lentamente, ritornate in posizione neutrale.

Versione n. 4

1

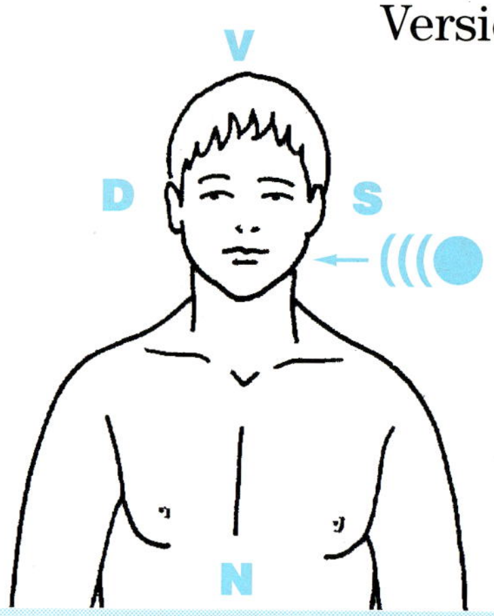

Posizione neutrale di partenza: seduti o in piedi in posizione corretta, inspirate (pancia in fuori) e poi fate una pausa di cinque secondi a polmoni pieni.

2

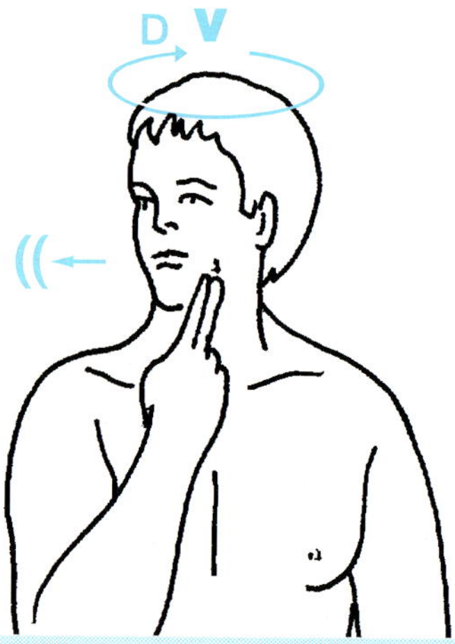

Mentre espirate (pancia in dentro), mettete l'indice e il medio della mano destra sulla guancia sinistra e ruotate la testa a destra quanto più potete, senza forzare.

3

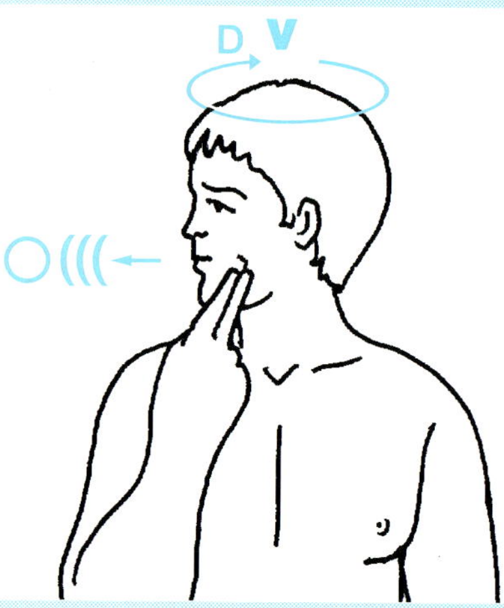

Quando avete raggiunto la posizione richiesta e avete completato l'espirazione (pancia in dentro), fate una pausa di cinque secondi a polmoni vuoti.

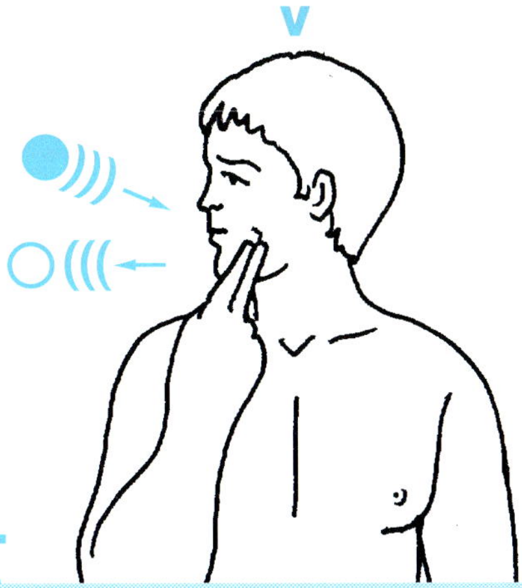

4

Restate in questa posizione e, iniziando dall'inspirazione, eseguite i rimanenti quattro cicli di respirazione dinamogenica standard.

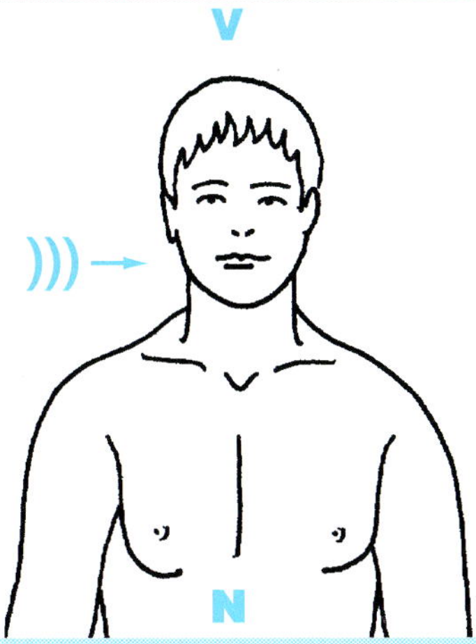

5

Terminati i cinque cicli di respirazione dinamogenica, allontanate le dita dalla guancia e, inspirando (pancia in fuori), ritornate lentamente nella posizione neutrale.

Nel caso improbabile che anche queste ultime due versioni vi procurino dolore, consultate il libro sul motodo Zilgrei indicato per il mal di testa e i dolori cervicali o rivolgetevi a un istruttore Zilgrei qualificato.

MARTIN PESCATORE
GNP N. 145

AUTOTERAPIA DI BASE
ZILGREI

Questo GNP, come il precedente, è una autoterapia di base Zilgrei. Mobilizza l'intera colonna vertebrale e ristabilisce l'equilibrio dei muscoli situati ai due lati della colonna vertebrale. Per questo motivo deve essere sempre eseguito prima degli altri GNP più specifici.

Indicazioni: agisce su tutta la colonna vertebrale e in particolar modo sul tratto lombare, mobilizzando le vertebre lombari ed equilibrando il tono dei muscoli spinali. È indicato per la tensione muscolare alla schiena, che è una delle manifestazioni fisiche dello stress. È utile per ristabilire la normale mobilità articolare del tratto lombare e lombo-sacrale della colonna vertebrale e per il dolore irradiato alle gambe (sciatalgia). Serve in particolare a chi, per ragioni di lavoro, è costretto a stare a lungo in piedi o seduto, col tronco sbilanciato in avanti.

Piano di movimento: orizzontale.

Frequenza: eseguite il Martin Pescatore non più di tre volte al giorno: al mattino, a mezzogiorno e alla sera, per qualche giorno, all'inizio del vostro programma GNP per lo stress.

Continuate ad eseguirlo una o due volte al giorno per mantenere il benessere psico-fisico riconquistato. Dopo un certo periodo di tempo, vi sarà sufficiente eseguirlo due o tre volte alla settimana, per controllare gli effetti negativi dello stress.

Attenzione: questo GNP si esegue da seduti.
I movimenti sono lenti e mai forzati.
Il tronco va ruotato solamente sul piano orizzontale e bisogna assolutamente evitare di fletterlo o inclinarlo (piano sagittale e frontale).
Per raggiungere la posizione richiesta ruotate dapprima sia il tronco sia la testa, che va riportata in asse con il tronco (mento in linea con lo sterno), non appena raggiunta la massima rotazione.

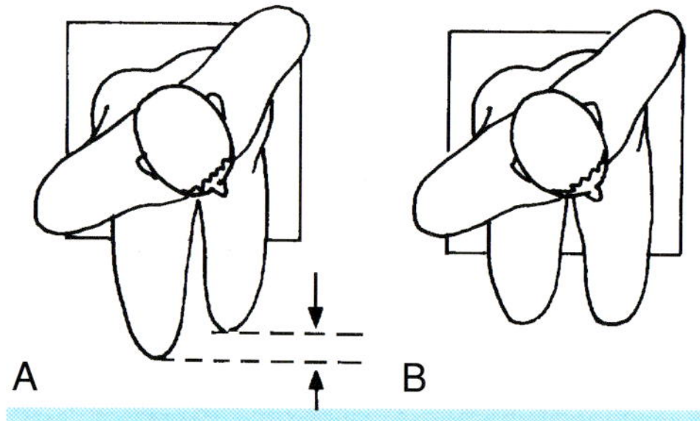

Fate attenzione a non sollevare il bacino dal piano sul quale siete seduti.
Per controllare che questo non avvenga, basta osservare le ginocchia: se avete mosso anche il bacino, il ginocchio, che, in genere, è quello corrispondente al lato verso il quale avete ruotato il tronco, si sarà spostato un po' indietro rispetto all'altro (fig. A, a pag. 74). Se invece non avete sollevato il bacino, le ginocchia rimarranno allo stesso livello, anche se avete ruotato il tronco (fig. B a pag. 74).
Se ruotate il tronco a sinistra, la mano sinistra finirà dietro di voi, andando a poggiare sul piano sul quale state seduti, mentre la mano destra si sistemerà sulla coscia sinistra. Se ruotate il tronco a destra, la mano destra finirà dietro di voi, mentre la mano sinistra si sistemerà sulla coscia destra (osservate le figg. A, B, C, D in questa pagina). La posizione delle mani è importante ai fini del raggiungimento e del mantenimento di una posizione corretta, essenziale per potere eseguire correttamente la respirazione dinamogenica.
Attenzione a non piegarvi all'indietro, sulla mano che è posta dietro di voi.
Scegliete tra le prime due versioni quella che vi è più congeniale e nella quale vi trovate più a vostro agio.

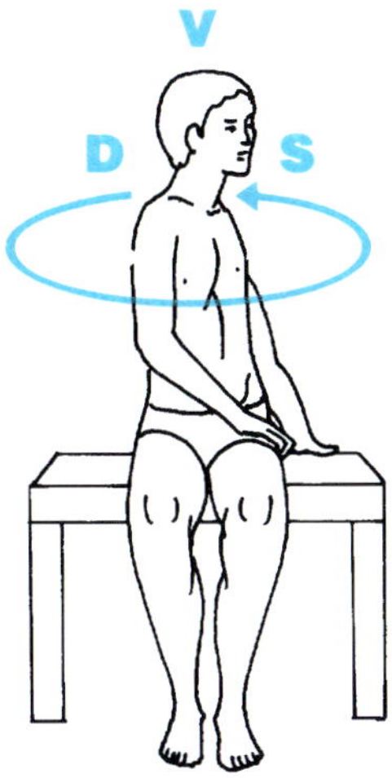

A

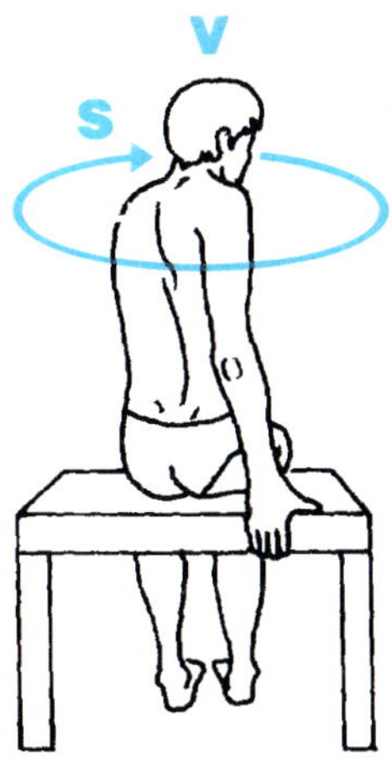

B

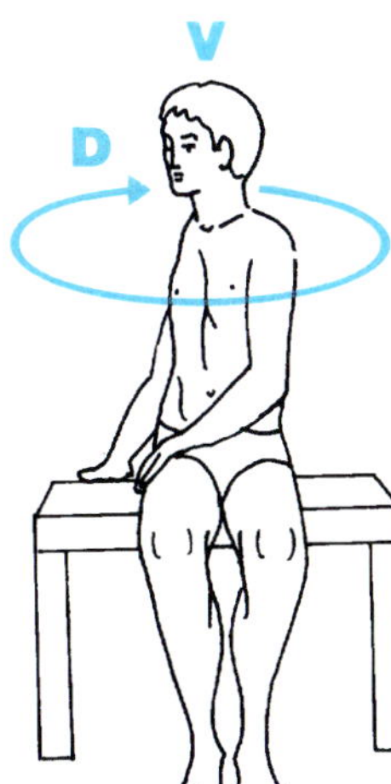

C

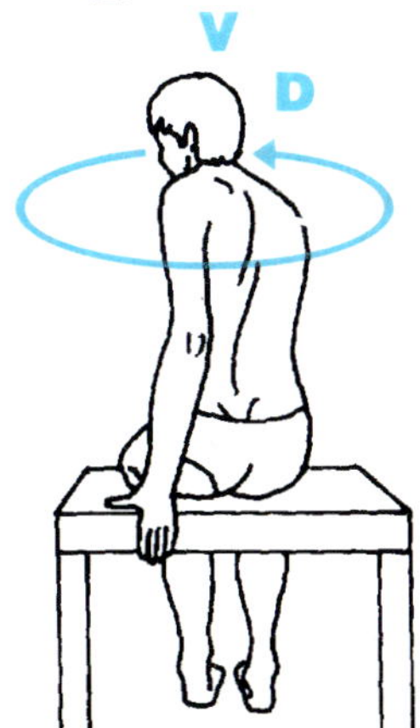

D

Versione n. 1

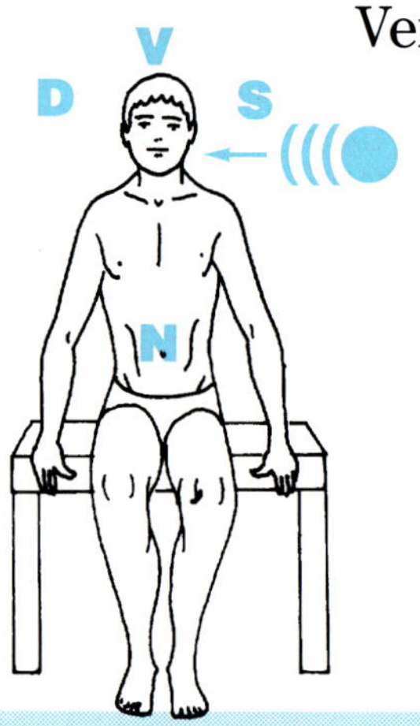

1

Posizione di partenza e posizione neutrale: seduti in posizione corretta, eretta ma non rigida, con le cosce orizzontali e i piedi poggiati sul pavimento. Inspirate (pancia in fuori) e fate una pausa di cinque secondi a polmoni pieni.

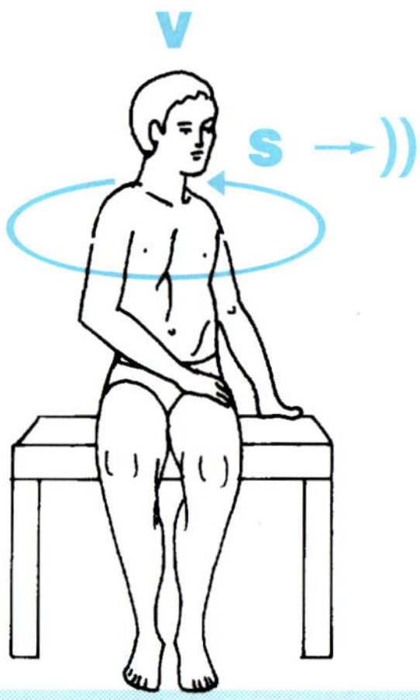

2

Cominciate ad espirare (pancia in dentro) e, nello stesso tempo, ruotate la testa e il tronco verso sinistra quanto più potete (senza forzare il movimento) sistemando la mano sinistra dietro di voi e la mano destra sulla coscia sinistra. Riportate la testa con il mento in linea con lo sterno.

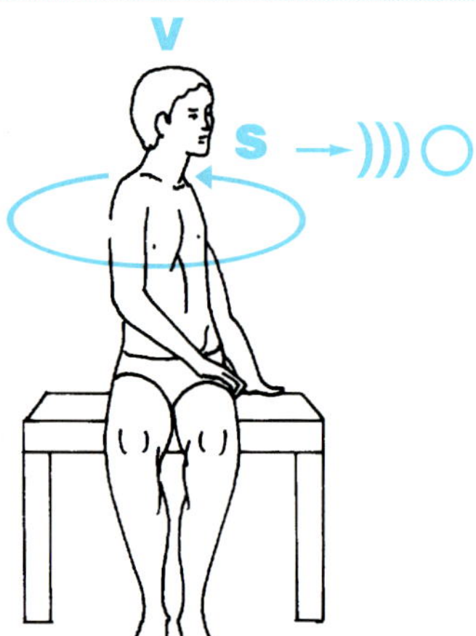

3

Quando avete raggiunto la posizione richiesta e avete terminato l'espirazione (pancia in dentro), fate una pausa di cinque secondi a polmoni vuoti.

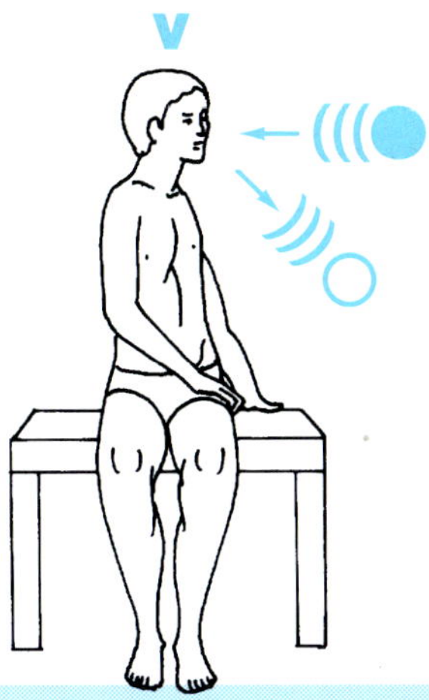

4

Restate in questa posizione e, partendo dall'inspirazione, eseguite i rimanenti quattro cicli di respirazione dinamogenica standard.

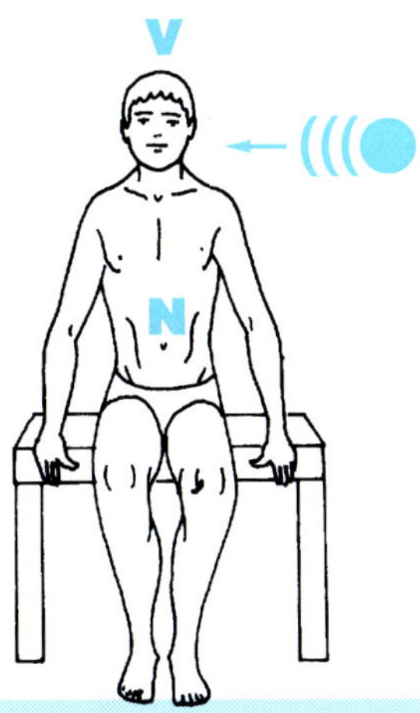

5

Terminati i cinque cicli di respirazione dinamogenica, cioè mentre state inspirando per la sesta volta (pancia in fuori), ritornate in posizione neutrale e fate una pausa di cinque secondi a polmoni pieni, quindi...

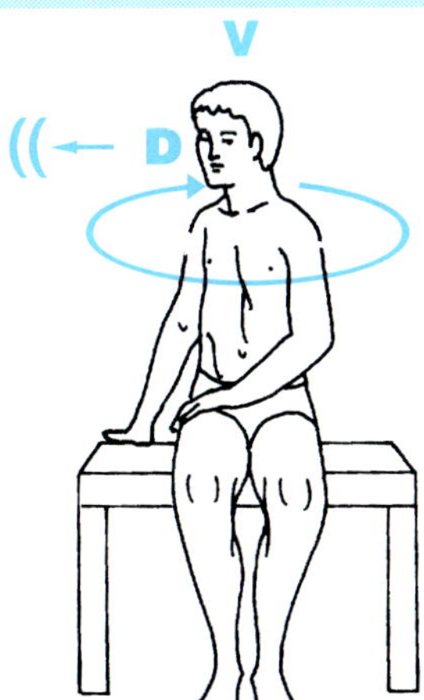

6

...cominciate ad espirare (pancia in dentro) e, contemporaneamente, ruotate il tronco e la testa verso destra quanto più potete (senza forzare) e sistemate la mano destra dietro di voi e la mano sinistra sulla coscia destra. Riportate la testa con il mento in linea con lo sterno.

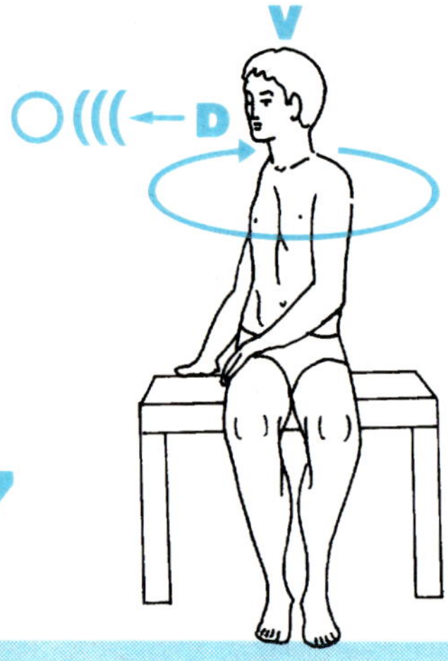

7

Quando avete raggiunto la posizione richiesta e avete completato l'espirazione (pancia in dentro), fate una pausa di cinque secondi a polmoni vuoti.

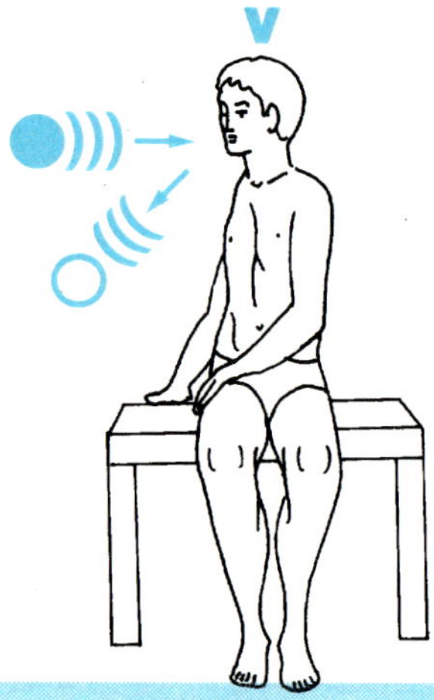

8

Restate in questa posizione e, iniziando dall'inspirazione, eseguite altri quattro cicli di respirazione dinamogenica standard.

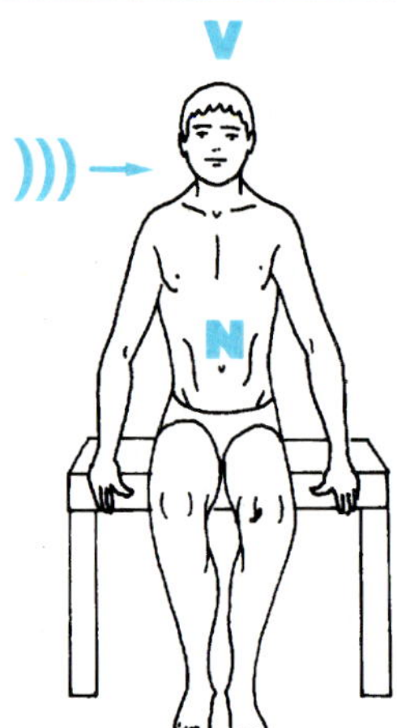

9

Terminati i cinque cicli di respirazione dinamogenica, durante l'inspirazione (pancia in fuori), ritornate nella posizione neutrale.

Versione n. 2

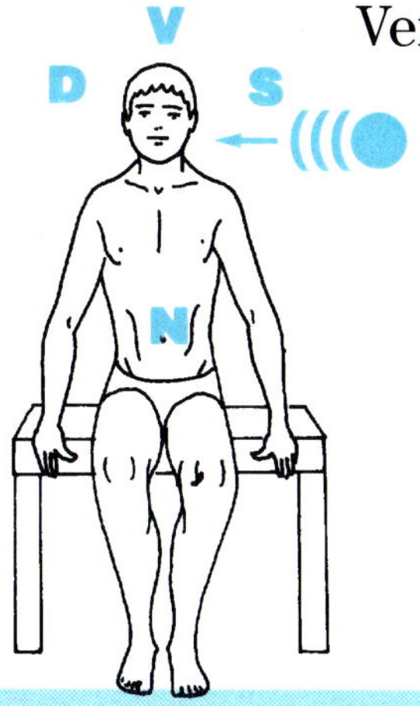

1

Posizione di partenza e posizione neutrale: seduti in posizione corretta, eretta ma non rigida, con le cosce orizzontali rispetto al tronco e i piedi poggiati sul pavimento. Inspirate (pancia in fuori) e fate una pausa di cinque secondi a polmoni pieni.

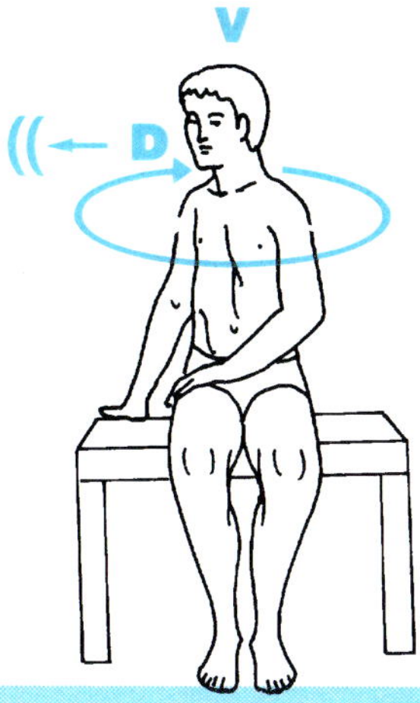

2

Cominciate ad espirare (pancia in dentro), ruotate lentamente la testa e il tronco verso destra quanto più potete (senza forzare) e sistemate la mano destra dietro di voi e la sinistra sulla coscia destra. Riportate la testa con il mento in linea con lo sterno.

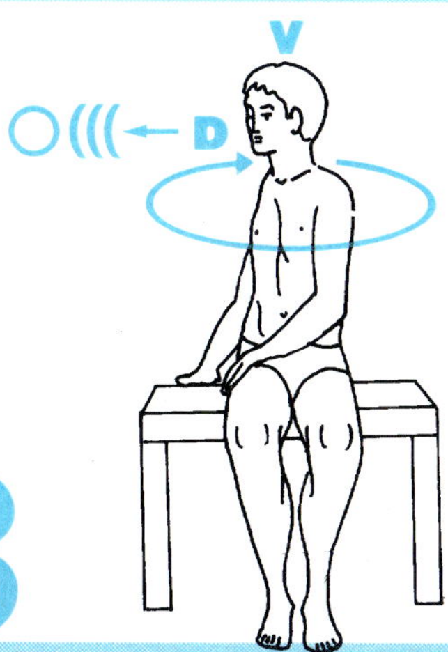

3

Quando avete raggiunto la posizione richiesta e avete terminato l'espirazione (pancia in dentro), fate una pausa di cinque secondi a polmoni vuoti.

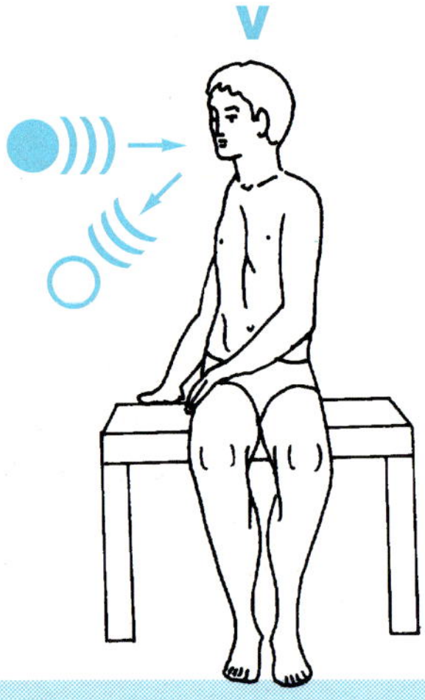

4

Restate in questa posizione e, iniziando dall'inspirazione, eseguite i rimanenti quattro cicli di respirazione dinamogenica standard.

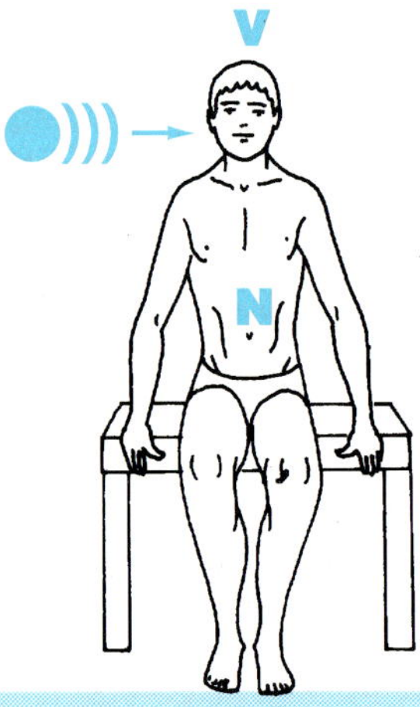

5

Terminati i cinque cicli di respirazione dinamogenica, cioè mentre state inspirando (pancia in fuori) per la sesta volta, ritornate col tronco nella posizione neutrale e fate una pausa di cinque secondi a polmoni pieni, quindi...

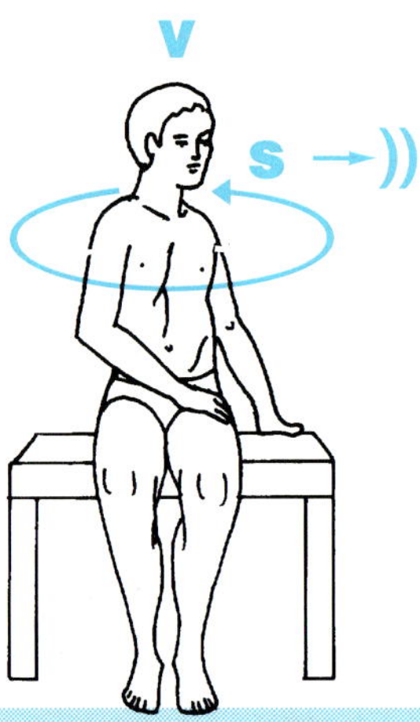

6

... cominciate ad espirare (pancia in dentro), ruotate il tronco e la testa verso sinistra quanto più potete (senza forzare) e sistemate la mano sinistra dietro di voi e la destra sulla coscia sinistra. Riportate quindi la testa con il mento in linea con lo sterno.

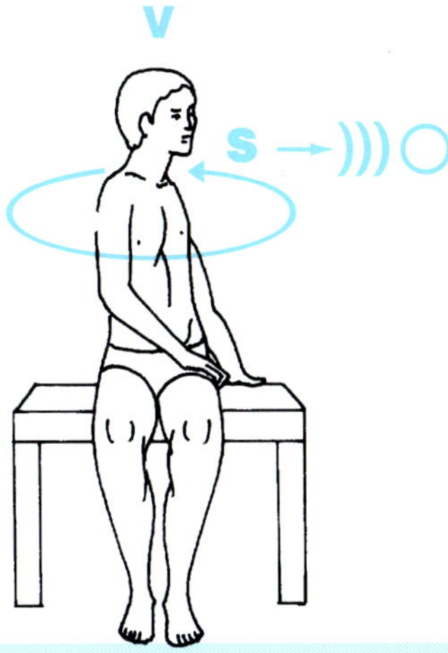

7

Quando avete raggiunto la posizione richiesta e avete completato l'espirazione (pancia in dentro), fate una pausa di cinque secondi a polmoni vuoti.

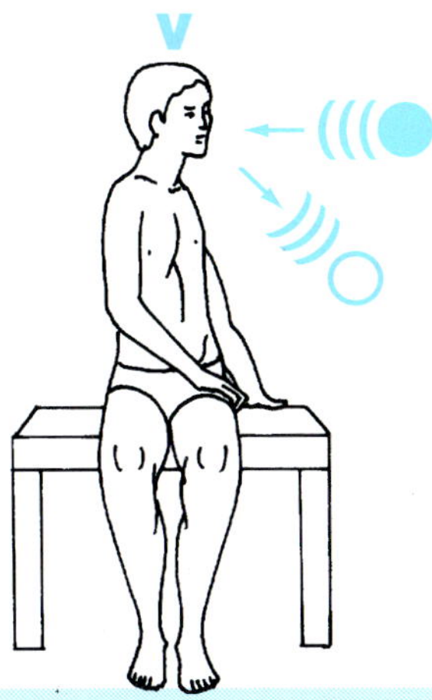

8

Restate in questa posizione e, iniziando dall'inspirazione, eseguite altri quattro cicli di respirazione dinamogenica standard.

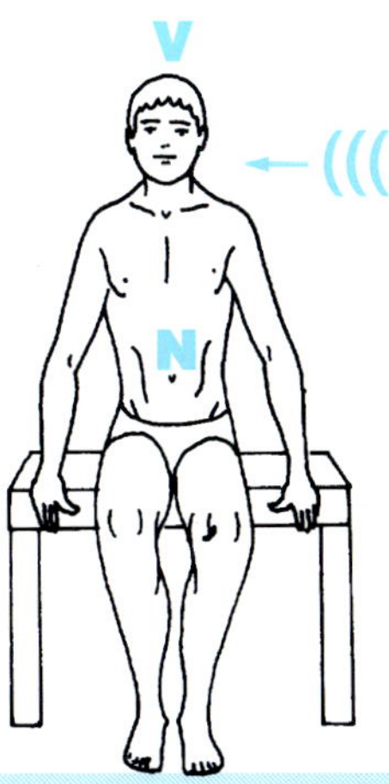

9

Terminati i cinque cicli di respirazione dinamogenica, mentre state inspirando (pancia in fuori), riportate il tronco nella posizione neutrale.

Se provate dolore durante l'esecuzione di questo GNP in entrambi i modi illustrati, provate una delle seguenti versioni, per qualche giorno, scegliendo quella che non vi procura dolore.

Versione n. 3

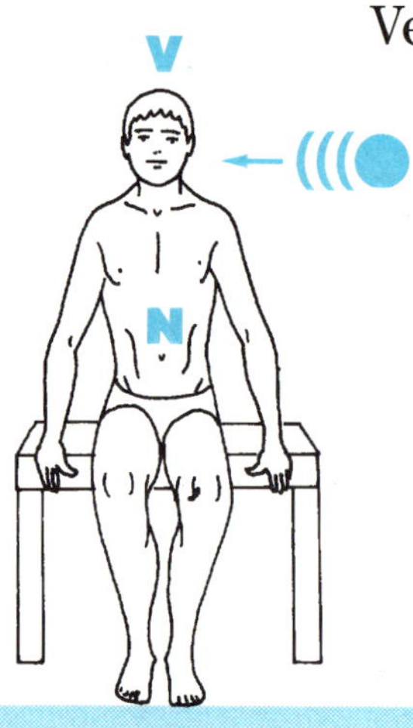

1

Posizione di partenza e posizione neutrale: seduti in posizione corretta, eretta ma non rigida, con le cosce orizzontali e i piedi poggiati sul pavimento. Inspirate (pancia in fuori) e fate una pausa di cinque secondi a polmoni pieni.

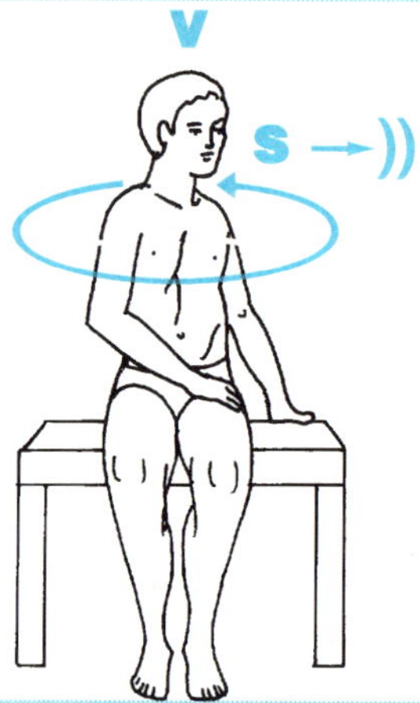

2

Cominciate ad espirare (pancia in dentro) e, nello stesso tempo, ruotate la testa e il tronco verso sinistra quanto più potete (senza forzare il movimento), sistemando la mano sinistra dietro di voi e la mano destra sulla coscia sinistra. Riportate la testa con il mento in linea con lo sterno.

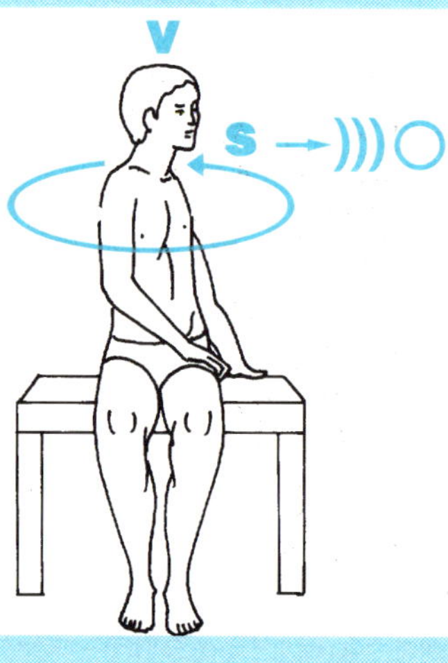

3

Quando avete raggiunto la posizione richiesta e avete terminato l'espirazione (pancia in dentro), fate una pausa di cinque secondi a polmoni vuoti.

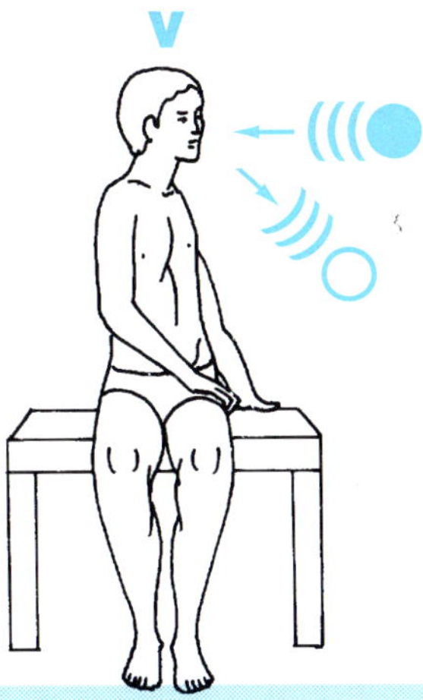

4

Restate in questa posizione e, partendo dall'inspirazione, eseguite i rimanenti quattro cicli di respirazione dinamogenica standard.

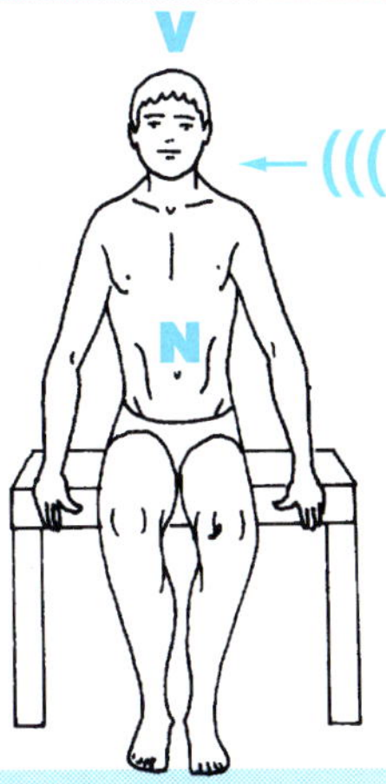

5

Terminati i cinque cicli di respirazione dinamogenica, cioè mentre state inspirando per la sesta volta (pancia in fuori), lentamente, ritornate in posizione neutrale.

Versione n. 4

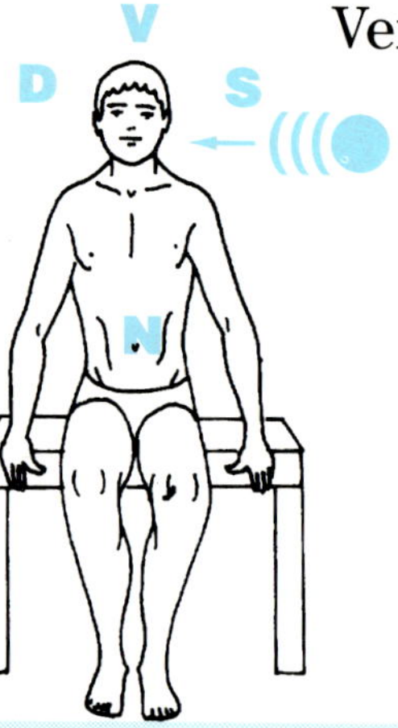

1

Posizione di partenza e posizione neutrale: seduti in posizione corretta, eretta ma non rigida, con le cosce orizzontali rispetto al tronco e i piedi poggiati sul pavimento. Inspirate (pancia in fuori) e fate una pausa di cinque secondi a polmoni pieni.

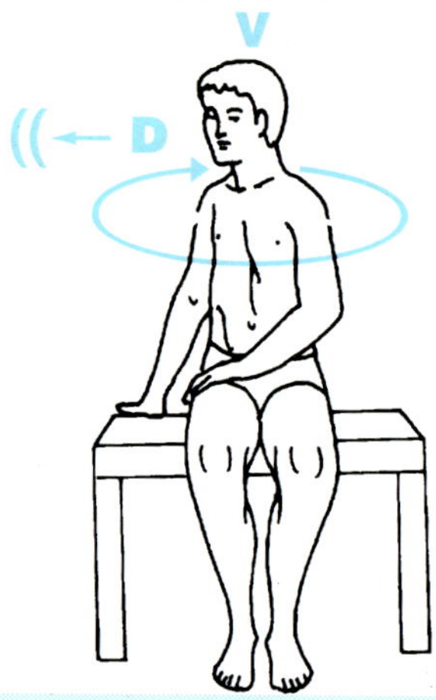

2

Cominciate ad espirare e, nello stesso tempo, ruotate la testa e il tronco verso sinistra quanto più potete (senza forzare il movimento), sistemando la mano sinistra dietro di voi e la mano destra sulla coscia sinistra. Riportate la testa con il mento in linea con lo sterno.

3

Quando avete raggiunto la posizione richiesta e avete terminato l'espirazione (pancia in dentro), fate una pausa di cinque secondi a polmoni vuoti.

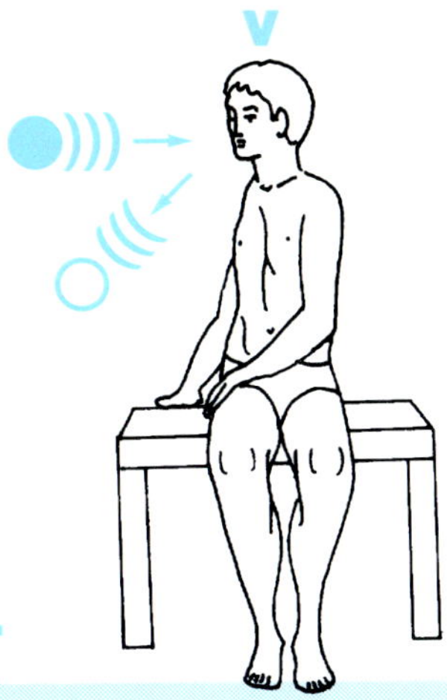

4

Restate in questa posizione
e, partendo dall'inspirazione,
eseguite i rimanenti quattro cicli
di respirazione dinamogenica
standard.

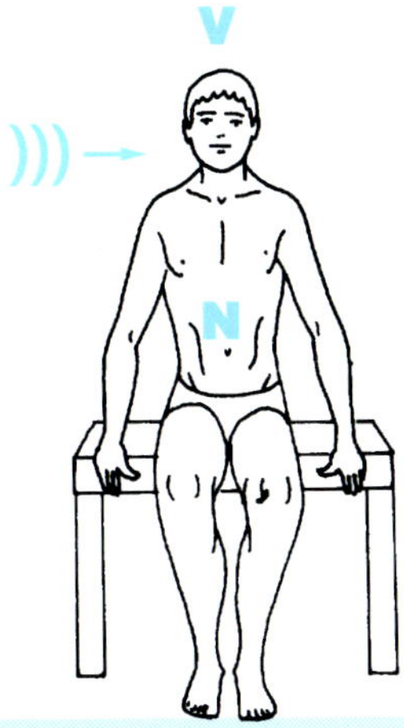

5

Terminati i cinque cicli
di respirazione dinamogenica,
cioè mentre state inspirando per
la sesta volta (pancia in fuori),
ritornate lentamente in posizione
neutrale.

Se anche queste ultime versioni vi procurano dolore, consultate il libro Zilgrei per il mal di schiena o rivolgetevi ad un istruttore Zilgrei qualificato.

GRU
GNP N. 100
AUTOTERAPIA ZILGREI

Questo GNP mobilizza le articolazioni del bacino, ne riduce il disallineamento ed è molto utile per eliminare gli effetti negativi del monolateralismo (uso monolaterale della muscolatura del corpo).

Indicazioni: riequilibrando l'assetto del bacino e il tono muscolare dei muscoli spinali, può alleviare la tensione muscolare alla schiena e alle gambe.
Può essere efficace per i dolori alla schiena con irradiazione alle gambe (sciatalgia).

Piano di movimento: sagittale.

Frequenza: eseguite la Gru non più di una volta al giorno all'inizio del vostro programma GNP per lo stress insieme ai GNP di base. Dopo un po' di tempo continuate ad eseguirlo una o due volte alla settimana per mantenere i benefici ottenuti.
Le attività monolaterali determinano uno squilibrio muscolare che è un fattore di stress per l'organismo. Eseguire periodicamente questo GNP vi può essere pertanto utile per controllare gli effetti negativi dello stress.

Attenzione: questo GNP si esegue stando in piedi, scalzi, in posizione eretta ma non rigida.
Mentre eseguite il passo in avanti fate attenzione a non muovere il piede che resta indietro. Poi distribuite il peso del corpo su entrambe le gambe, in egual misura, sempre senza muovere il piede o alzare il tallone.
Dovete eseguire un passo in avanti breve ma non troppo, in modo da sentirvi a vostro agio nella posizione richiesta.
Per avere maggiore stabilità e non inclinare il busto, appoggiatevi con una mano a un mobile posto all'altezza dell'anca. Fate attenzione, però, a non portare sulla mano il peso del busto.
Scegliete la versione che vi è più congeniale e nella quale vi sentite più a vostro agio.
Per la maggioranza dei destrorsi, cioè coloro che usano prevalentemente la mano e la parte destra del corpo, è più indicato eseguire la versione n. 1.

Versione n. 1

1

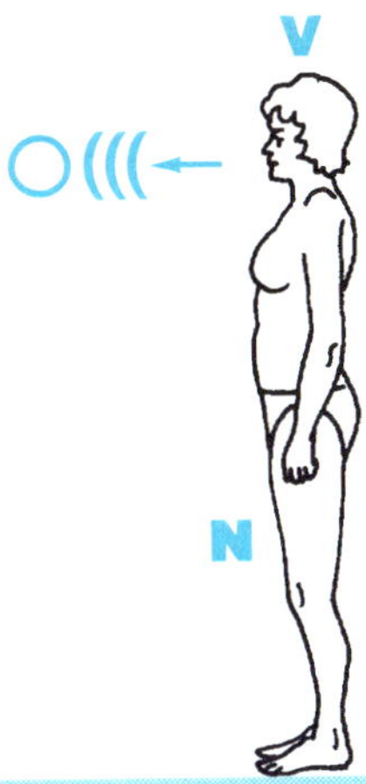

Posizione neutrale di partenza: in piedi, scalzi, in posizione eretta ma non rigida. Espirate completamente (pancia in dentro) e fate una pausa di cinque secondi a polmoni vuoti.

2

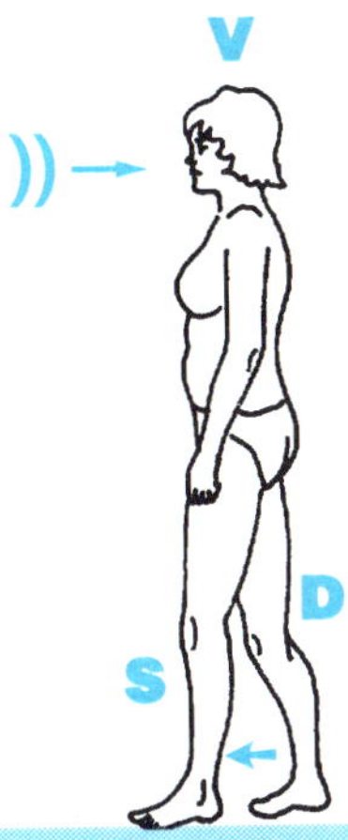

Mentre inspirate (pancia in fuori), fate un breve passo in avanti con la gamba sinistra (la destra resta indietro).

3

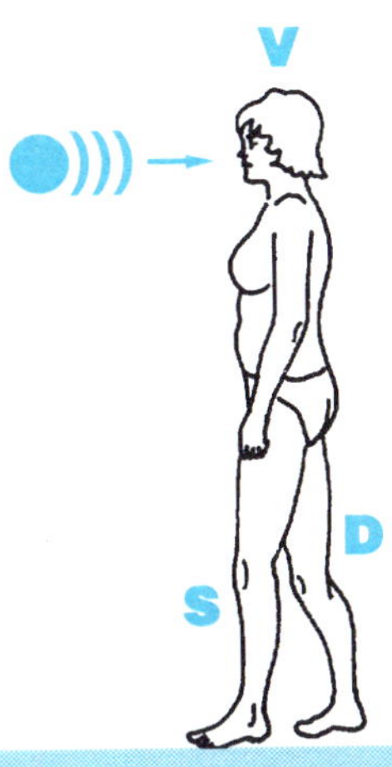

Restando in questa posizione, distribuite il peso del corpo in egual misura su entrambe le gambe, quindi, quando avete terminato di inspirare, fate una pausa di cinque secondi a polmoni pieni.

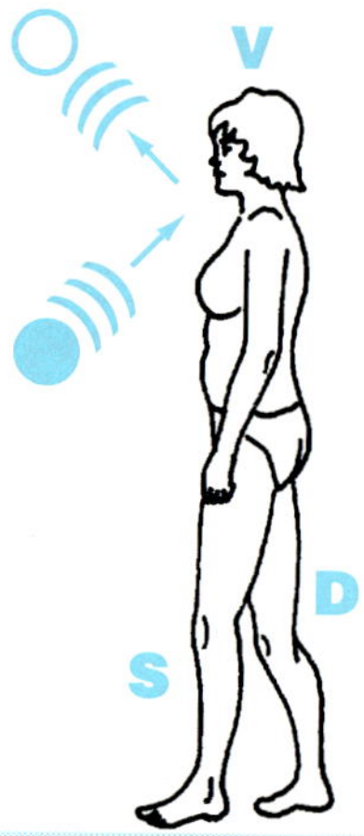

4

Mantenete la posizione
ed eseguite altri quattro cicli
di respirazione dinamogenica
a partire dall'espirazione.

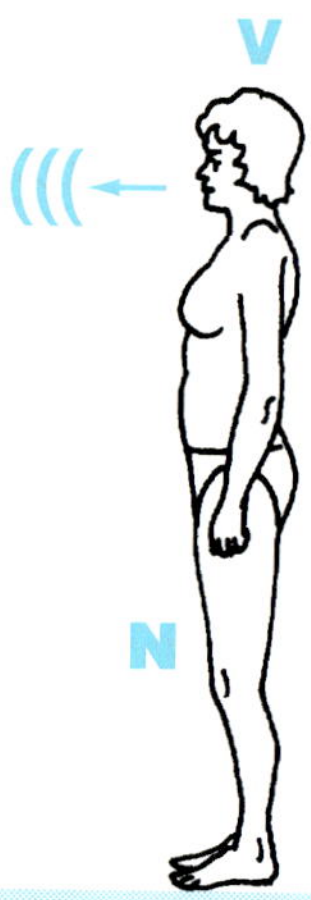

5

Terminati i cinque cicli di
respirazione dinamogenica, cioè
mentre espirate (pancia in dentro)
per la sesta volta, riportate la gamba
destra in avanti, ritornando nella
posizione neutrale.

Versione n. 2

1

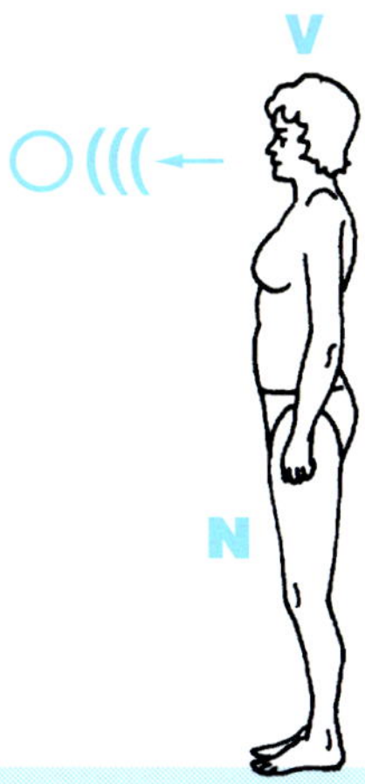

Posizione neutrale di partenza: in piedi, scalzi, in posizione eretta ma non rigida. Espirate (pancia in dentro) e fate una pausa di cinque secondi a polmoni vuoti.

2

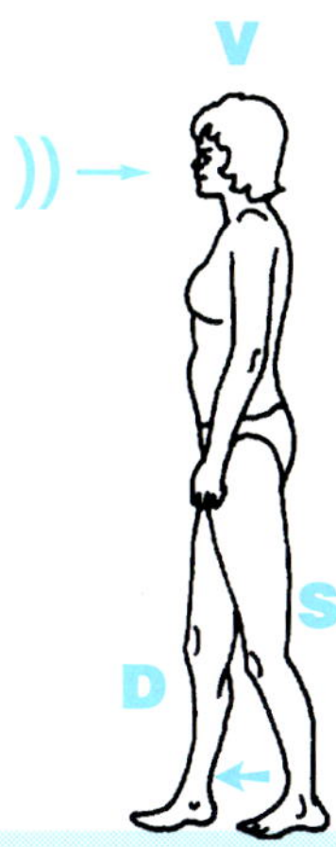

Mentre inspirate (pancia in fuori), fate un breve passo in avanti con la gamba destra (la sinistra resta indietro).

3

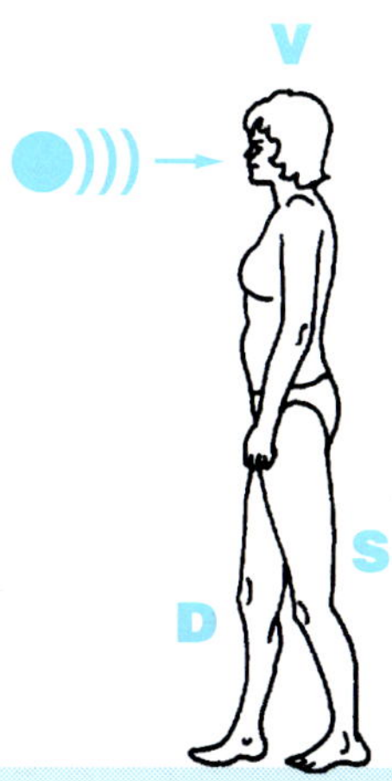

Restando in questa posizione, distribuite il peso del corpo in egual misura su entrambe le gambe, quindi, quando avete terminato di inspirare, fate una pausa di cinque secondi a polmoni pieni.

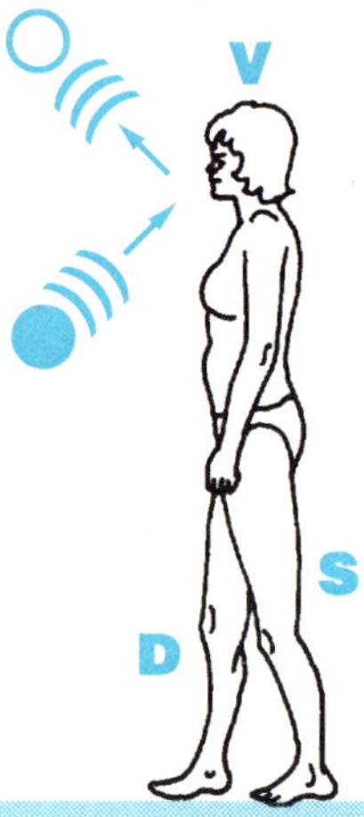

4

Mantenete la posizione
ed eseguite altri quattro cicli
di respirazione dinamogenica
a partire dall'espirazione.

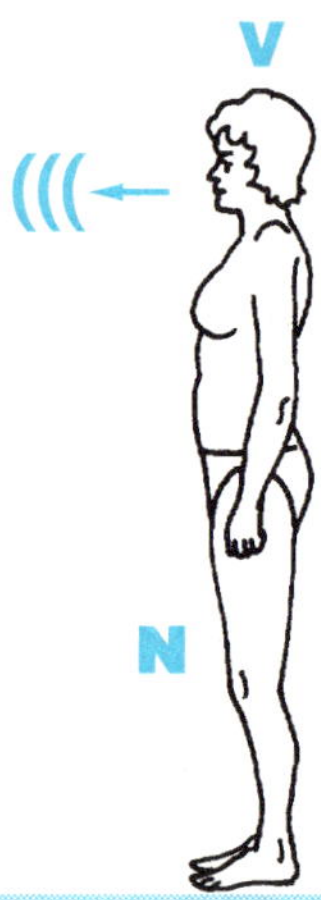

5

Terminati i cinque cicli
di respirazione dinamogenica, e cioè
mentre espirate (pancia in dentro)
per la sesta volta, riportate la gamba
sinistra in avanti, ritornando nella
posizione neutrale.

UCCELLO AZZURRO
GNP N. 61
AUTOTERAPIA ZILGREI

Anche questo GNP agisce su tutta la colonna vertebrale mobilizzandola interamente e, diminuendone la rigidità e la tensione muscolare, serve a risolvere e a prevenire i blocchi vertebrali.

■ *Indicazioni:* tonifica il corpo restituendogli mobilità ed elasticità. Per questo può aiutare a tollerare meglio periodi particolarmente stressanti. Può servire ad eliminare o a ridurre le manifestazioni fisiche dello stress (tensioni muscolari, mal di schiena). Suggeriamo inoltre di eseguire questo GNP ai primi sintomi di raffreddore o di influenza: spesso può bloccarli sul nascere. Può aiutare l'organismo ad affrontare meglio i cambi di stagione e tutto ciò che richiede al corpo una pronta capacità di adattamento.

■ *Piano di movimento:* sagittale.

■ *Frequenza:* eseguite l'Uccello Azzurro non più di tre volte al giorno all'inizio del vostro programma GNP per lo stress. Continuate poi ad eseguirlo una o due volte al giorno finché non sarete riusciti a controllare meglio le manifestazioni sintomatiche dello stress. Per mantenere il benessere raggiunto eseguitelo due o tre volte alla settimana.

Tuttavia la frequenza è in alcuni casi in funzione delle necessità individuali. Suggeriamo di eseguire l'Uccello Azzurro ogni due ore ai primi sintomi di raffreddore o di influenza e di superare la frequenza trigiornaliera in tutte quelle situazioni che mettono a dura prova le capacità di adattamento dell'organismo (variazioni stagionali, periodi di stress fisico e mentale).

■ *Attenzione:* questo GNP si esegue in piedi, senza scarpe.
I movimenti e la respirazione devono essere lenti e rilassati.
La respirazione deve essere calma e non forzata e deve essere coordinata correttamente ai movimenti: flettete la testa in avanti mentre espirate, estendetela indietro mentre inspirate.
Non irrigidite le ginocchia e le braccia. Le braccia devono rimanere abbandonate lungo il corpo e seguire passivamente i movimenti della testa e del tronco.
Se provate dolore durante l'esecuzione di questo GNP, fermatevi e provate uno degli altri GNP di questo libro per la colonna vertebrale. Se anche gli altri vi procurano disturbi, consultate uno dei libri Zilgrei più specifici per il vostro problema o rivolgetevi ad un istruttore Zilgrei qualificato.

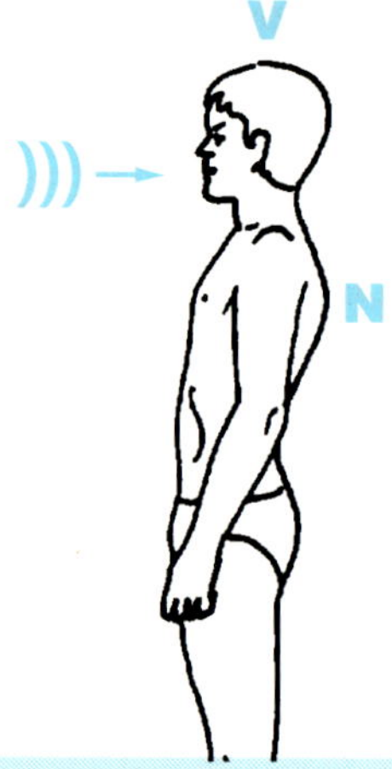

1

Posizione neutrale di partenza:
in piedi, in posizione eretta ma non rigida, con i piedi leggermente divaricati. Inspirate lentamente (pancia in fuori).

2

Mentre espirate (pancia in dentro), flettete in avanti prima la testa...

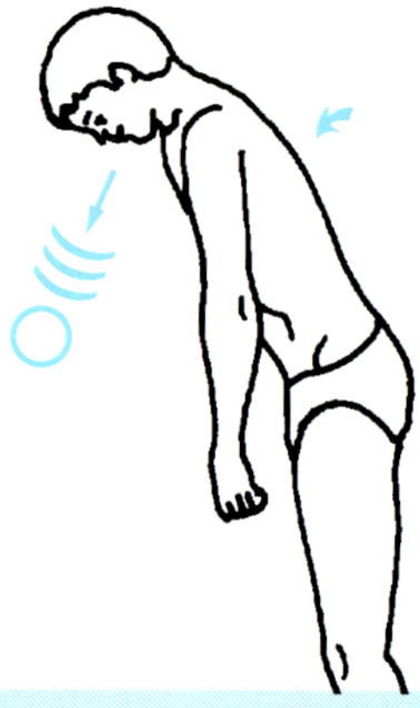

3

... e poi il tronco senza esagerare. Le braccia e le spalle seguono passivamente i movimenti della testa e del tronco. In questa posizione fate una pausa di cinque secondi a polmoni vuoti.

4

Mentre inspirate lentamente (pancia in fuori), cominciate a raddrizzare la testa e il tronco...

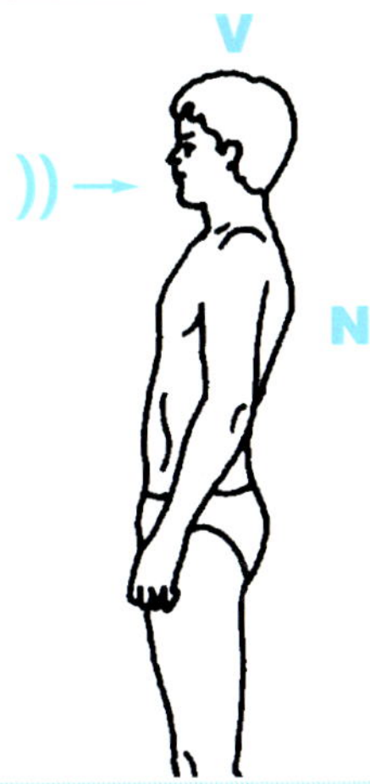

5

...ritornando in posizione verticale...

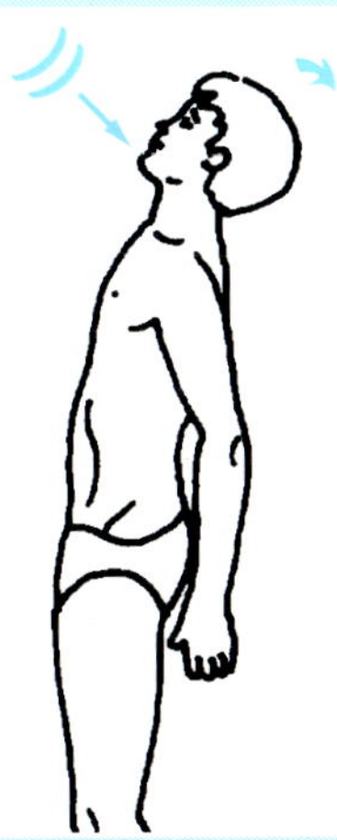

6

...e quindi, continuando ad inspirare (pancia in fuori), estendete lievemente indietro prima la testa...

7

...e poi il tronco (non più di 15 gradi) senza forzare. Rimanete rilassati; le braccia e le spalle seguono passivamente i movimenti della testa e del tronco. In questa posizione, fate una pausa di cinque secondi a polmoni pieni.

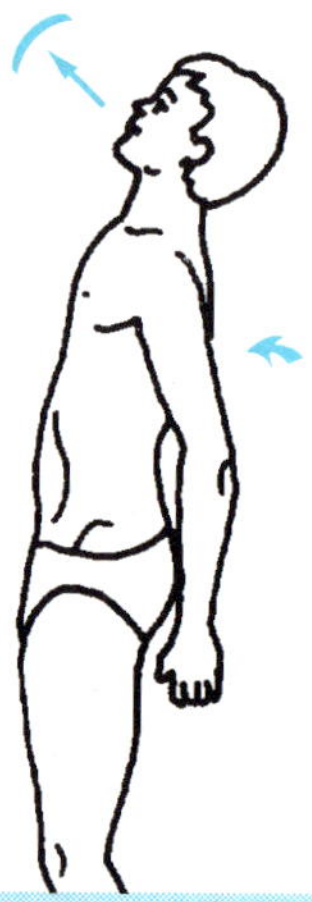

8

Mentre espirate (pancia in dentro), cominciate a raddrizzare la testa e il tronco...

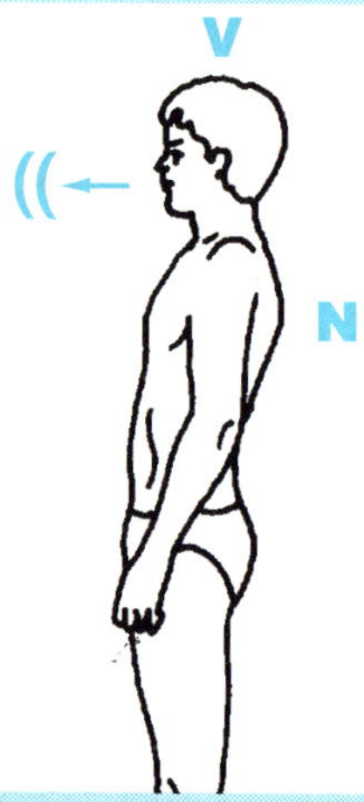

9

...ritornando in posizione verticale. A questo punto...

...ripetete l'intera sequenza dalla figura n. 2 alla figura n. 9 altre quattro volte di seguito.

GHIANDAIA
GNP N. 13
AUTOTERAPIA ZILGREI

Anche questo GNP agisce su tutta la colonna vertebrale mobilizzandola, evitando i blocchi vertebrali e diminuendo la rigidità e le sensazioni di pesantezza alla schiena.

■ *Indicazioni:* è particolarmente efficace nel risolvere fastidi e dolori alla parte bassa della schiena, che sono spesso manifestazioni fisiche dello stress, e nel ristabilire un equilibrio tra i muscoli anteriori del tronco (muscoli addominali) e posteriori (muscoli spinali). Tonifica il corpo migliorando alcune funzioni fisiologiche (digestione, funzione intestinale).

■ *Piano di movimento:* sagittale.

■ *Frequenza:* eseguite la Ghiandaia tre volte al giorno all'inizio del vostro programma GNP per lo stress (mattino, mezzogiorno e la sera prima di andare a letto). Dopo qualche giorno, continuate ad eseguirla quotidianamente una o due volte.
Per prevenire i fastidi alla colonna, spesso legati allo stress, e per mantenere il benessere psico-fisico conquistato, eseguite questo GNP due o tre volte alla settimana.

■ *Attenzione:* la Ghiandaia si esegue in posizione quadrupedica, "a quattro zampe".
I movimenti sono lenti e rilassati, mai bruschi.
La respirazione deve essere anch'essa rilassata e coordinata ai movimenti.
Va eseguita in forma dinamica, nel modo illustrato nelle figure successive.
Anche per questo GNP seguite la regola del non dolore. Se le sensazioni superano il semplice disagio e diventano dolorose, fermatevi. Scegliete un altro GNP di questo settore o consultate un libro Zilgrei più specifico per il vostro problema oppure rivolgetevi ad un istruttore Zilgrei qualificato.
Non forzate i movimenti e muovete solo la parte del corpo indicata nelle figure, mantenendo ferme le braccia e le gambe nella posizione di partenza.
Anche la posizione quadrupedica va assunta correttamente. Le cosce devono essere perpendicolari al pavimento e al tronco, con le gambe allineate e lievemente divaricate. Le mani vanno tenute dritte e parallele e non vanno ruotate verso l'interno né verso l'esterno. Vi consigliamo, le prime volte, di servirvi di uno specchio per correggere gli errori.

1

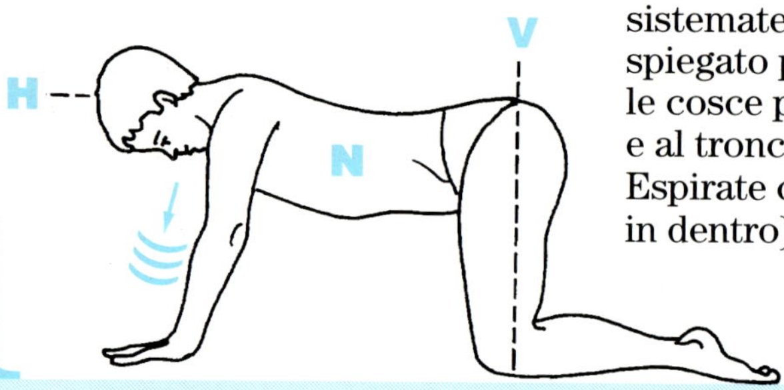

Posizione neutrale di partenza: sistematevi a "quattro zampe", come spiegato precedentemente, tenendo le cosce perpendicolari al pavimento e al tronco e la testa orizzontale. Espirate completamente (pancia in dentro).

2

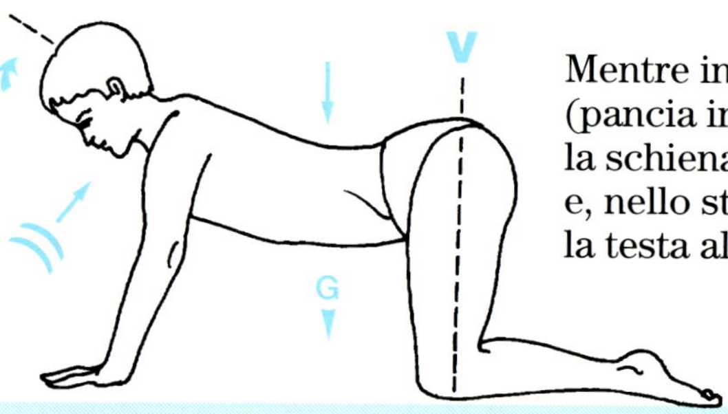

Mentre inspirate lentamente (pancia in fuori), lasciate scendere la schiena e l'addome verso il basso e, nello stesso tempo, portate la testa all'indietro.

3

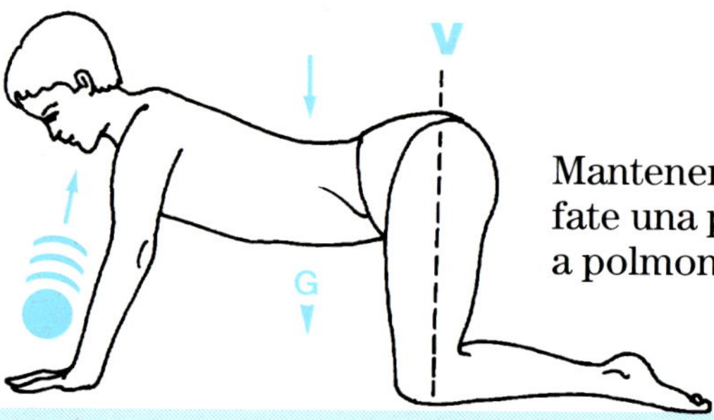

Mantenendo questa posizione, fate una pausa di cinque secondi a polmoni pieni...

4

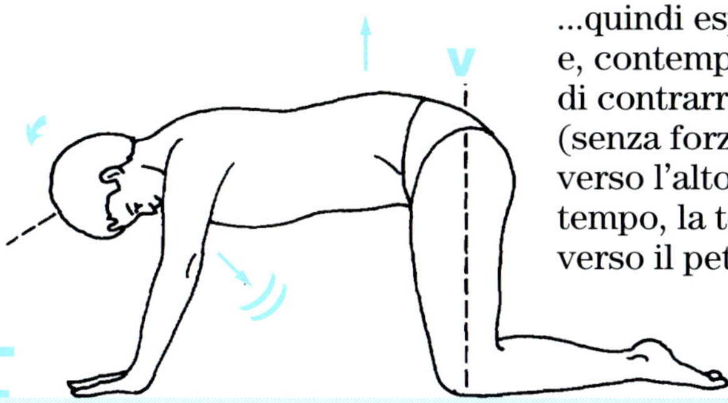

...quindi espirate lentamente e, contemporaneamente, cercate di contrarre i muscoli addominali (senza forzare) e inarcate la schiena verso l'alto, portando, nello stesso tempo, la testa in basso (mento verso il petto).

5

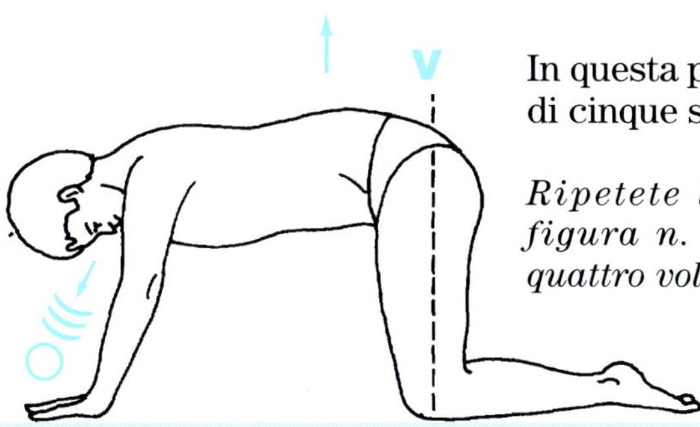

In questa posizione fate una pausa di cinque secondi a polmoni vuoti.

Ripetete l'intera sequenza dalla figura n. 2 alla figura n. 5, altre quattro volte di seguito.

6

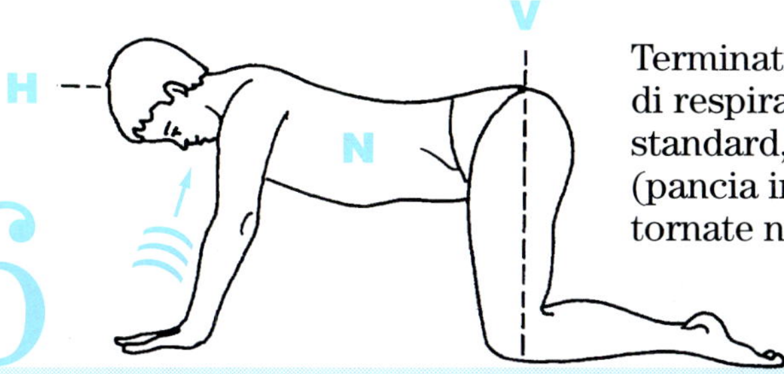

Terminati i cinque cicli di respirazione dinamogenica standard, cioè mentre inspirate (pancia in fuori) per la sesta volta, tornate nella posizione neutrale.

AIRONE
GNP N. 36
AUTOTERAPIA ZILGREI

Questo GNP mobilizza tutta la colonna vertebrale, equilibrando il tono dei muscoli spinali. Va eseguito comunque dopo i GNP di base (Cigno e Martin Pescatore), che servono a preparare la colonna vertebrale e tutto l'organismo all'esecuzione degli altri GNP.

■ *Indicazioni:* il GNP Airone mobilizza tutta la colonna vertebrale e agisce in particolar modo sul tratto cervicale, lombare e sul bacino. Indicato per il mal di schiena, è utile per risolvere la tensione e la rigidità dei muscoli spinali di tutta la colonna vertebrale, che sono spesso manifestazioni fisiche dovute all'accumulo di stress. Ridà mobilità e scioltezza a tutto l'organismo, tonificandolo e favorendo il rilassamento negli stati di tensione.

■ *Piano di movimento:* orizzontale.

■ *Frequenza:* eseguite l'Airone non più di tre volte al giorno (mattino, mezzogiorno e sera) per qualche giorno all'inizio del vostro programma GNP per lo stress. Continuate quindi ad eseguirlo una volta al giorno e poi due o tre volte alla settimana, per mantenere l'equilibrio muscolare raggiunto e tenere sotto controllo le manifestazioni fisiche e mentali dello stress.

■ *Attenzione:* eseguite questo GNP sdraiati su una superficie dura, possibilmente sul pavimento, su un tappeto.
I movimenti vanno eseguiti lentamente. Le spalle e le braccia devono rimanere appoggiate sul pavimento.
Lasciate cadere le gambe senza sollevare troppo il fianco da terra.
La testa va ruotata quel tanto che consente di mantenere la posizione, senza avvertire tensione alle fasce muscolari del collo.
Se avvertite rigidità o tensione al collo, tenete la testa dritta e muovete solamente le gambe.
Scegliete la versione che vi è più congeniale e che vi dà più benessere. Le versioni n. 3 e n. 4 (forma dinamica) sono generalmente più adatte come mantenimento.
In caso di dolore al tratto lombare o in altri punti della colonna, fermatevi, provate qualche altro GNP per la colonna vertebrale e, se il problema si ripresenta anche durante l'esecuzione di altri GNP, consultate uno dei libri Zilgrei più specifici per il vostro problema o rivolgetevi ad un istruttore Zilgrei qualificato.

Versione n. 1

1

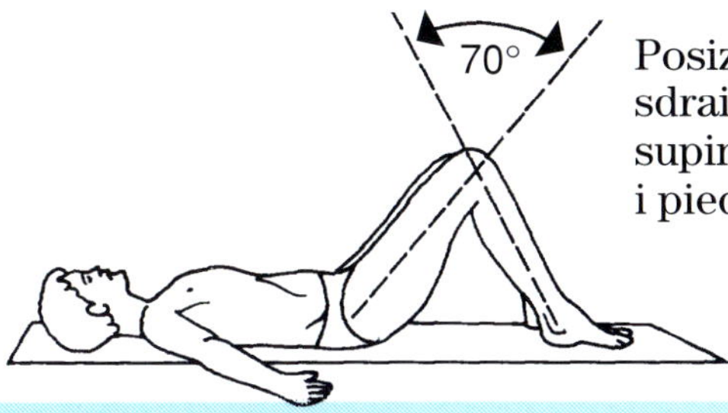

Posizione neutrale di partenza: sdraiatevi sul tappeto in posizione supina e piegate le gambe tenendo i piedi ben appoggiati al pavimento.

2

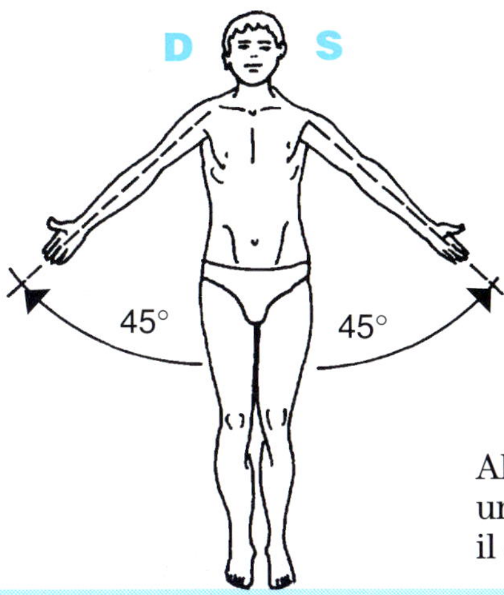

Allargate le braccia fino a formare un angolo di circa 45 gradi con il corpo.

3

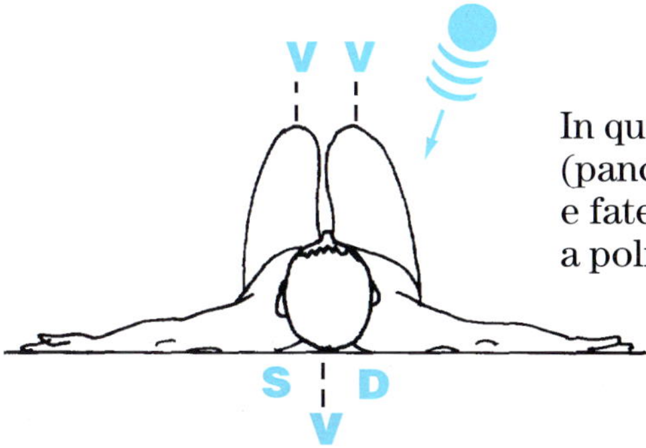

In questa posizione inspirate (pancia in fuori), senza forzare, e fate una pausa di cinque secondi a polmoni pieni.

4

Mentre espirate (pancia in dentro), lasciate cadere le gambe verso sinistra, lasciando agire la forza di gravità e contemporaneamente ruotate la testa verso destra (solo sul piano orizzontale).

5

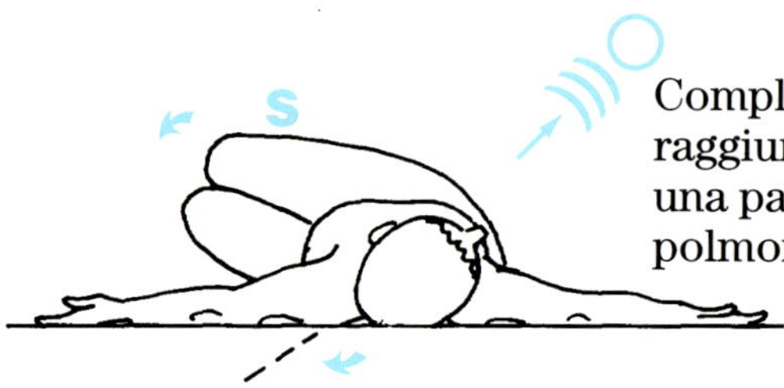

Completate nella posizione raggiunta l'espirazione e fate una pausa di cinque secondi a polmoni vuoti.

6

Restate in questa posizione ed eseguite i rimanenti quattro cicli di respirazione dinamogenica.

7

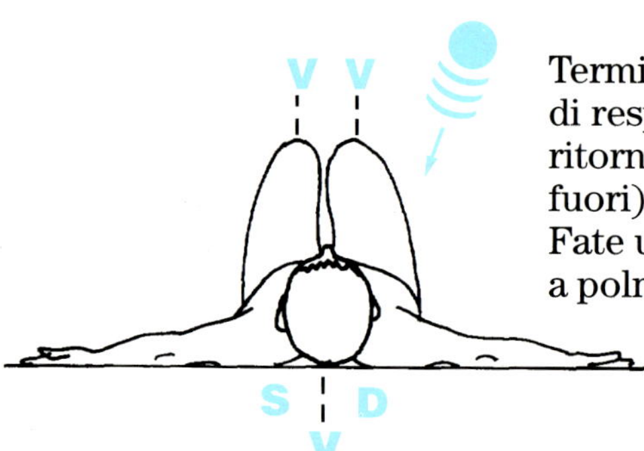

Terminati i cinque cicli di respirazione dinamogenica, ritornate inspirando (pancia in fuori) in posizione neutrale. Fate una pausa di cinque secondi a polmoni pieni, quindi...

8

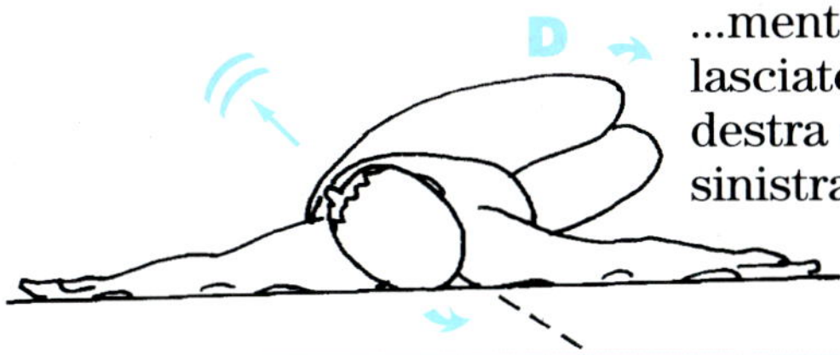

...mentre espirate (pancia in dentro), lasciate cadere le gambe verso destra e ruotate la testa verso sinistra (solo sul piano orizzontale).

9

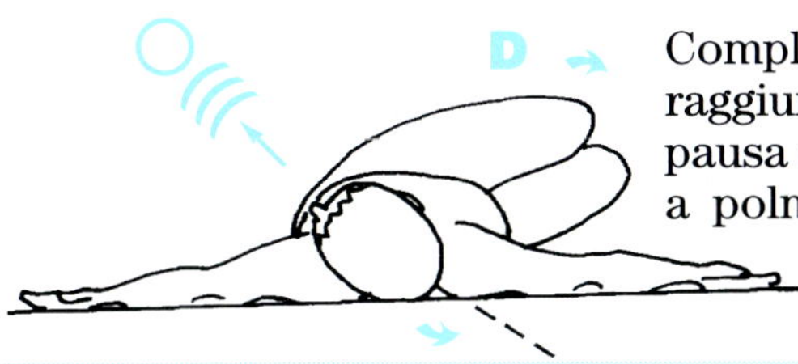

Completate nella posizione raggiunta l'espirazione e fate una pausa di cinque secondi a polmoni vuoti.

10

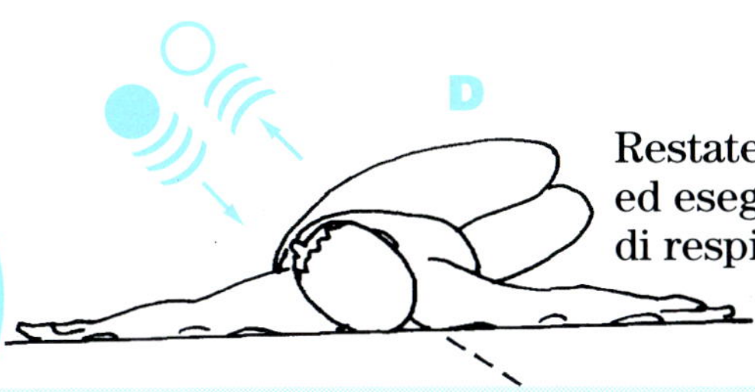

Restate in questa posizione ed eseguite i rimanenti quattro cicli di respirazione dinamogenica.

11

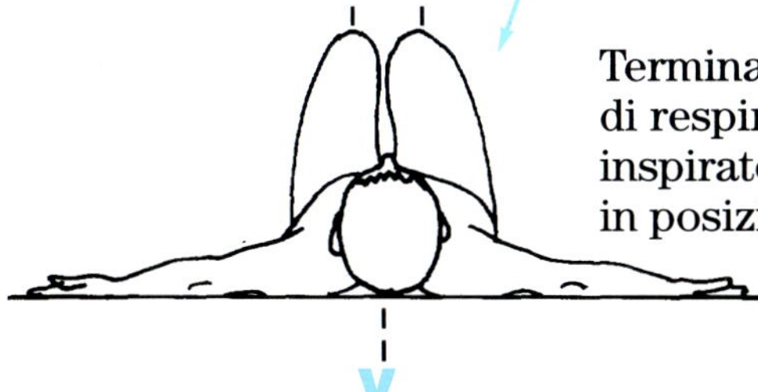

Terminati i cinque cicli di respirazione dinamogenica, inspirate (pancia in fuori) ritornando in posizione neutrale.

Versione n. 2

1

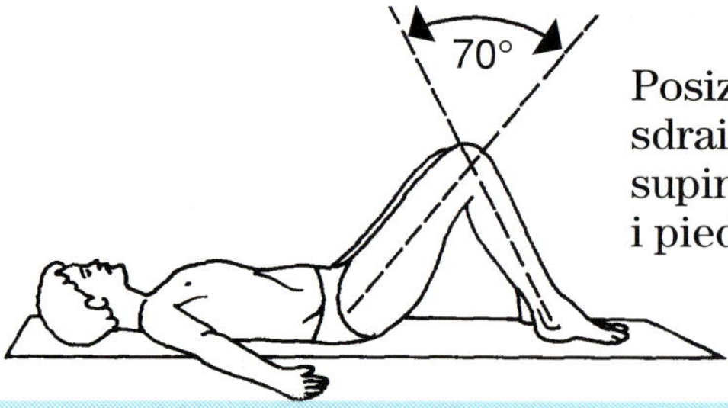

Posizione neutrale di partenza: sdraiatevi sul tappeto in posizione supina e piegate le gambe tenendo i piedi ben appoggiati al pavimento.

2

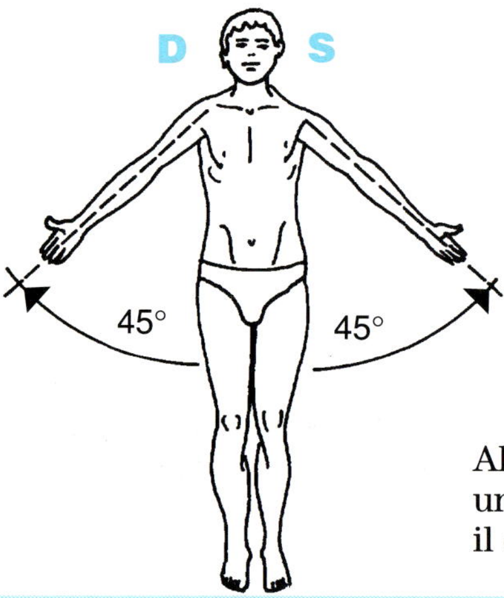

Allargate le braccia fino a formare un angolo di circa 45 gradi con il corpo.

3

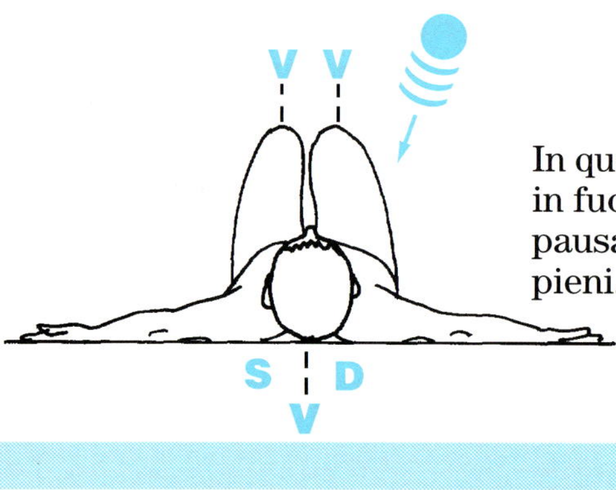

In questa posizione inspirate (pancia in fuori), senza forzare, e fate una pausa di cinque secondi a polmoni pieni.

4

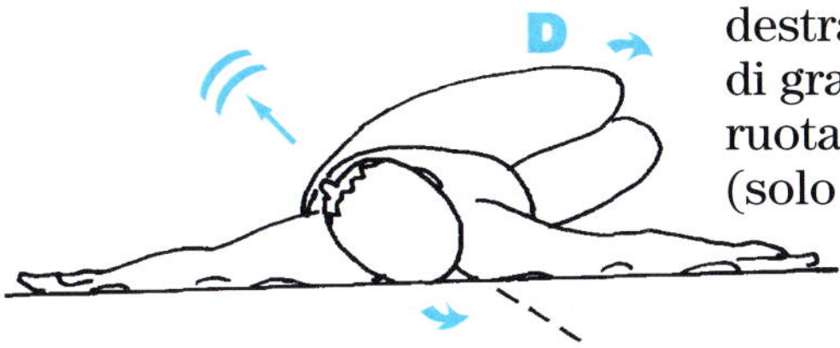

Mentre espirate (pancia in dentro), lasciate cadere le gambe verso destra, lasciando agire la forza di gravità e, contemporaneamente, ruotate la testa verso sinistra (solo sul piano orizzontale).

5

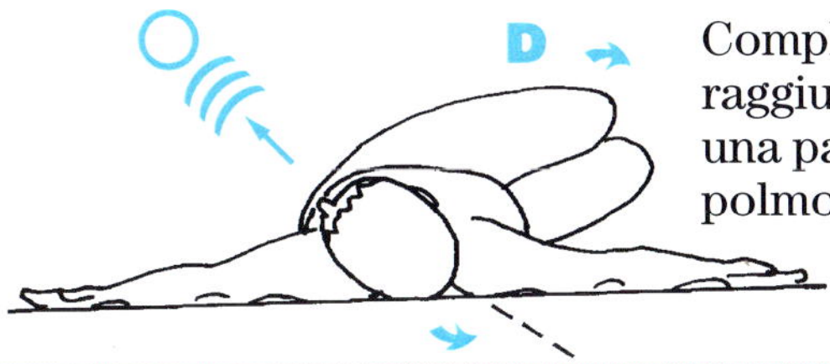

Completate nella posizione raggiunta l'espirazione e fate una pausa di cinque secondi a polmoni vuoti.

6

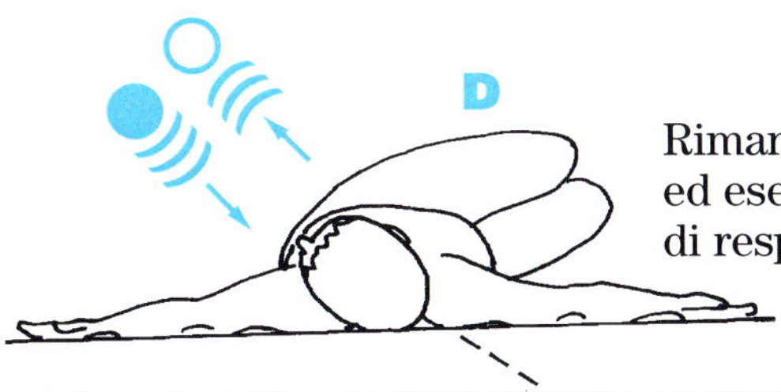

Rimanete in questa posizione ed eseguite i rimanenti quattro cicli di respirazione dinamogenica.

7

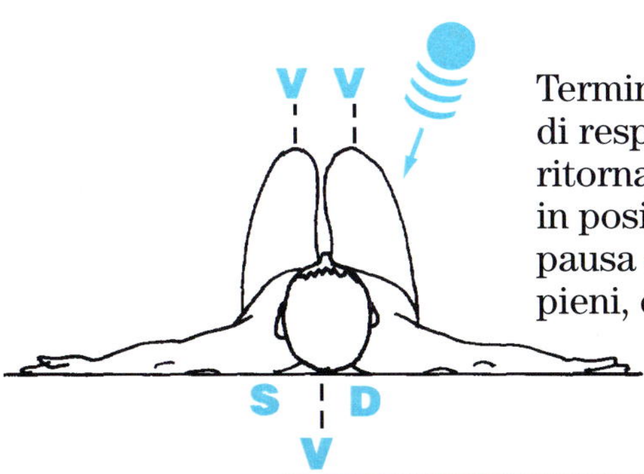

Terminati i cinque cicli di respirazione dinamogenica, ritornate inspirando (pancia in fuori) in posizione neutrale. Fate una pausa di cinque secondi a polmoni pieni, quindi...

8

...mentre espirate (pancia in dentro), lasciate cadere le gambe verso sinistra e ruotate la testa verso destra (solo sul piano orizzontale).

9

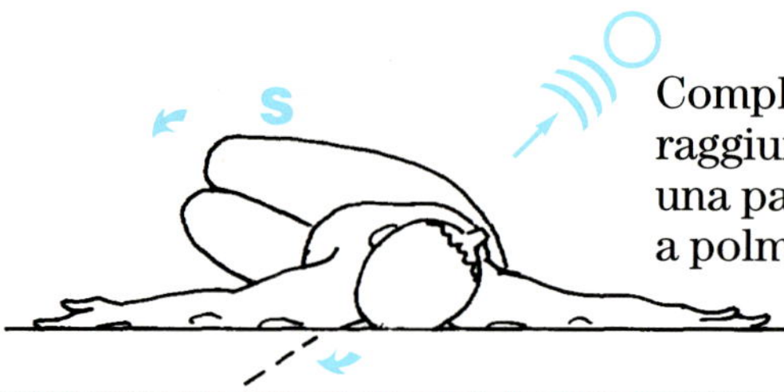

Completate nella posizione raggiunta l'espirazione e fate una pausa di cinque secondi a polmoni vuoti.

10

Restate in questa posizione ed eseguite i rimanenti quattro cicli di respirazione dinamogenica.

11

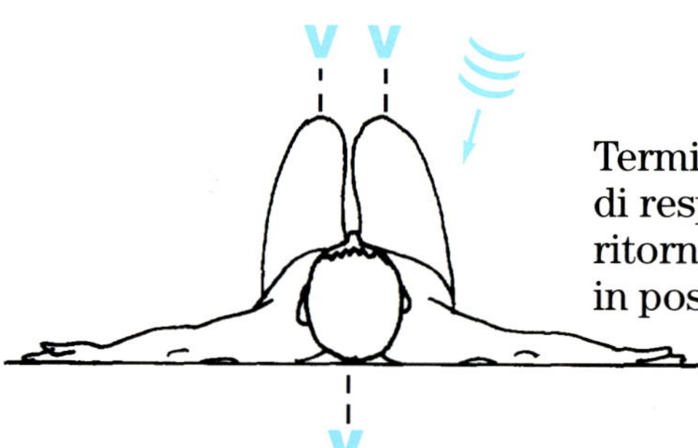

Terminati i cinque cicli di respirazione dinamogenica, ritornate inspirando (pancia in fuori) in posizione neutrale.

Versione n. 3

1

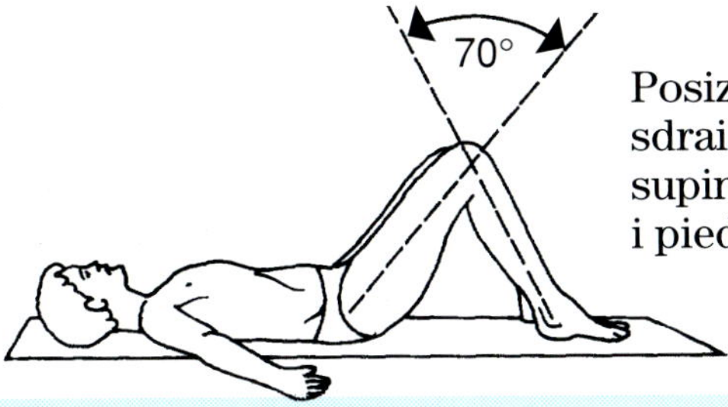

Posizione neutrale di partenza: sdraiatevi sul tappeto in posizione supina e piegate le gambe tenendo i piedi ben appoggiati al pavimento.

2

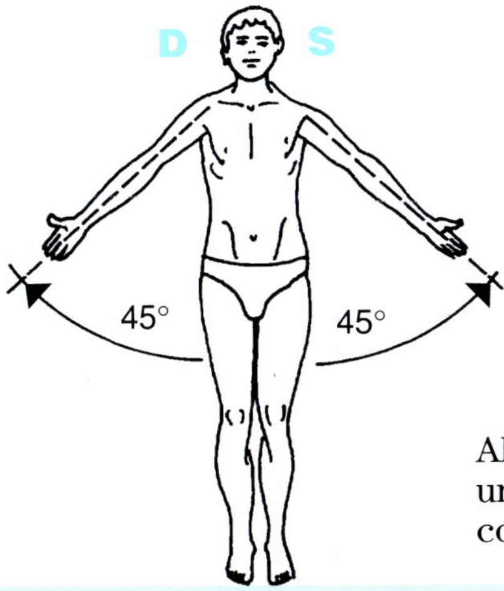

Allargate le braccia fino a formare un angolo di circa 45 gradi con il corpo.

3

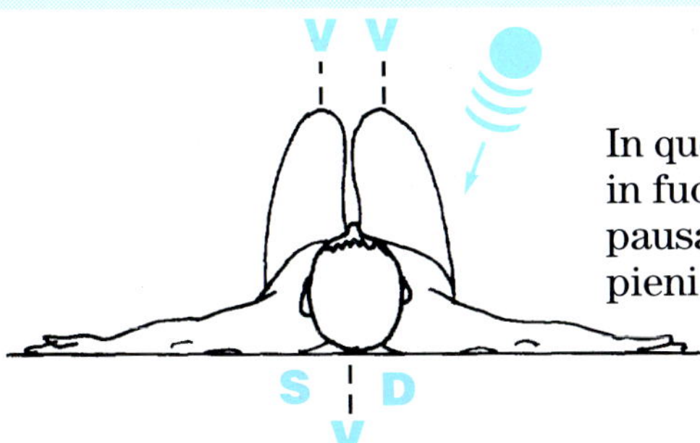

In questa posizione inspirate (pancia in fuori), senza forzare, e fate una pausa di cinque secondi a polmoni pieni.

4

Cominciate ad espirare (pancia in dentro) e lasciate cadere le gambe verso sinistra, lasciando agire la forza di gravità, e intanto ruotate la testa verso destra.

5

Completate nella posizione raggiunta l'espirazione e fate una pausa di cinque secondi a polmoni vuoti.

6

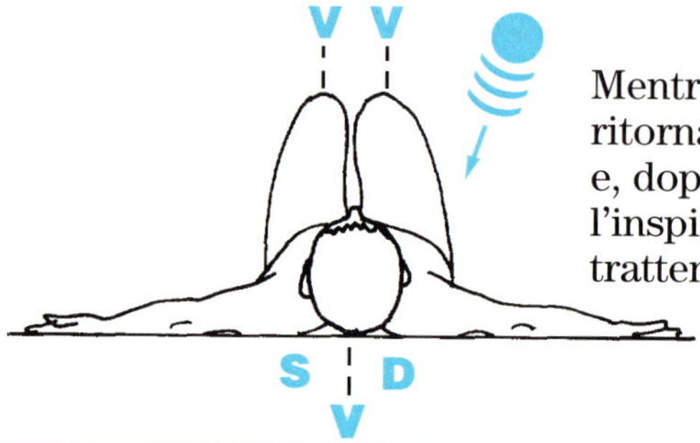

Mentre inspirate (pancia in fuori), ritornate in posizione neutrale e, dopo aver completato l'inspirazione in questa posizione, trattenete l'aria per cinque secondi ...

7

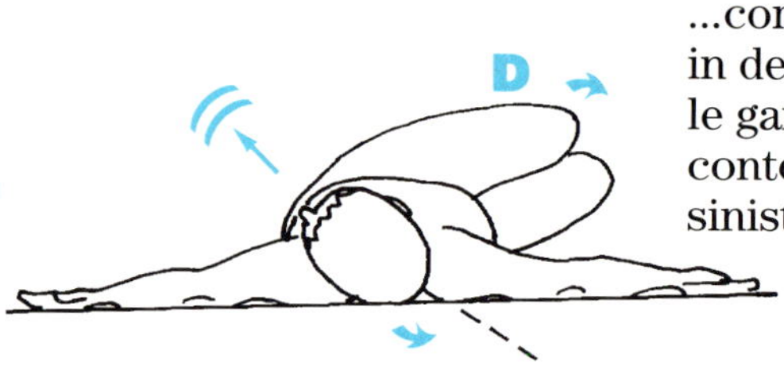

...cominciate ad espirare (pancia in dentro) e lasciate cadere le gambe verso destra, ruotando contemporaneamente la testa verso sinistra.

8

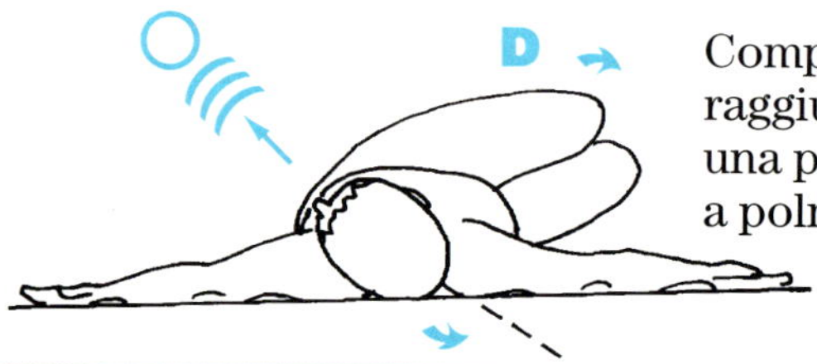

Completate nella posizione raggiunta l'espirazione e fate una pausa di cinque secondi a polmoni vuoti.

9

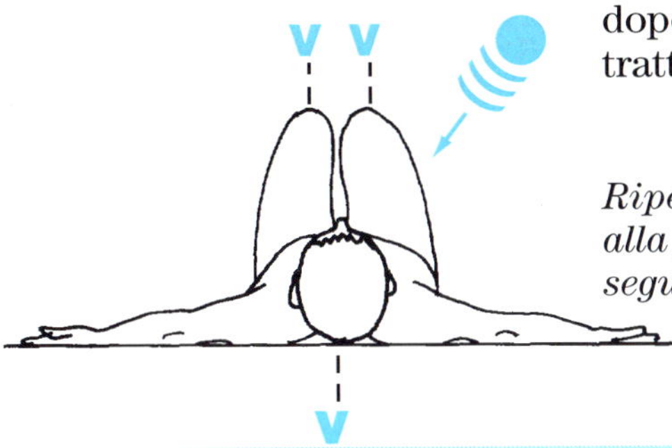

Mentre inspirate (pancia in fuori), ritornate in posizione neutrale e, dopo aver completato l'inspirazione trattenete l'aria per 5 secondi.

Ripetete la sequenza dalla figura n. 3 alla figura n. 9 altre quattro volte di seguito.

Versione n. 4

1

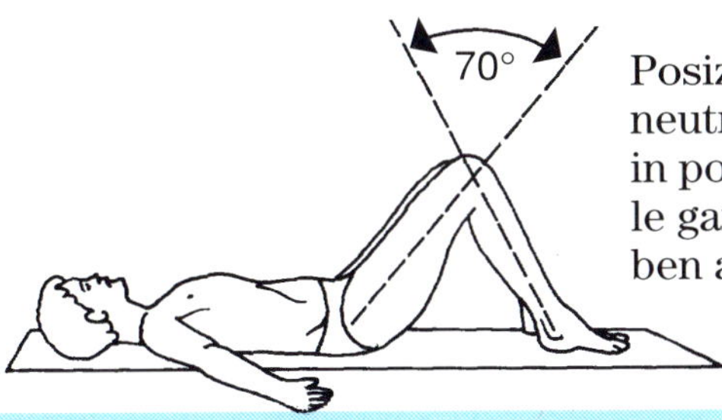

Posizione di partenza (posizione neutrale): sdraiatevi sul tappeto in posizione supina e piegate le gambe tenendo i piedi ben appoggiati al pavimento.

2

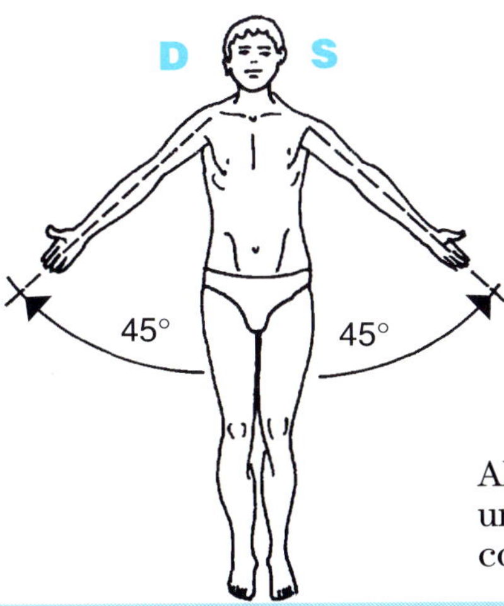

Allargate le braccia fino a formare un angolo di circa 45 gradi con il corpo.

3

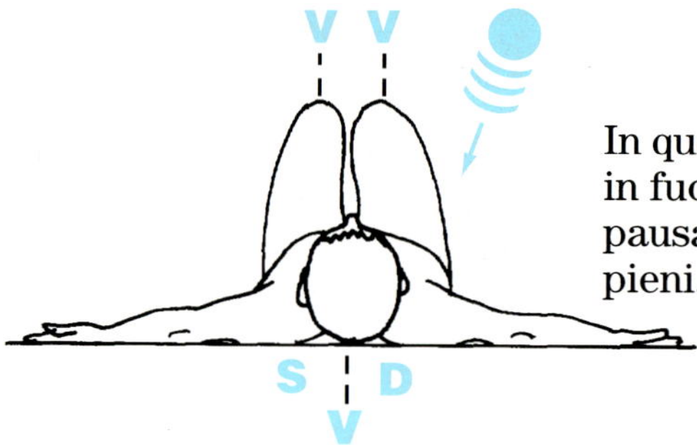

In questa posizione inspirate (pancia in fuori), senza forzare, e fate una pausa di cinque secondi a polmoni pieni.

4

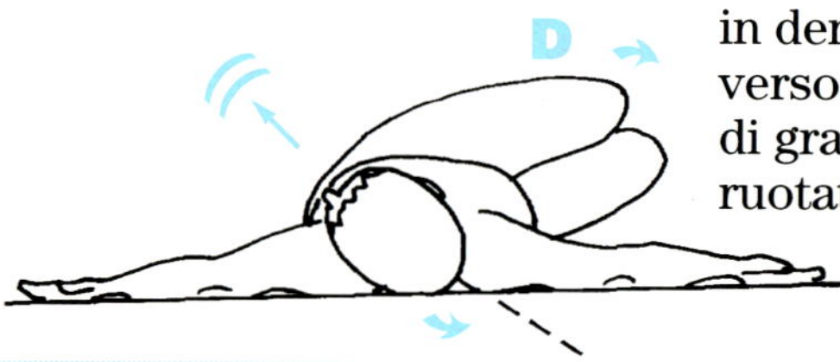

Cominciate ad espirare (pancia in dentro) e lasciate cadere le gambe verso destra, lasciando agire la forza di gravità e, contemporaneamente, ruotate la testa verso sinistra.

5

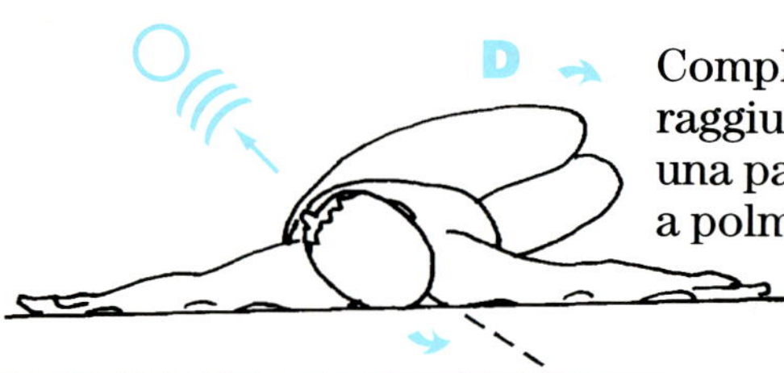

Completate nella posizione raggiunta l'espirazione e fate una pausa di cinque secondi a polmoni vuoti.

6

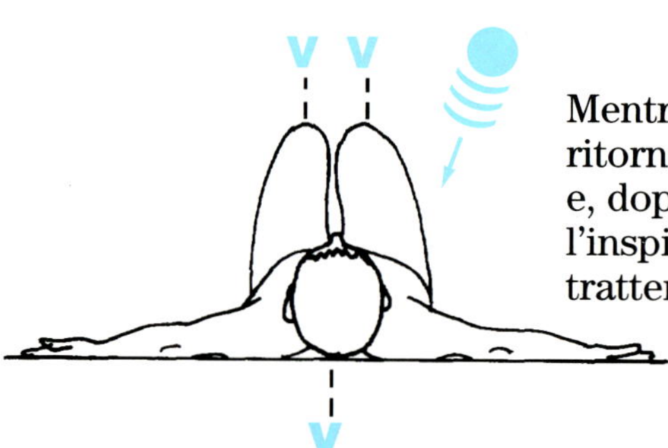

Mentre inspirate (pancia in fuori), ritornate in posizione neutrale e, dopo aver completato l'inspirazione in questa posizione, trattenete l'aria per cinque secondi...

7

...cominciate ad espirare (pancia in dentro) e lasciate cadere le gambe verso sinistra, ruotando contemporaneamente la testa verso destra.

8

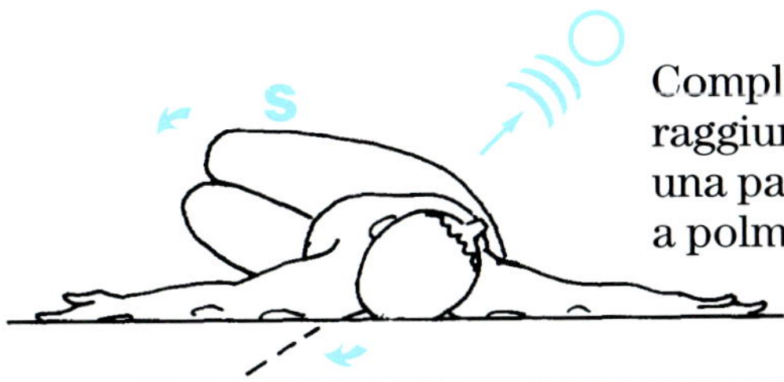

Completate nella posizione raggiunta l'espirazione e fate una pausa di cinque secondi a polmoni vuoti.

9

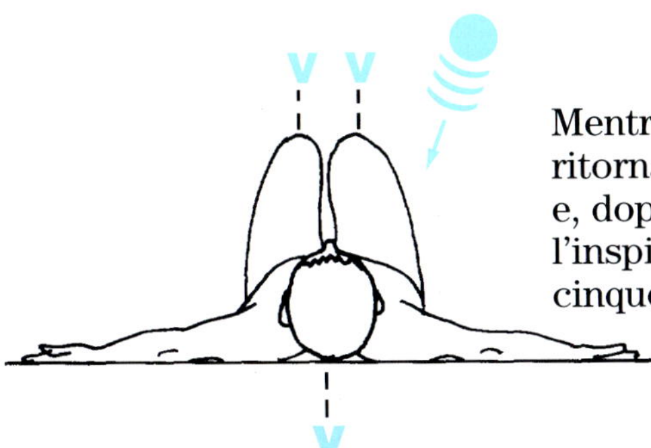

Mentre inspirate (pancia in fuori), ritornate in posizione neutrale e, dopo aver completato l'inspirazione, trattenete l'aria per cinque secondi.

Ripetete la sequenza dalla figura n. 3 alla figura n. 9 altre quattro volte di seguito.

COLIBRÌ
GNP N. 74
AUTOTERAPIA ZILGREI

Questo GNP mobilizza le vertebre del tratto dorsale della colonna vertebrale, aumentando l'elasticità delle articolazioni vertebrali in questa zona. Agisce anche sul complesso articolare della spalla e sulle braccia, rendendo più sciolti i movimenti di queste articolazioni.

■ *Indicazioni:* il Colibrì può servire ad alleviare i fastidi localizzati sulle scapole o fra le scapole e le tensioni muscolari alle spalle che interessano spesso il collo o il torace.
Può essere utile a chi svolge un lavoro sedentario e che obbliga a mantenere a lungo una posizione statica con il tronco e con gli arti superiori (impiegati, addetti ai computer, ecc.).

■ *Piano di movimento:* sagittale.

■ *Frequenza:* eseguite il Colibrì non più di tre volte quotidianamente, per qualche giorno, all'inizio del vostro programma GNP per lo stress.
Continuate ad eseguirlo una o due volte al giorno, se ne avete l'opportunità anche in ufficio, per controllare le manifestazioni fisiche provocate dalla statogenesi (mantenere a lungo una determinata posizione).
Per mantenere il benessere raggiunto e controllare meglio le manifestazioni fisiche dello stress, si può eseguire due o tre volte alla settimana, tuttavia la frequenza può essere aumentata specie nei periodi di maggiore stress.

■ *Attenzione:* durante l'esecuzione di questo GNP evitate di piegare il busto o la testa.
State dritti ma rilassati, non forzate i movimenti richiesti e ricordate di tenere gli avambracci sempre orizzontali.
Il Colibrì si può eseguire stando in piedi oppure seduti su uno sgabello, mantenendo anche in questo caso una posizione corretta.
Scegliete una delle tre versioni proposte. Provate ad eseguirle e stabilite quale delle tre vi è più congeniale.
Se provate dolore, sospendete l'esecuzione di questo GNP e sceglietene un altro tra quelli illustrati in questo settore oppure, se continuate ad avvertire ancora fastidi, scegliete uno dei libri Zilgrei più specifici per il vostro problema o rivolgetevi a un istruttore Zilgrei qualificato.

Versione n. 1

1

Posizione neutrale di partenza: in piedi o seduti su uno sgabello in posizione eretta ma non rigida. Piegate le braccia al gomito, in modo che gli avambracci siano orizzontali rispetto al corpo. Inspirate (pancia in fuori).

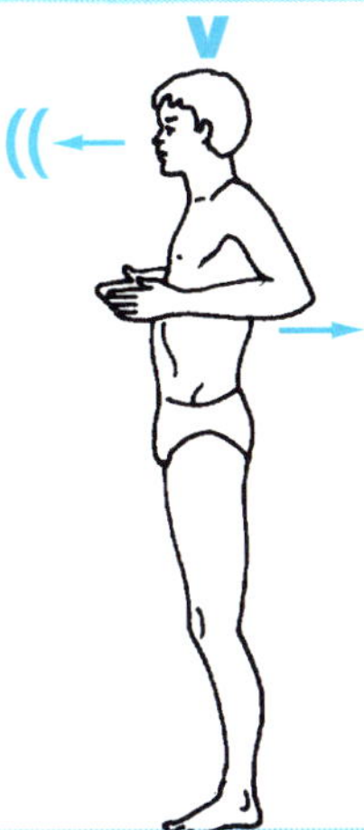

2

Cominciate ad espirare (pancia in dentro) e, nello stesso tempo, portate le braccia all'indietro, mantenendo gli avambracci orizzontali e il busto eretto.

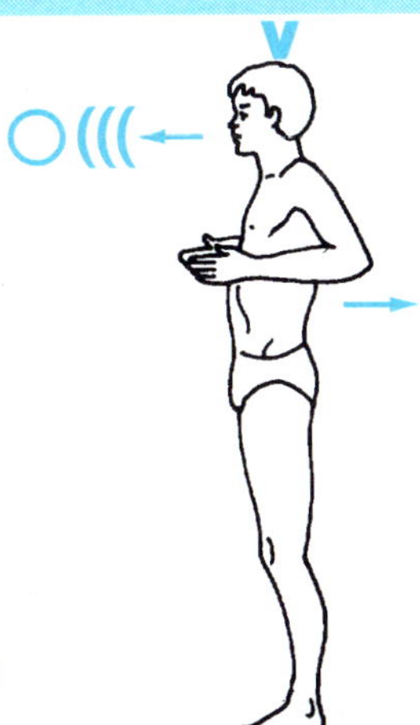

3

In questa posizione fate una pausa di cinque secondi a polmoni vuoti.

4

Mentre inspirate (pancia in fuori), riportate le braccia nella posizione neutrale. Fate poi una pausa di cinque secondi a polmoni pieni.

Ripetete la sequenza dalla figura n. 2 alla figura n. 4 cinque volte di seguito.

Versione n. 2

1

Posizione neutrale di partenza: in piedi o seduti su uno sgabello in posizione eretta ma non rigida. Piegate le braccia al gomito, in modo che gli avambracci siano orizzontali al corpo. Espirate completamente (pancia in dentro).

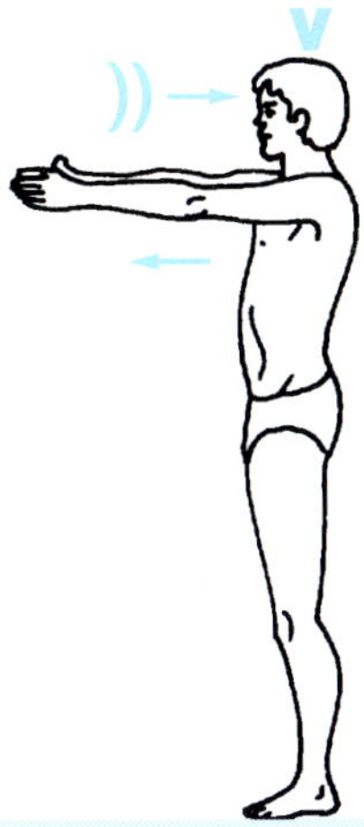

2

Cominciate ad inspirare (pancia in fuori) e nello stesso tempo allungate in avanti le braccia tese orizzontalmente, senza forzare e mantenendo il busto eretto.

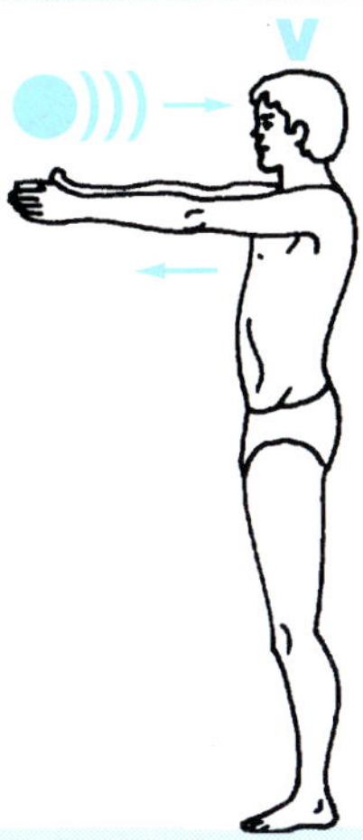

3

In questa posizione fate una pausa di cinque secondi a polmoni pieni.

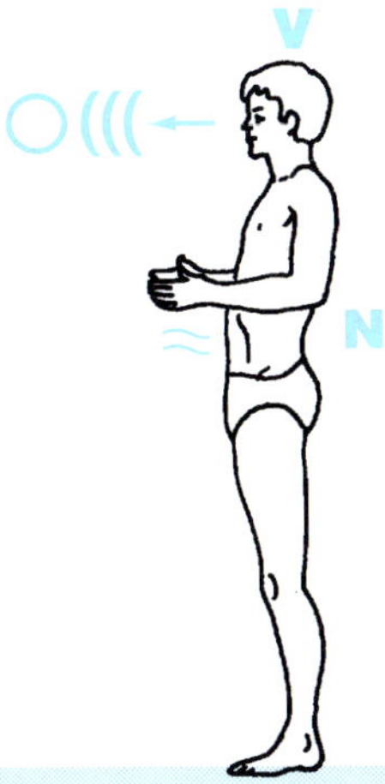

4

Mentre espirate completamente (pancia in dentro), riportate le braccia nella posizione neutrale. Fate poi una pausa di cinque secondi a polmoni vuoti.

Ripetete l'intera sequenza dalla figura n. 2 alla figura n. 4 cinque volte di seguito.

Versione n. 3

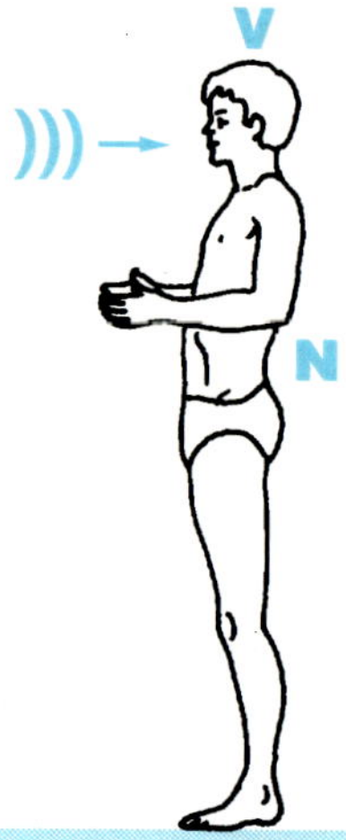

1

Posizione neutrale di partenza: in piedi o seduti su uno sgabello in posizione corretta, eretta ma non rigida. Piegate le braccia al gomito, in modo che gli avambracci siano orizzontali al corpo. Inspirate (pancia in fuori).

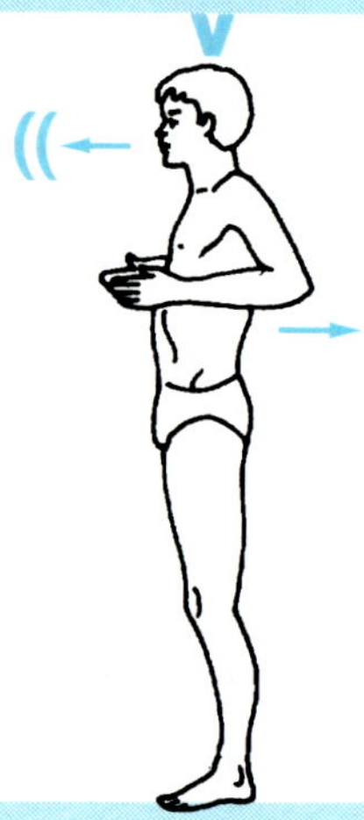

2

Cominciate ad espirare (pancia in dentro) e, nello stesso tempo, portate le braccia all'indietro, mantenendo gli avambracci orizzontali e il busto eretto.

3

In questa posizione fate una pausa di cinque secondi a polmoni vuoti.

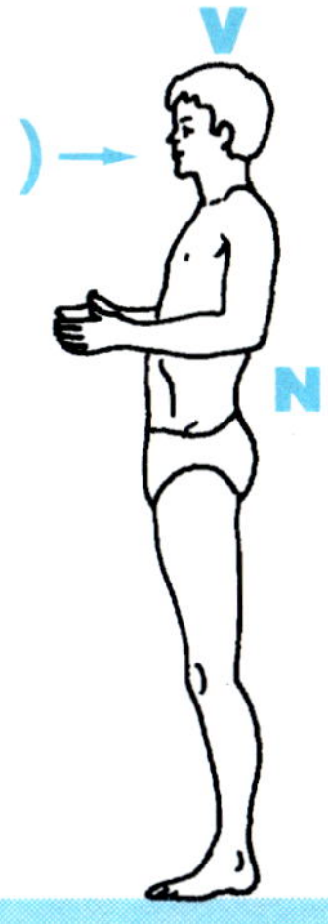

4

Cominciate a inspirare (pancia in fuori) e riportate le braccia nella posizione neutrale...

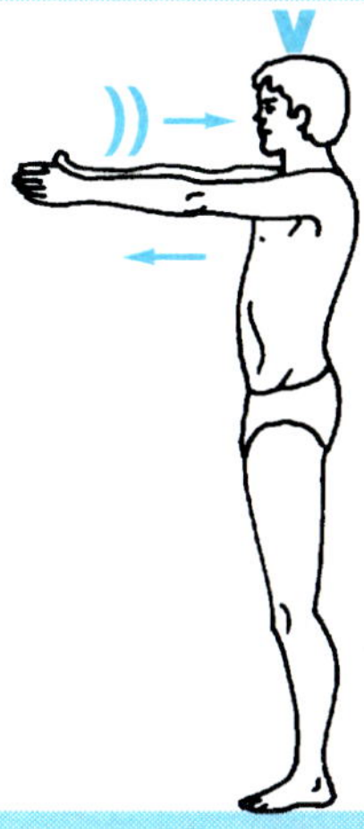

5

...continuate ad inspirare e allungate le braccia orizzontalmente in avanti, senza forzare e mantenendo il busto eretto.

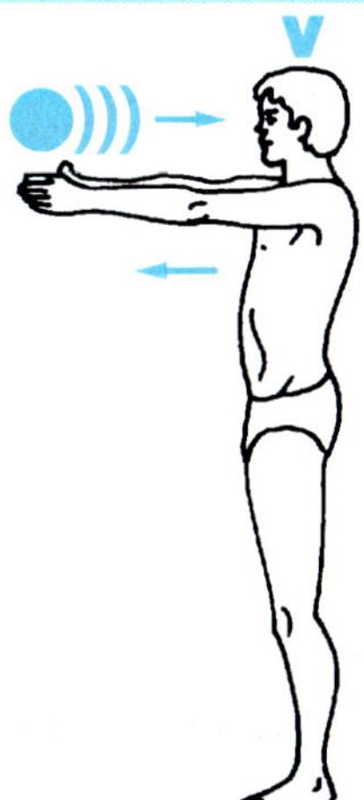

6

In questa posizione fate una pausa di cinque secondi a polmoni pieni.

7

Mentre espirate (pancia in dentro), riportate le braccia nella posizione neutrale...

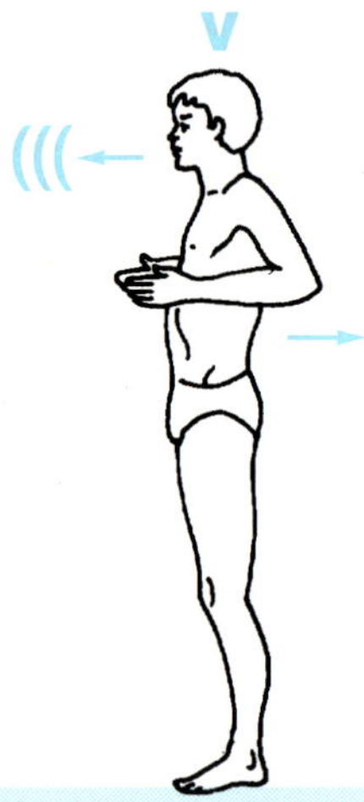

8

...continuate ad espirare, allungate le braccia indietro mantenendo gli avambracci orizzontali e il busto eretto.

9

In questa posizione fate una pausa di cinque secondi a polmoni vuoti.

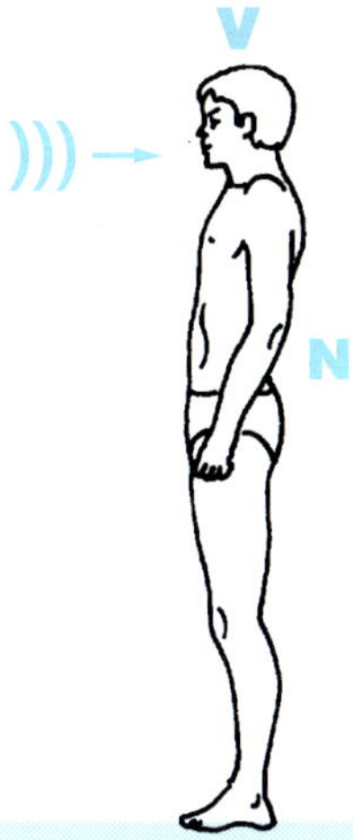

10

A questo punto ripetete la sequenza dalla figura n. 3 alla figura n. 9 altre quattro volte di seguito, per cinque cicli di respirazione dinamogenica standard.

Terminati i cinque cicli, inspirando (pancia in fuori), riportate le mani lungo i fianchi.

ZIGOLO DELLE NEVI
GNP N. 887
AUTOTERAPIA ZILGREI

Questo GNP si esegue per alleviare fastidi a tutta la colonna vertebrale, comunemente riferiti all'artrosi e, spesso, manifestazioni fisiche dell'eccessivo stress.

■ *Indicazioni:* lo Zigolo delle nevi mobilizza la colonna vertebrale e ha un effetto di fisiologico allungamento su di essa. Può essere pertanto utile ad eliminare contratture dolorose a carico dei muscoli spinali e a prevenirle. Ha un effetto rilassante su tutto il corpo e per questo motivo lo prepara al sonno.

■ *Piano di movimento:* sagittale.

■ *Frequenza:* eseguite lo Zigolo delle nevi non più di tre volte al giorno (mattino, mezzogiorno e sera, prima di andare a letto) all'inizio del vostro programma GNP per lo stress.
Continuate ad eseguirlo una o due volte al giorno fino alla scomparsa dei sintomi dello stress.
Eseguitelo due o tre volte alla settimana per mantenere il benessere raggiunto.
Questo GNP va eseguito costantemente, preferibilmente la sera. Può servire a rilassare l'unità mente-corpo e ad eliminare le tensioni giornaliere e può essere utile, di conseguenza, nelle situazioni di insonnia prolungata.

■ *Attenzione:* lo Zigolo delle nevi si esegue stando sdraiati su un fianco, con le gambe piegate e la testa flessa in avanti, in quella che viene comunemente denominata "posizione fetale".
Il corpo deve rimanere rilassato.
È preferibile eseguirlo su un letto non troppo soffice e usando un cuscino molto basso o anche senza cuscino. Al rilassamento può seguire il sonno.
In caso di dolore durante l'esecuzione di questo GNP, valgono le stesse indicazioni date per i precedenti.
Scegliete la versione che è per voi più congeniale e in cui vi sentite a vostro agio.

Versione n. 1

Posizione neutrale di partenza: sdraiatevi sul fianco destro, su un letto rigido o su un tappeto, se lo preferite.

1

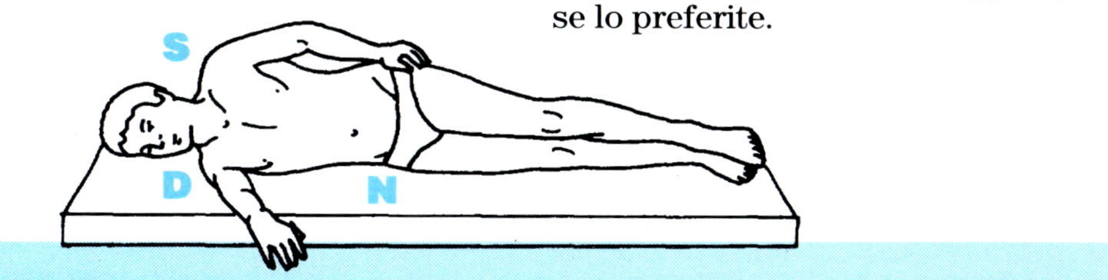

Assumete la posizione fetale, piegando le gambe (ginocchia verso il mento) e la testa (mento verso il petto). Mantenete questa posizione ed eseguite cinque cicli di respirazione dinamogenica standard, iniziando dall'inspirazione.

2

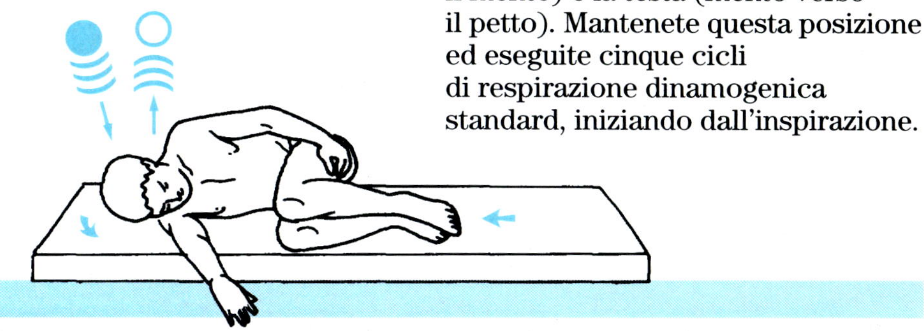

Terminati i cinque cicli, ritornate lentamente, inspirando (pancia in fuori), nella posizione neutrale.

3

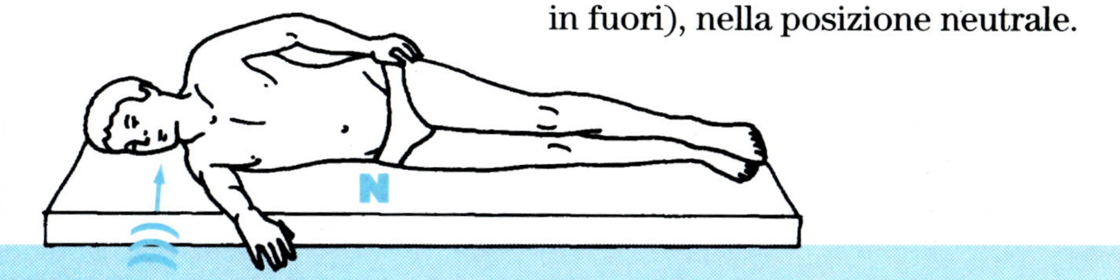

Versione n. 2

Posizione neutrale di partenza: sdraiatevi sul fianco sinistro, su un letto rigido o su un tappeto.

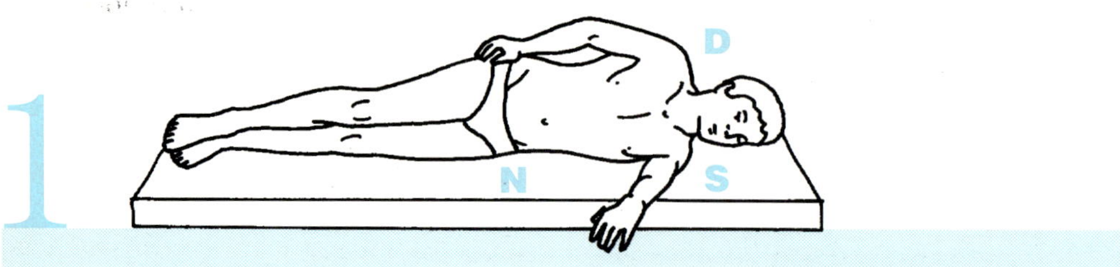

Assumete la posizione fetale, piegando le gambe (ginocchia verso il mento) e la testa (mento verso il petto). Rimanete in questa posizione ed eseguite cinque cicli di respirazione dinamogenica standard, iniziando dall'inspirazione.

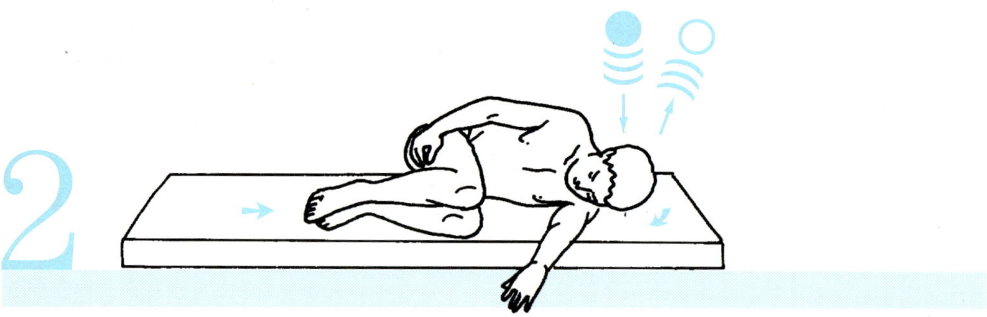

Terminati i cinque cicli, ritornate lentamente, inspirando (pancia in fuori), nella posizione neutrale.

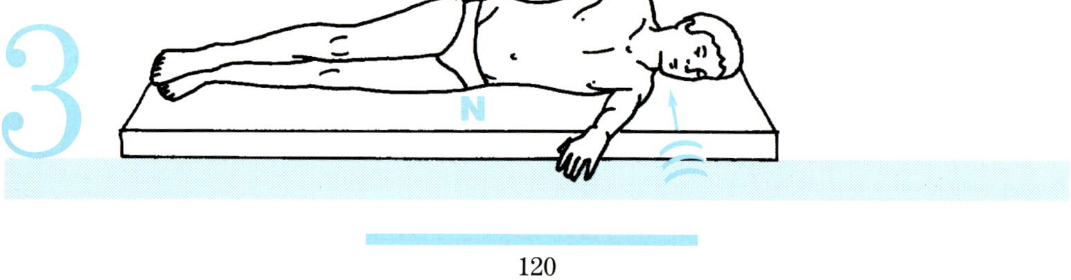

3

STRESS FISICO E MONOLATERALISMO

Cinciallegra - GNP n. 47

Anatroccolo - GNP n. 2916

Bigiarella - GNP n. 6139

Colombella - GNP n. 6246

Gruccione - GNP n. 7235

Frullino - GNP n. 7233

Branta - GNP n. 7236

Nel settore per la colonna vertebrale e il bacino, abbiamo illustrato il GNP Gru, che agiva sui disallineamenti del bacino e sullo squilibrio muscolare. I GNP descritti di seguito servono a combattere gli effetti negativi dovuti al monolateralismo. Sono basati sui principi del *cross-pattern*, cioè sull'uso a schema incrociato, simultaneo e coordinato, di un arto (generalmente un braccio o una gamba) di un lato del corpo con un altro arto (generalmente un braccio o una gamba) dell'altro lato, su un determinato piano di movimento: per esempio, braccio destro-gamba sinistra.

Sono particolarmente utili per combattere lo squilibrio muscolare dovuto al monolateralismo e possono servire anche agli sportivi che praticano sport monolaterali (tennis, golf).

L'uso della respirazione indicata potrà aiutarvi a superare la stanchezza, tonificando il corpo e scaricando le tensioni fisiche e mentali. Nella scelta dei GNP *cross-patterns* è preferibile eseguire prima quelli sul piano sagittale: sono più facili da eseguire. Dopo un po' di tempo passate agli altri *cross-patterns* sugli altri piani, scegliendo quelli che vi sono più congeniali.

CINCIALLEGRA
GNP N. 47
AUTOTERAPIA ZILGREI

Questo GNP è basato sui principi del *cross-pattern* e serve a combattere gli effetti negativi dello stress e del monolateralismo.

Indicazioni: il GNP Cinciallegra serve ad eliminare o a ridurre gli effetti negativi dello stress e del monolateralismo, causati dall'uso ripetitivo di un lato del corpo rispetto all'altro. Agisce bilanciando il tono dei muscoli spinali situati ai due lati della colonna vertebrale e, ristabilendo un equilibrio muscolare, ha anche effetti positivi sull'equilibrio del corpo in generale e su tutte le funzioni fisiologiche. Agisce prevalentemente sul versante fisico, ma gli effetti si fanno sentire anche sulla mente, favorendo l'eliminazione delle tensioni psichiche accumulate durante la giornata. Può aiutare ad eliminare stanchezza e nervosismo.

Piano di movimento: sagittale.

Frequenza: non ci sono limitazioni di frequenza per la Cinciallegra. Si può eseguire più di una volta al giorno se lo si ritiene opportuno scegliendo, quando è possibile, quei momenti della giornata in cui ci si sente particolarmente tesi e stanchi; la sera per eliminare gli effetti negativi del monolateralismo quotidiano o al mattino per preparare il corpo ad affrontare meglio il nuovo giorno.

Attenzione: questo GNP si può eseguire in posizione supina o in piedi.
I movimenti eseguiti sono rapidi e coordinati alla respirazione richiesta, e assomigliano a una marcia sul posto in cui il movimento alternato delle braccia accompagna quello delle gambe.
Imparate ad eseguire bene i movimenti prima di coordinarli alla respirazione.
I movimenti delle braccia e delle gambe devono essere eseguiti durante l'espirazione. Iniziate col braccio destro e con la gamba sinistra. Sembra che alla maggior parte della gente venga più facile fare così.
Se provate dolore durante l'esecuzione dei movimenti fermatevi e accertatevi di avere seguito bene le istruzioni. Se il dolore si ripresenta, non eseguite questo GNP e consultate uno dei libri Zilgrei più specifici per il vostro problema o rivolgetevi ad un istruttore Zilgrei qualificato.
Nelle figure successive sarà illustrato questo GNP nelle due posizioni (in piedi o in posizione supina) in cui può essere eseguito.

Versione n. 1
(in piedi)

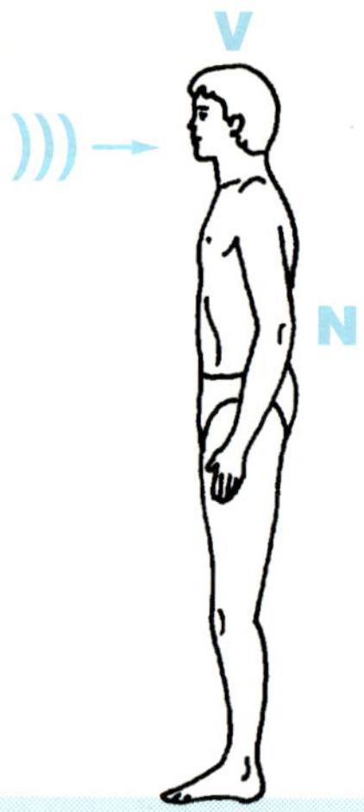

1

In piedi, braccia lungo i fianchi, inspirate (pancia in fuori).

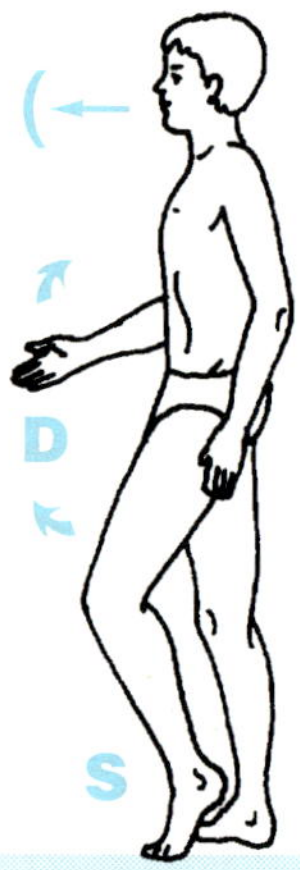

2

Cominciate ad espirare (pancia in dentro) e portate il braccio destro e la gamba sinistra in alto.

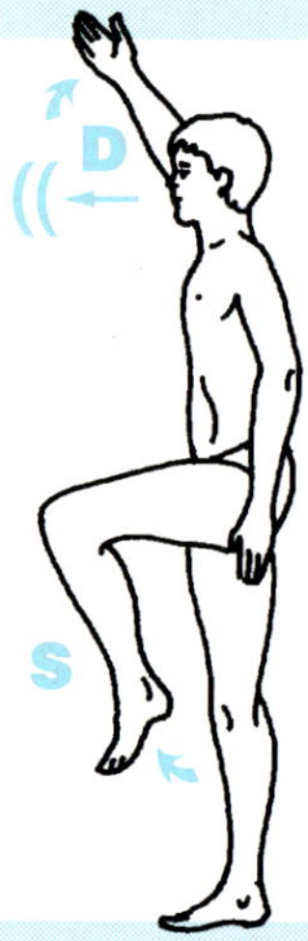

3

Continuate ad espirare e a portare ulteriormente verso l'alto il braccio destro e la gamba sinistra, fino al limite del movimento, senza forzare.

4

Sempre espirando, abbassate il braccio destro e la gamba sinistra...

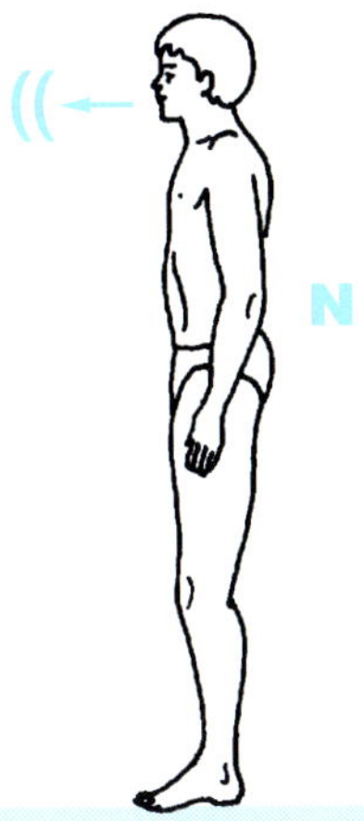

5

...fino a ritornare nella posizione neutrale, poi...

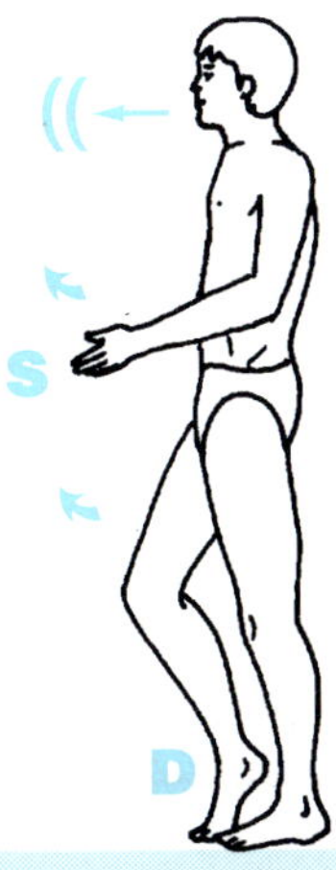

6

...sempre continuando ad espirare, portate verso l'alto il braccio sinistro e la gamba destra.

7

Continuate ad espirare e a portare ulteriormente verso l'alto il braccio sinistro e la gamba destra, fino al limite del movimento, senza forzare.

8

Sempre espirando, abbassate il braccio sinistro e la gamba destra...

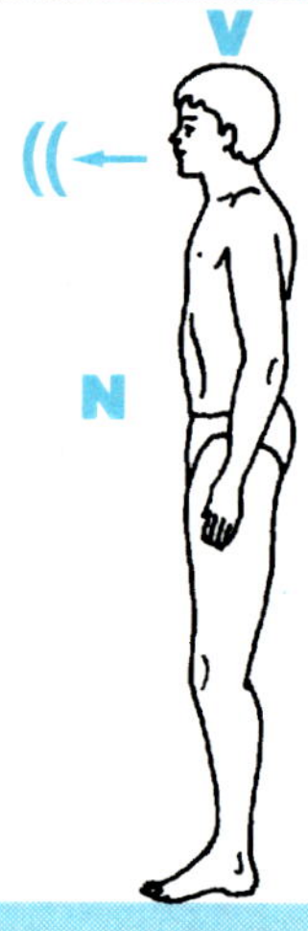

9

...fino a ritornare nella posizione neutrale.

Ripetete l'intera sequenza dalla figura n. 2 alla figura n. 9 due o tre volte di seguito, in modo sufficientemente veloce, durante ogni singola espirazione poi...

10

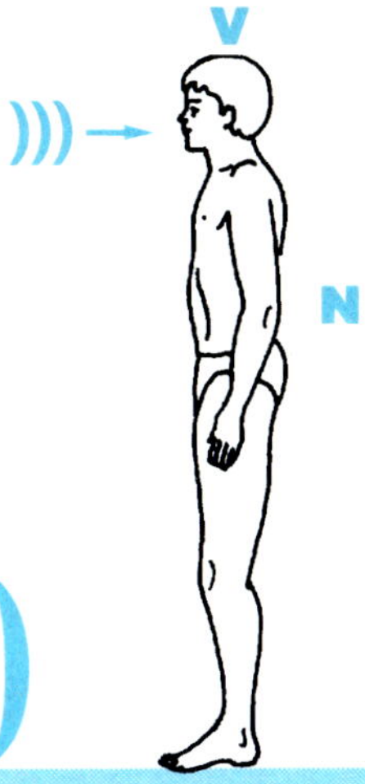

...in posizione neutrale, inspirate (pancia in fuori).

A questo punto ripetete l'intera sequenza dalla figura n. 1 alla figura n. 10 altre quattro volte di seguito.

Versione n. 2
(posizione supina)

Sdraiatevi su una superficie abbastanza dura, per esempio su un tappeto posto sul pavimento, con le braccia ai lati del corpo. Inspirate (pancia in fuori).

1

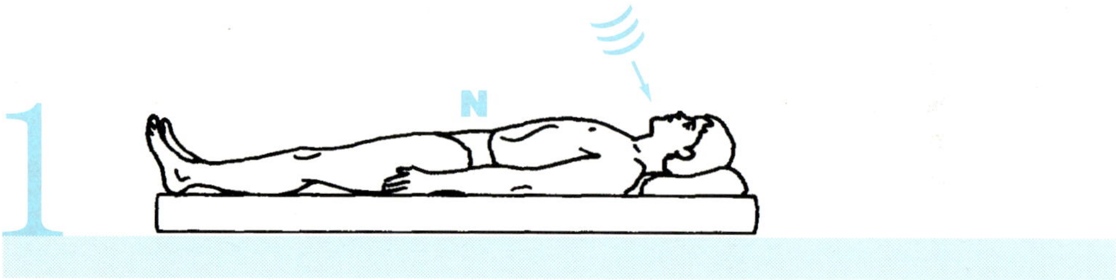

Cominciate ad espirare (pancia in dentro) e a portare verso l'alto il braccio destro e la gamba sinistra.

2

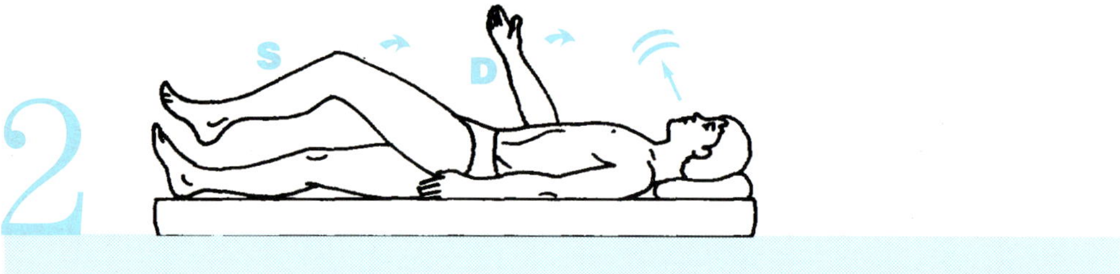

Continuate ad espirare e a portare ulteriormente verso l'alto il braccio destro e la gamba sinistra, fino al limite del movimento, senza forzare.

3

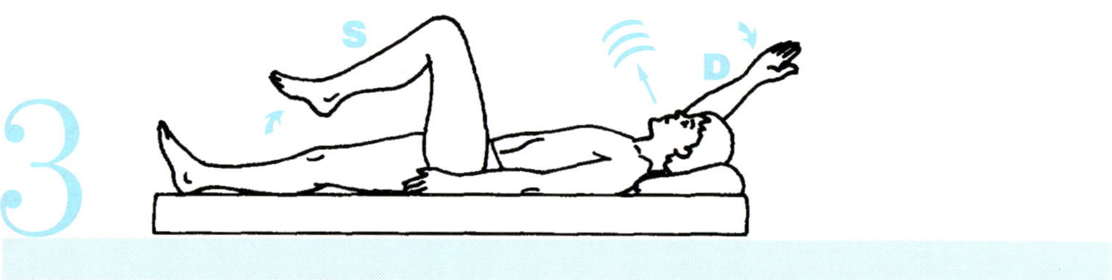

Mentre inspirate (pancia in fuori), riportate il braccio destro e la gamba sinistra in basso...

4

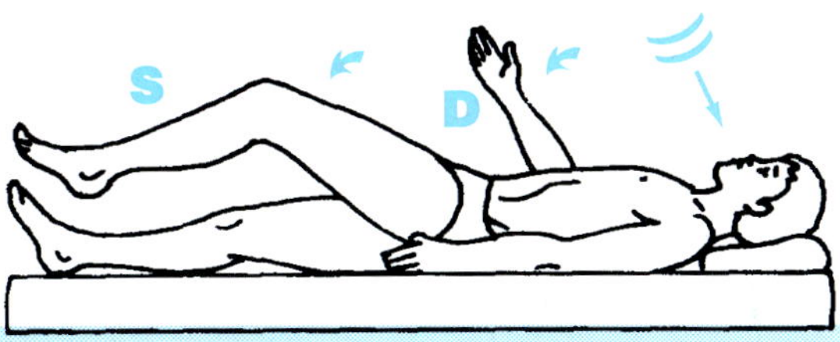

... fino a ritornare nella posizione neutrale, completando l'inspirazione.

5

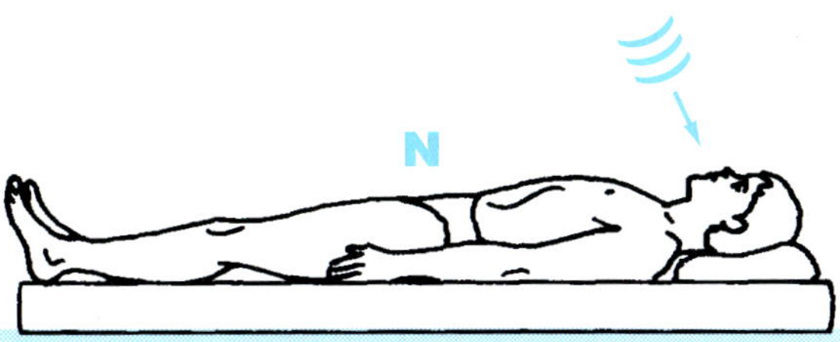

Cominciate ad espirare (pancia in dentro) e a portare verso l'alto il braccio sinistro e la gamba destra.

6

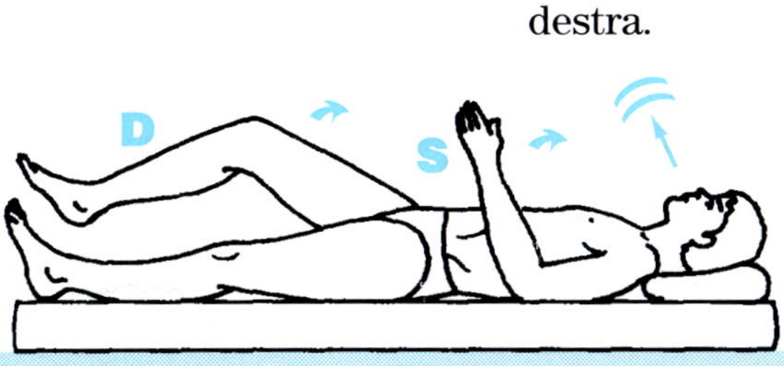

Continuate ad espirare e a portare ulteriormente verso l'alto il braccio sinistro e la gamba destra, fino al limite del movimento, senza forzare.

7

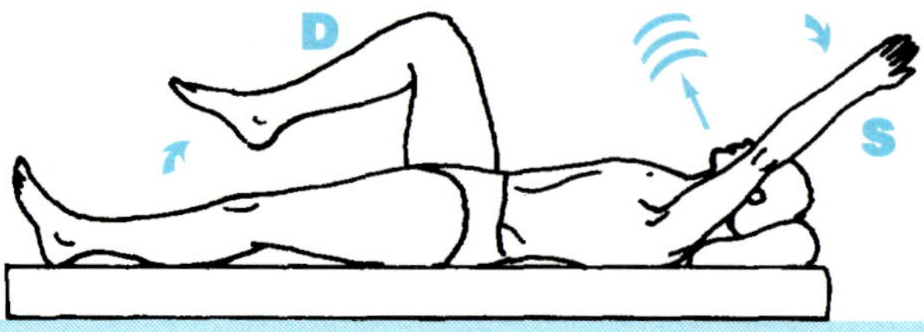

Mentre inspirate (pancia in fuori), riportate il braccio sinistro e la gamba destra in basso...

8

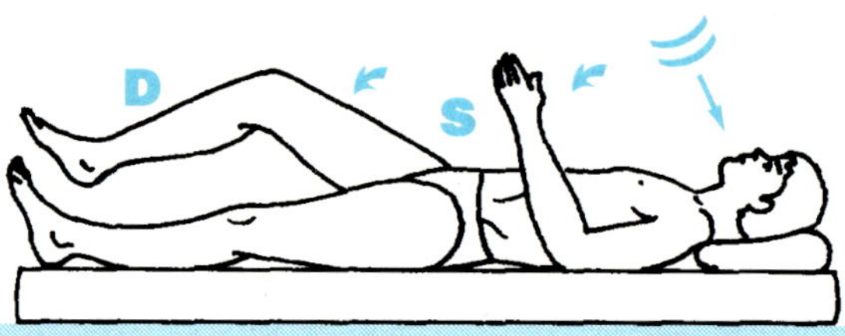

...fino a ritornare nella posizione neutrale, completando l'inspirazione.

Ripetete l'intera sequenza dalla figura n. 2 alla figura n. 9 altre quattro volte di seguito.

9

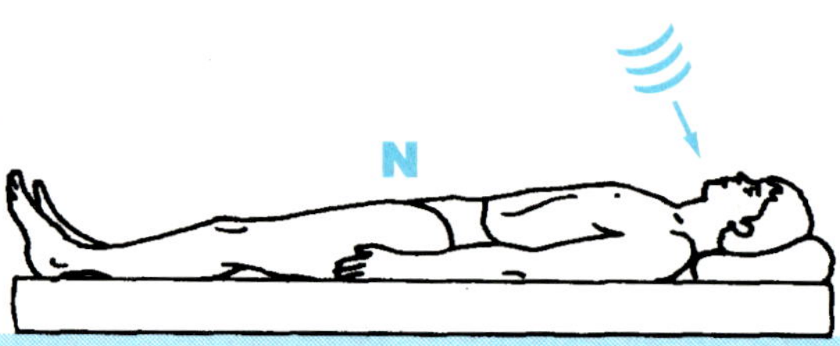

ANATROCCOLO
GNP N. 2916

Questo GNP si basa sui principi del *cross-pattern* e serve a riequilibrare il corpo e la mente e ad eliminare gli effetti negativi dello stress e del monolateralismo sulla mente e sul corpo.

Indicazioni: questo GNP è particolarmente efficace nel combattere gli effetti negativi dello stress e del monolateralismo dal punto di vista psicologico (nervosismo, irritabilità, stanchezza, ecc.).
Può essere utile a chi pratica sport monolaterali, agendo sull'equilibrio muscolare e migliorando le capacità di concentrazione dell'atleta in vista di una gara importante. Può servire a chi svolge un lavoro intellettuale per combattere, in maniera naturale, la stanchezza e le difficoltà di concentrazione, che si manifestano dopo qualche ora di applicazione.

Piano di movimento: frontale.

Frequenza: non ci sono limitazioni di frequenza per questo GNP. Può essere tuttavia utile eseguire l'Anatroccolo alla fine della vostra giornata di lavoro per aiutarvi a superare la stanchezza. Potete comunque eseguirlo durante la giornata, per controllare meglio stanchezza e nervosismo, prima e/o dopo periodi di superlavoro mentale.

Attenzione: questo GNP va eseguito in posizione supina (sdraiati).
Eseguite i movimenti in maniera abbastanza energica ma coordinata (non fate assolutamente movimenti a strappi).
I movimenti delle braccia e delle gambe devono essere eseguiti sempre durante l'espirazione.
È opportuno imparare prima ad eseguire bene i movimenti e solo in un secondo tempo provare a coordinarli alla respirazione.
Scegliete la versione a voi più congeniale e nella quale vi sentite più a vostro agio.
In caso di dolore o sensazione di disagio durante l'esecuzione di questo GNP valgono le stesse indicazioni date per i precedenti GNP.
Iniziate col braccio destro e la gamba sinistra: alla maggior parte della gente viene più facile così.

Versione n. 1

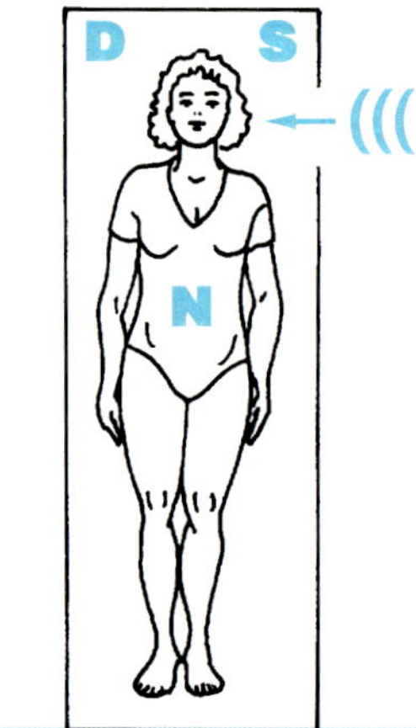

1

Posizione neutrale di partenza: sdraiati comodamente su una superficie abbastanza rigida (anche il vostro letto può andare bene se è sufficientemente duro). Inspirate (pancia in fuori).

2

Mentre espirate (pancia in dentro), portate il braccio destro e la gamba sinistra in alto e in fuori, fino al limite del movimento, senza forzare.

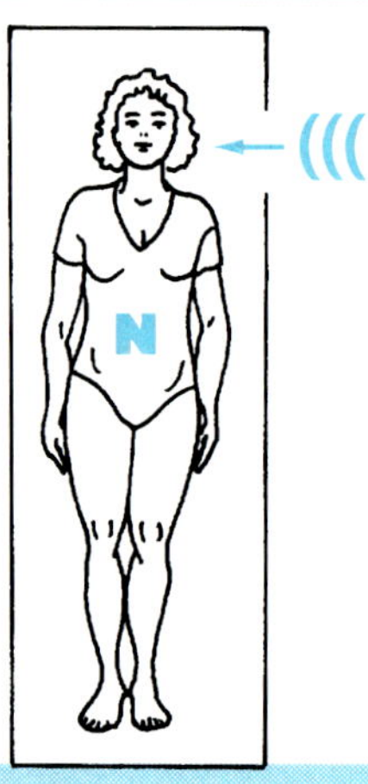

3

Inspirate (pancia in fuori) e riportate il braccio destro e la gamba sinistra in posizione neutrale.

4

Mentre espirate (pancia in dentro), portate il braccio sinistro e la gamba destra in alto e in fuori, fino al limite del movimento, senza forzare.

5

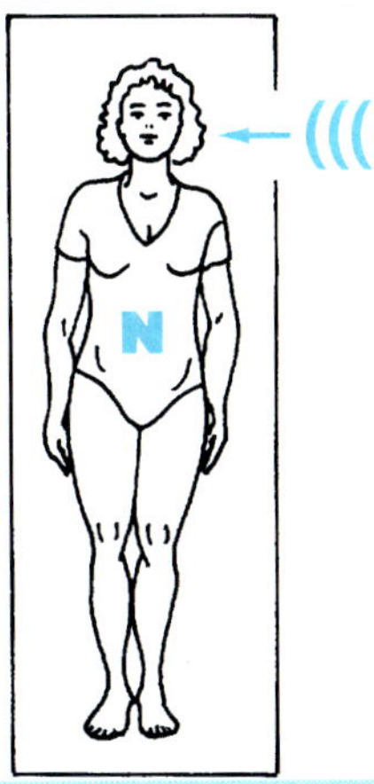

Inspirate (pancia in fuori) e riportate il braccio sinistro e la gamba destra in posizione neutrale.

Ripetete l'intera sequenza dalla figura n. 2 alla figura n. 5 altre quattro volte di seguito.

Versione n. 2

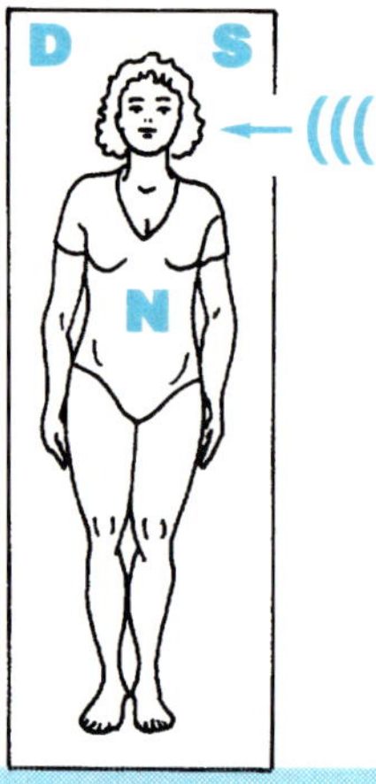

1

Posizione neutrale di partenza: sdraiati comodamente su una superficie abbastanza rigida (anche il vostro letto può andare bene se è sufficientemente duro). Inspirate (pancia in fuori).

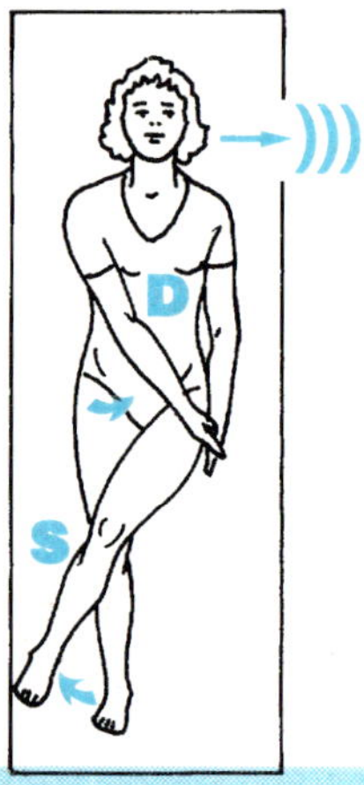

2

Mentre espirate (pancia in dentro), portate il braccio destro e la gamba sinistra medialmente, cioè in dentro, senza forzare.

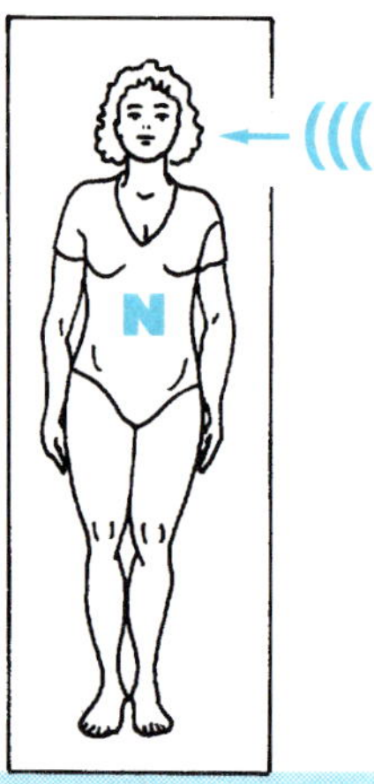

3

Inspirate (pancia in fuori) e riportate il braccio destro e la gamba sinistra in posizione neutrale.

4

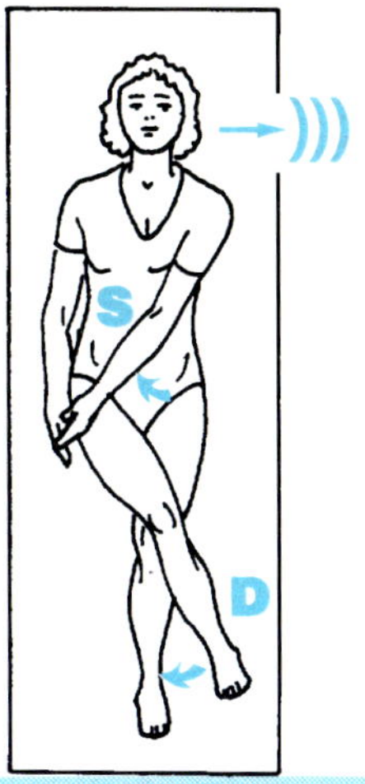

Mentre espirate (pancia in dentro), portate il braccio sinistro e la gamba destra medialmente, cioè in dentro, fino al limite del movimento, senza forzare.

5

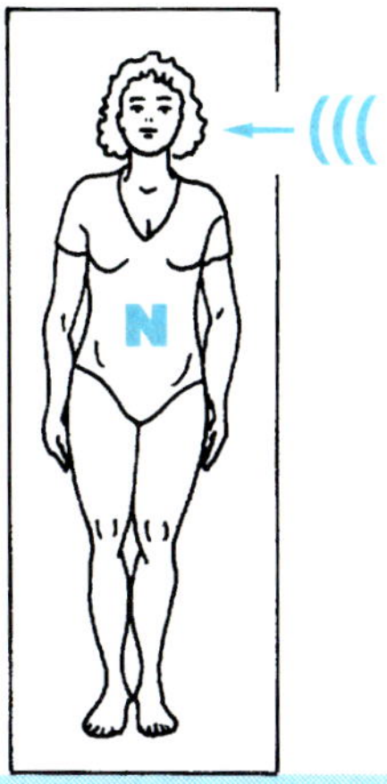

Inspirate (pancia in fuori) e riportate il braccio sinistro e la gamba destra in posizione neutrale.

Ripetete l'intera sequenza dalla figura n. 2 alla figura n. 5 altre quattro volte di seguito.

BIGIARELLA
GNP N. 6139

Indicazioni: questo GNP *cross-pattern*, che utilizza il piano orizzontale, è efficace per contrastare gli effetti negativi dello stress sull'unità mente-corpo e del monolateralismo.
Completiamo così il settore dedicato al *cross-pattern* ribadendo che la scelta di un piano rispetto a un altro deve essere fatta secondo un criterio molto semplice. Scegliete all'inizio quel piano di movimento nel quale eseguite più facilmente i movimenti e solo dopo un po' di tempo passate agli altri piani.

Piano di movimento: orizzontale.

Frequenza: non c'è una limitazione di frequenza. Eseguite la Bigiarella tutte le volte che fate attività particolarmente monolaterali (guidare a lungo, giocare a golf, a tennis, ecc). Come i GNP *cross-patterns* eseguiti sul piano frontale, sembra essere un po' più efficace nel controllare gli effetti negativi dello stress sotto il profilo psicologico.

Attenzione: i movimenti sono piuttosto energici ma non bruschi.
Imparate prima ad eseguire i movimenti senza preoccuparvi di coordinarli alla respirazione.
I movimenti vanno eseguiti solamente durante l'espirazione.
Se provate dolore durante l'esecuzione di questo GNP, valgono le stesse indicazioni date per i GNP precedenti.
Scegliete la versione che vi è più congeniale e che eseguite più facilmente.
Questo GNP si esegue in posizione supina.

Versione n. 1

1

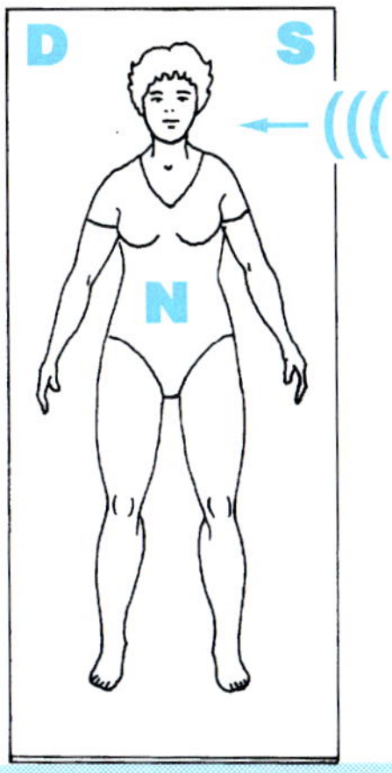

Posizione supina: sdraiati comodamente su una superficie abbastanza rigida (anche il vostro letto può andare bene se è sufficientemente duro). Tenete le braccia ai lati del corpo, leggermente distanziate da esso, e le gambe lievemente divaricate, come illustrato nella figura. Inspirate (pancia in fuori).

2

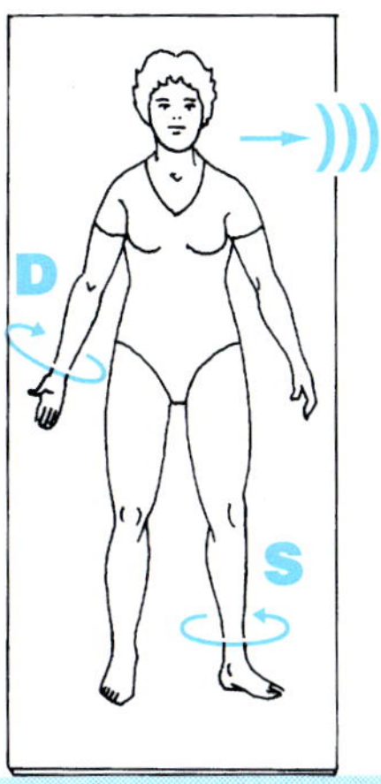

Mentre espirate (pancia in dentro), ruotate il braccio destro e la gamba sinistra. Il movimento da eseguire è una rotazione che porta il palmo della mano in avanti e il piede in fuori.

3

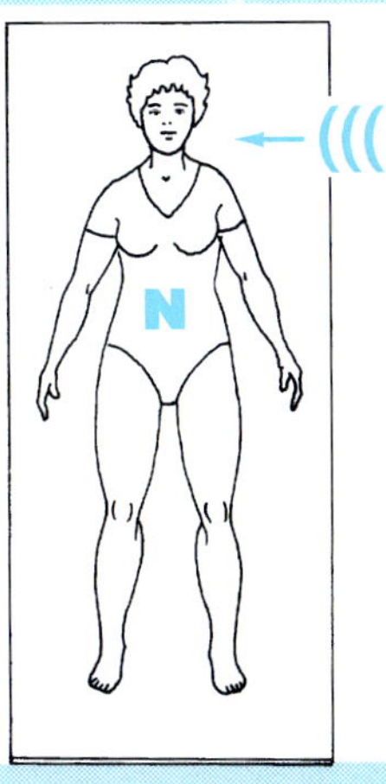

Mentre inspirate (pancia in fuori), riportate il braccio destro e la gamba sinistra in posizione neutrale.

4

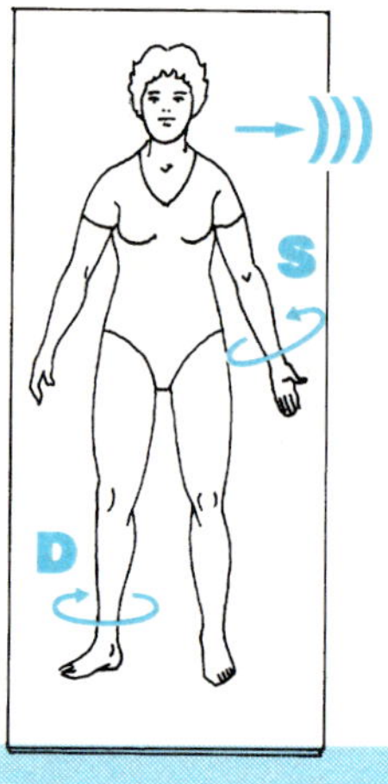

Mentre espirate (pancia in dentro), ruotate il braccio sinistro e la gamba destra. Il movimento da eseguire è un movimento di rotazione che porta il palmo della mano in avanti e il piede in fuori.

5

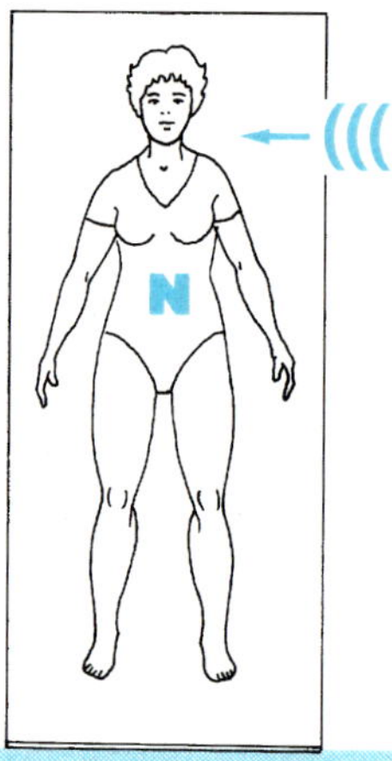

Mentre inspirate (pancia in fuori), riportate il braccio sinistro e la gamba destra in posizione neutrale.

Ripetete l'intera sequenza dalla figura n. 2 alla figura n. 5 altre quattro volte di seguito.

Versione n. 2

1

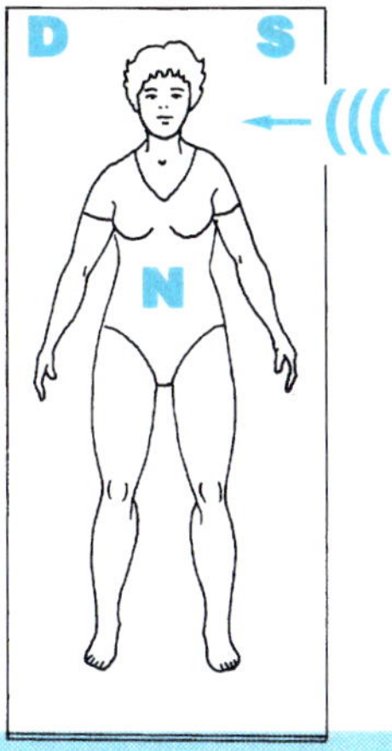

Posizione neutrale di partenza: sdraiati comodamente su una superficie abbastanza rigida (anche il vostro letto può andare bene se è sufficientemente duro). Tenete le braccia ai lati del corpo, leggermente distanziate da esso, e le gambe lievemente divaricate, come illustrato nella figura. Inspirate (pancia in fuori).

2

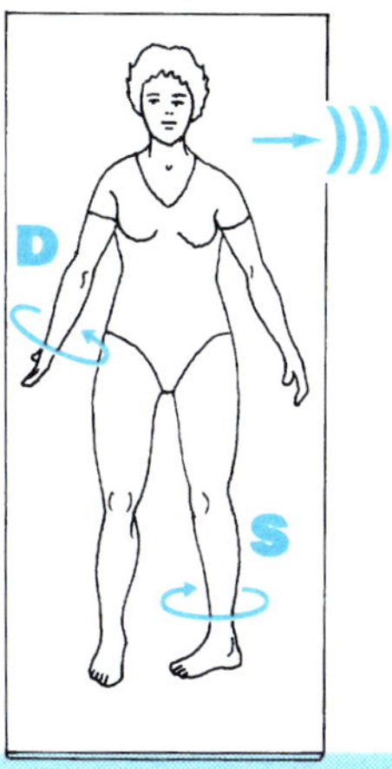

Mentre espirate (pancia in dentro), ruotate il braccio destro e la gamba sinistra. Il movimento da eseguire è un movimento di rotazione che porta il dorso della mano in avanti e il piede in dentro.

3

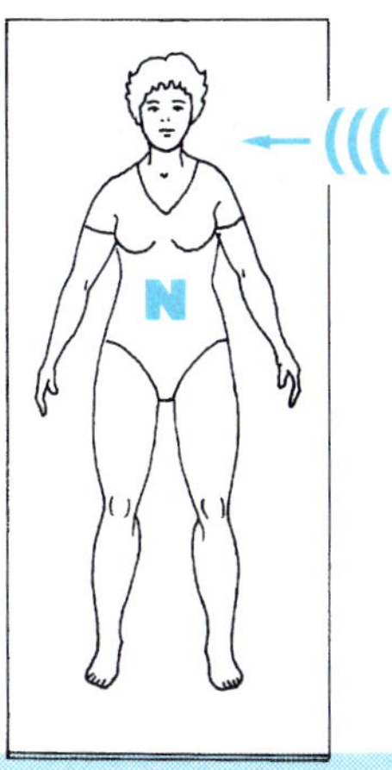

Mentre inspirate (pancia in fuori), riportate il braccio destro e la gamba sinistra in posizione neutrale.

4

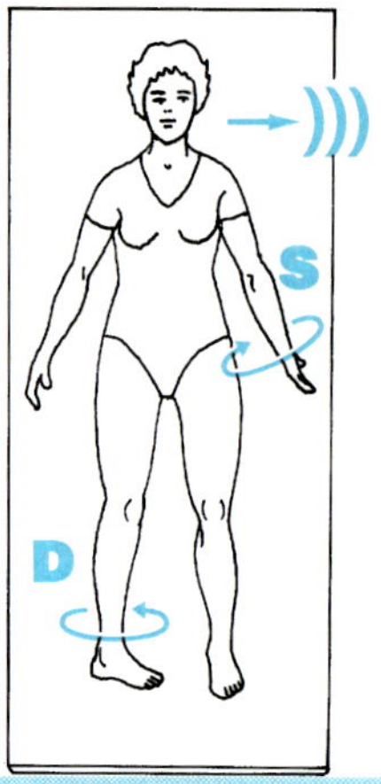

Mentre espirate (pancia in dentro), ruotate il braccio sinistro e la gamba destra in dentro. Il movimento da eseguire è una rotazione che porta il dorso della mano in avanti e il piede in dentro.

5

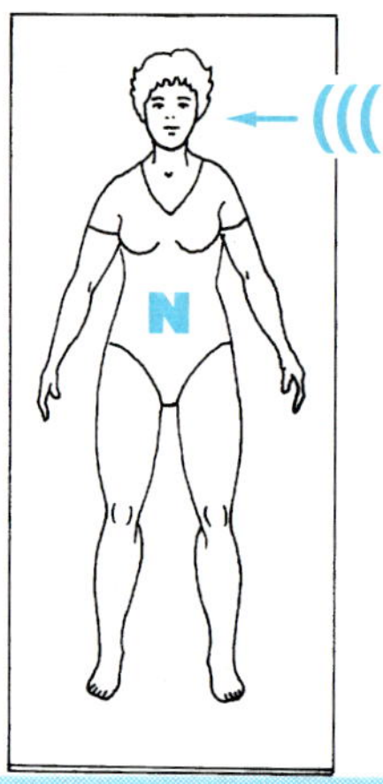

Mentre inspirate (pancia in fuori), riportate il braccio sinistro e la gamba destra in posizione neutrale.

Ripetete l'intera sequenza dalla figura n. 2 alla figura n. 5 altre quattro volte di seguito.

COLOMBELLA
GNP N. 6246

Questo GNP e i seguenti si basano sui principi del *transverse-pattern*. Si utilizza solo un piano di movimento, come nel *cross-pattern*, ma le braccia o le gambe vanno in direzione opposta l'una rispetto all'altra.

■ *Indicazioni:* sono le stesse del *cross-pattern*. Questi GNP servono a combattere gli effetti negativi del monolateralismo a livello fisico e mentale. I GPN sul piano sagittale, come questo che ci accingiamo ad illustrare, sono un po' più efficaci a livello fisico.

■ *Piano di movimento:* sagittale.

■ *Frequenza:* anche per la Colombella non vi è limitazione di frequenza. Scegliete voi stessi il momento della giornata più adatto per eseguirlo. Potrebbe, ad esempio, essere utile per interrompere una serie di movimenti monolaterali o dopo aver praticato un'attività sportiva monolaterale (tennis, golf).

■ *Attenzione:* i movimenti sono rapidi e coordinati alla respirazione. Imparate ad eseguire bene i movimenti prima di provare a coordinarli alla respirazione. Anche questi movimenti basati sui principi del *transverse-pattern* devono essere eseguiti durante l'espirazione. Interrompete l'esecuzione del GNP se provate dolore, cambiate GNP e seguite le indicazioni date per i GNP precedenti.

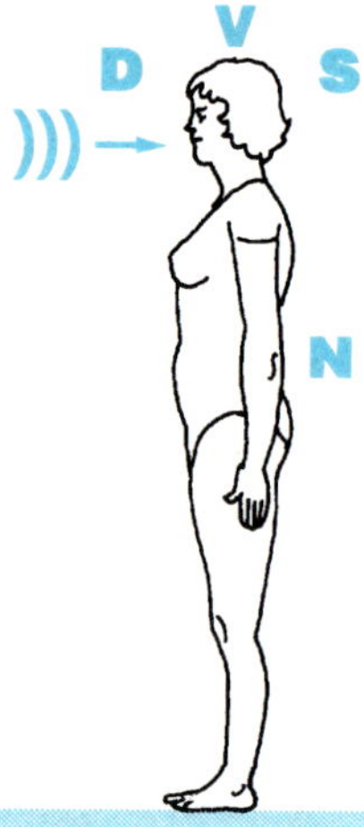

1

Posizione neutrale di partenza: in piedi. Assumete una posizione corretta, state dritti senza irrigidirvi. Inspirate (pancia in fuori).

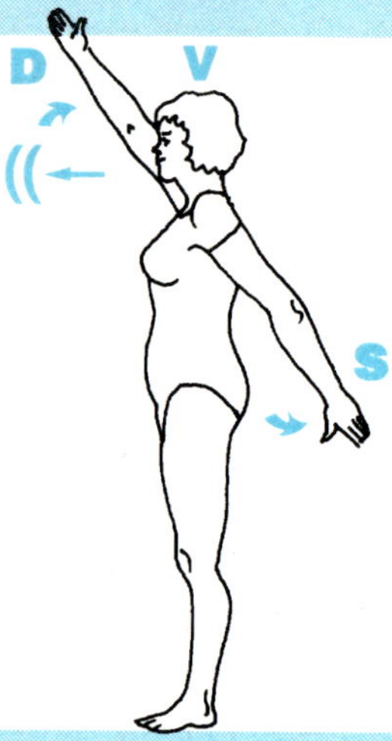

2

Mentre espirate (pancia in dentro), muovete entrambe le braccia in direzione opposta: il braccio destro in alto e il braccio sinistro posteriormente (all'indietro), fino al limite del movimento, senza forzare.

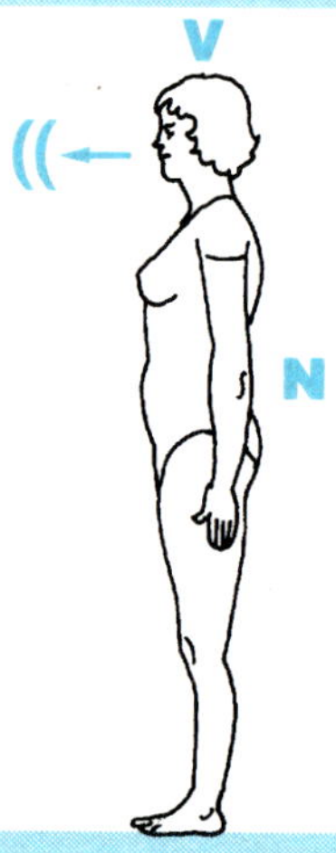

3

Continuate ad espirare e riportate le braccia verso il basso fino a ritornare nella posizione neutrale.

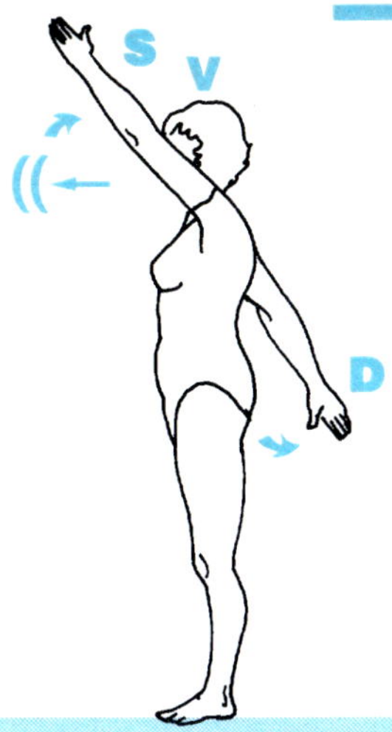

4

Sempre espirando, muovete entrambe le braccia in direzione opposta, portando però il braccio sinistro in alto e il braccio destro posteriormente (all'indietro).

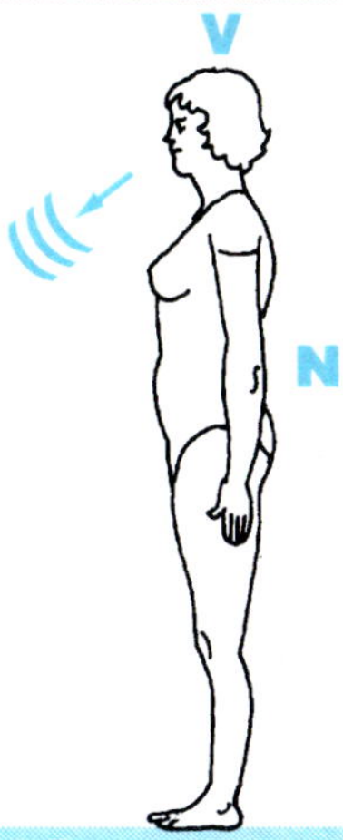

5

Continuate ad espirare e riportate le braccia verso il basso fino a ritornare nella posizione neutrale.

Ripetete l'intera sequenza dalla figura n. 2 alla figura n. 5, due o tre volte di seguito, in modo sufficientemente veloce durante ogni singola espirazione, poi...

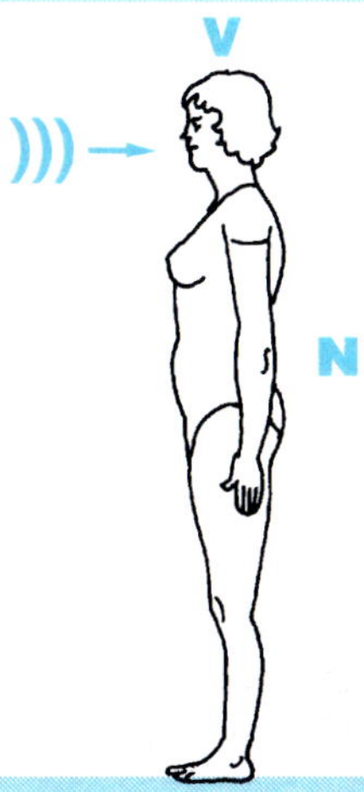

6

...in posizione neutrale, inspirate (pancia in fuori).

A questo punto ripetete l'intera sequenza dalla figura n. 1 alla figura n. 6 altre quattro volte di seguito.

GRUCCIONE
GNP N. 7235

In questo GNP, basato anch'esso sui principi del *transverse-pattern*, si utilizzano gli arti inferiori, muovendoli entrambi sullo stesso piano di movimento, ma in direzioni opposte.

■ *Indicazioni:* valgono le stesse indicazioni date per i precedenti. Tenete presente che, essendo un GNP che viene eseguito sul piano sagittale, agisce efficacemente soprattutto sulle manifestazioni fisiche dello stress.

■ *Piano di movimento:* sagittale.

■ *Frequenza:* seguite le indicazioni date per i precedenti. Eseguito la sera prima di andare a letto, eliminando le tensioni accumulate e bilanciando il corpo, può aiutarvi a dormire meglio.

D'altra parte, il Gruccione va eseguito in posizione supina e non si presta, quindi, per ragioni pratiche ad essere eseguito fuori casa. Nel costruire il vostro programma per lo stress, potrebbe essere utile individuare un paio di questi GNP basati sul *cross-pattern* o sul *transverse-pattern* che è possibile eseguire durante la giornata in particolari momenti, ad esempio dopo aver eseguito movimenti ripetitivi o particolarmente monolaterali, oppure quando ci si sente particolarmente tesi e stanchi.
Seguite le avvertenze dei precedenti GNP basati su questo concetto (*transverse-pattern*).
Potete mettervi sul fianco destro o sinistro, scegliendo la posizione che vi fa sentire più a vostro agio.

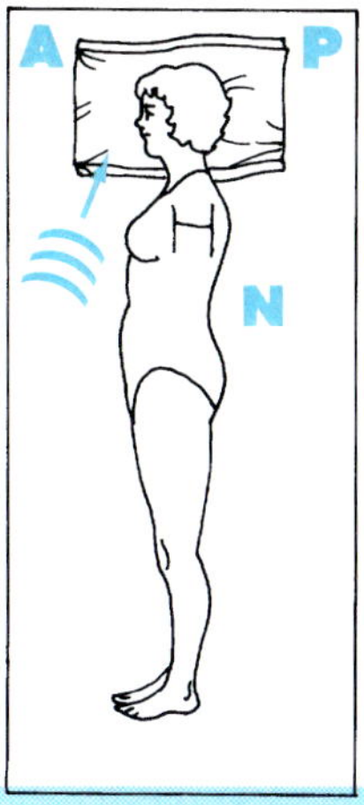

1

Sdraiatevi sul fianco destro (o su quello sinistro). Inspirate (pancia in fuori).

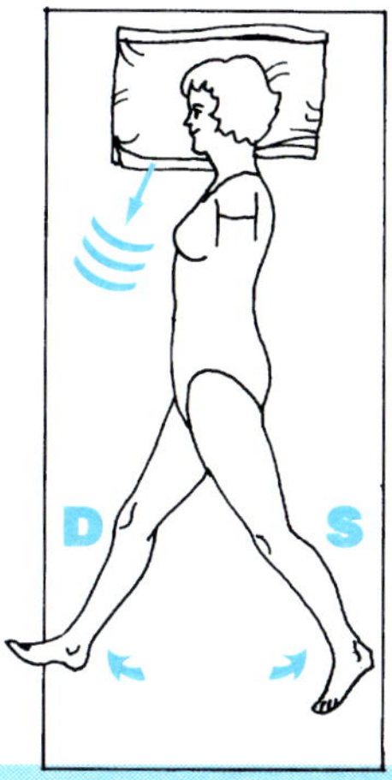

2

Mentre espirate (pancia in dentro), muovete la gamba destra in avanti e la gamba sinistra indietro fino al limite del movimento, senza forzare.

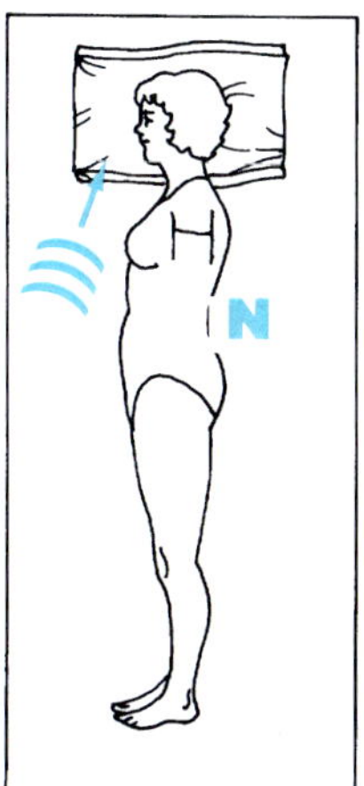

3

Inspirate (pancia in fuori) e ritornate con le gambe in posizione neutrale.

4

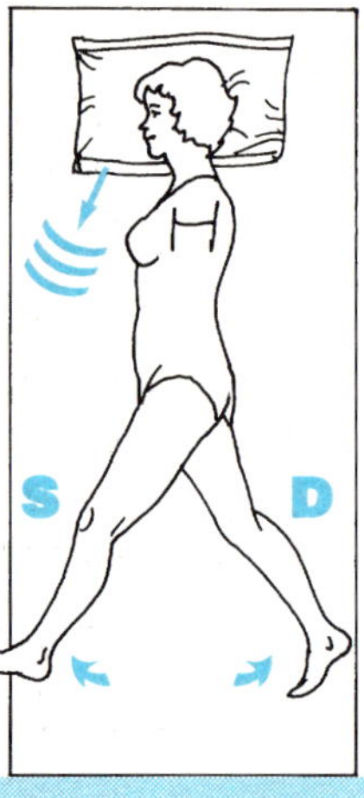

Mentre espirate (pancia in dentro), muovete la gamba sinistra in avanti e la gamba destra indietro fino al limite del movimento, senza forzare.

5

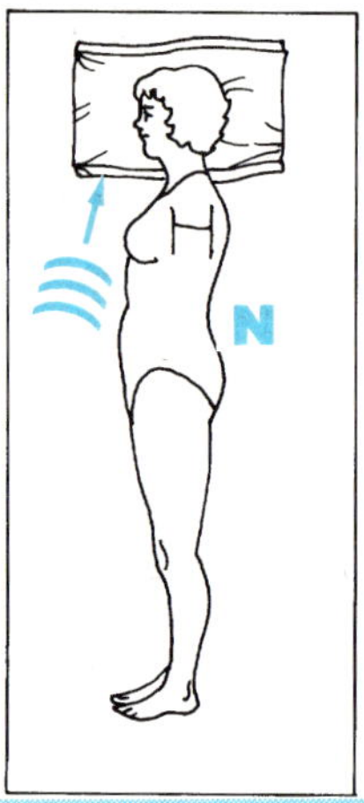

Inspirate (pancia in fuori) e ritornate con le gambe in posizione neutrale.

Ripetete l'intera sequenza dalla figura n. 2 alla figura n. 5 altre quattro volte di seguito.

FRULLINO GNP N. 7233

Indicazioni: le indicazioni sono le stesse date per il precedente GNP. Utilizzando il piano frontale, questo GNP è un po' più efficace nel controllare gli effetti negativi dello stress dal punto di vista mentale.

Piano di movimento: frontale.

Frequenza: seguite le stesse indicazioni del precedente GNP. Eseguite il Frullino durante il lavoro, se notate stanchezza, difficoltà di attenzione o nervosismo un po' più accentuato.

Attenzione: i movimenti sono rapidi e coordinati alla respirazione. È opportuno imparare ad eseguire bene i movimenti prima di provare a coordinarli alla respirazione.
Anche questi movimenti basati sui principi del *transverse-pattern* devono essere eseguiti durante la fase espiratoria.
Interrompete l'esecuzione del Frullino se provate dolore, scegliete un altro GNP di questo settore e seguite le istruzioni date per i precedenti GNP.

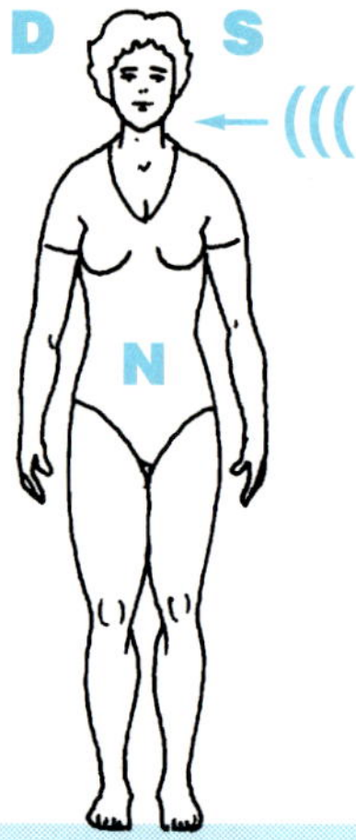

1

Posizione neutrale di partenza: in piedi. Assumete una posizione corretta, state dritti senza irrigidirvi. Inspirate (pancia in fuori).

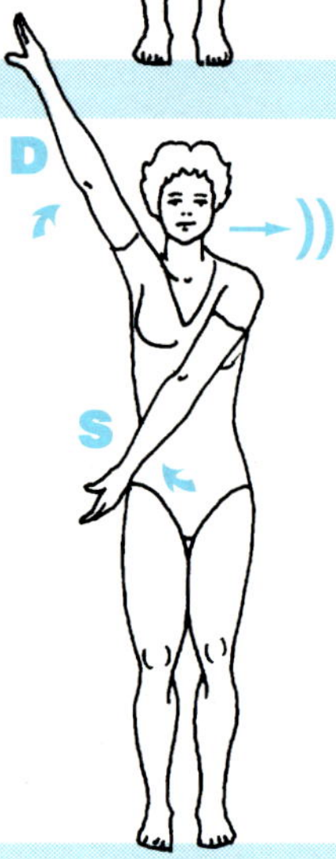

2

Mentre espirate (pancia in dentro), muovete entrambe le braccia in direzione opposta: il braccio destro in alto e in fuori (lateralmente) e il braccio sinistro in dentro (medialmente) fino al limite del movimento, senza forzare.

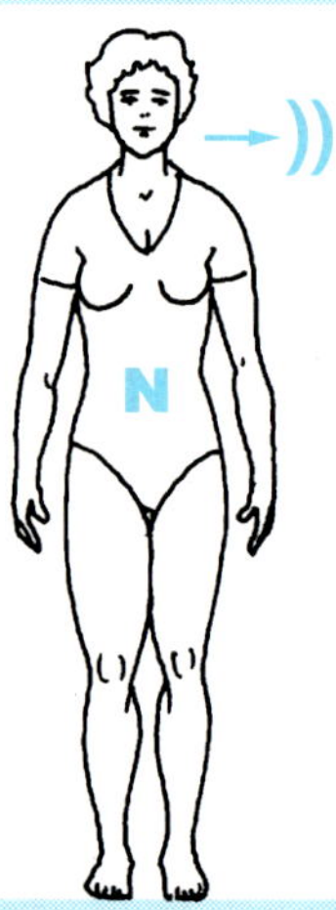

3

Continuate ad espirare e riportate le braccia verso il basso fino a ritornare nella posizione neutrale.

4

Sempre espirando, muovete entrambe le braccia in direzione opposta, portando però il braccio sinistro in alto e in fuori (lateralmente) e il braccio destro in dentro (medialmente).

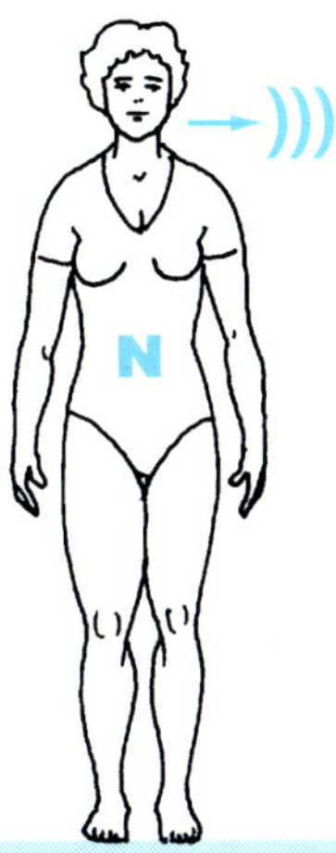

5

Continuate ad espirare e riportate le braccia verso il basso fino a ritornare nella posizione neutrale.

Ripetete l'intera sequenza dalla figura n. 2 alla figura n. 5, due o tre volte di seguito, in modo sufficientemente veloce durante ogni singola espirazione, poi...

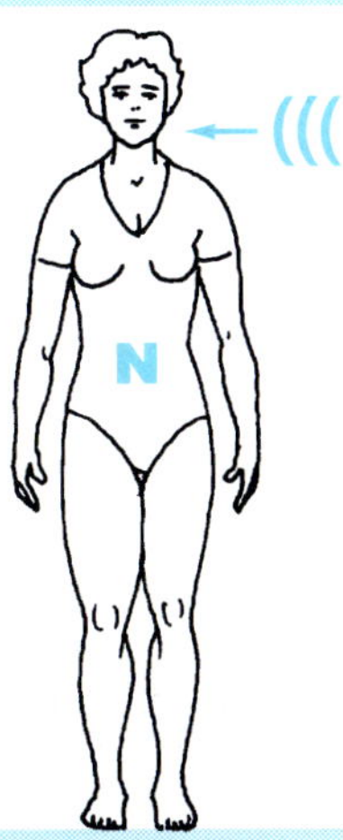

6

...in posizione neutrale, inspirate (pancia in fuori).

A questo punto ripetete l'intera sequenza dalla figura n.1 alla figura n. 6 altre quattro volte di seguito.

BRANTA
GNP N. 7236

Anche questo GNP serve a combattere gli effetti negativi del monolateralismo. Tenete presente che i GNP eseguiti sul piano frontale sono un po' più efficaci nel ridurre o eliminare gli effetti negativi dello stress dal punto di vista psicologico.

■ *Indicazioni:* stanchezza e stordimento possono ridursi o scomparire eseguendo questo GNP.

■ *Piano di movimento:* frontale.

■ *Frequenza:* non c'è una limitazione di frequenza.

Eseguite la Branta in quei momenti della giornata in cui le manifestazioni fisiche e psicologiche dello stress cominciano a manifestarsi.

■ *Attenzione:* i movimenti sono rapidi e coordinati alla respirazione. È opportuno imparare ad eseguire bene i movimenti prima di provare a coordinarli alla respirazione.
Anche nella Branta i movimenti vanno eseguiti solo durante l'espirazione.
Interrompete l'esecuzione del GNP se provate dolore, scegliete un altro GNP di questo settore e seguite le indicazioni date per i precedenti GNP.

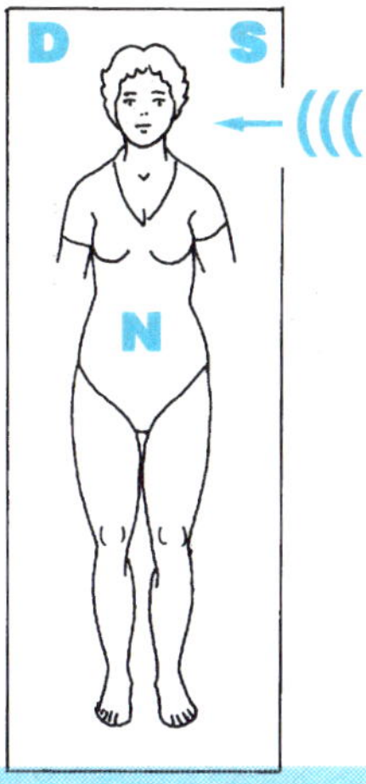

1

Posizione neutrale di partenza: supini. Inspirate (pancia in fuori).

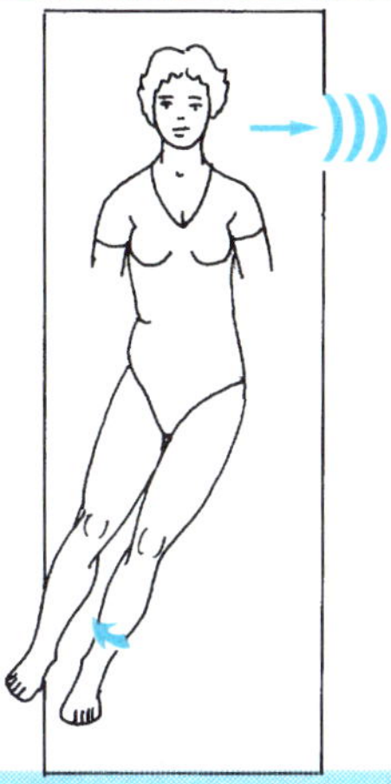

2

Mentre espirate (pancia in dentro), muovete entrambe le gambe verso destra fino al limite del movimento, senza forzare.

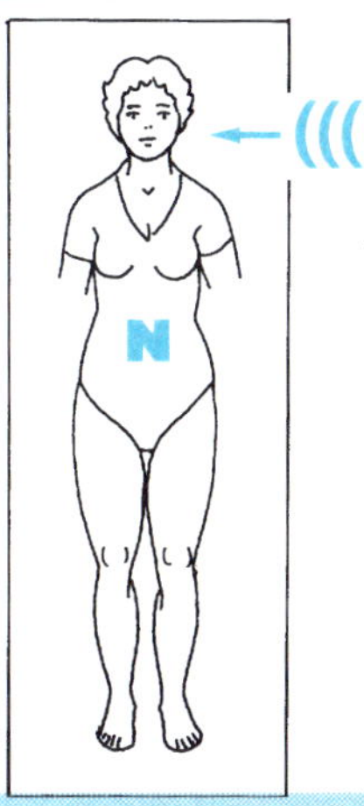

3

Inspirate (pancia in fuori) e ritornate con le gambe in posizione neutrale.

4

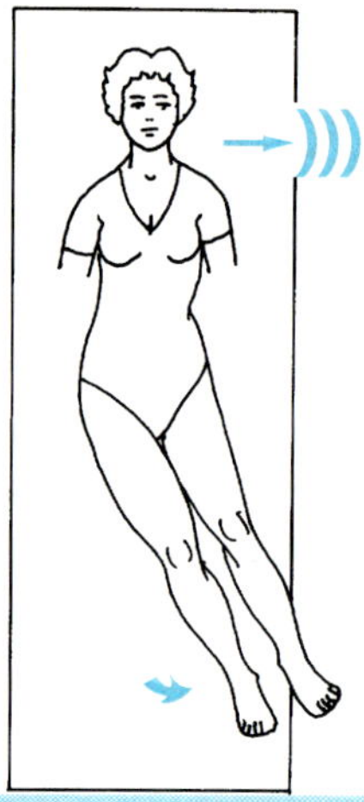

Mentre espirate, muovete entrambe le gambe verso sinistra fino al limite del movimento, senza forzare.

5

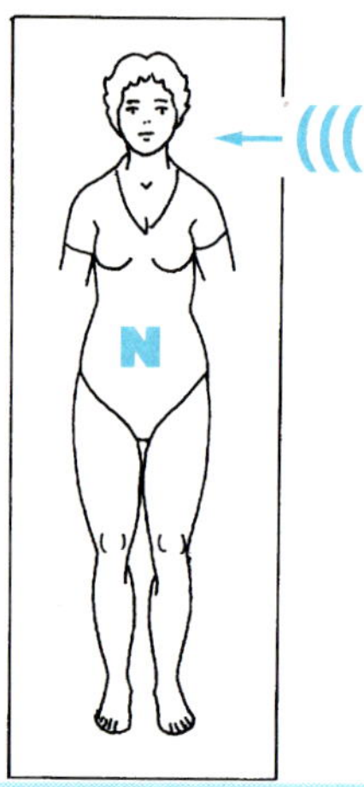

Inspirate (pancia in fuori) e ritornate con le gambe in posizione neutrale.

Ripetete l'intera sequenza dalla figura n. 2 alla figura n. 5 altre quattro volte di seguito.

4

STRESS FISICO NELLA VITA QUOTIDIANA

Nocciolaia - GNP n. 6389

Marabù - GNP n. 6820

Ottarda - GNP n. 5921

Pavone - GNP n. 5553

Sparviero - GNP n. 795

I seguenti GNP possono essere utili per ridurre gli effetti negativi dello stress a livello fisico. Il tipo di vita e di lavoro, nella nostra società, è prevalentemente sedentario e obbliga spesso a mantenere a lungo una determinata posizione (seduti o in piedi). Se a questo si aggiunge il tempo passato in automobile o davanti a un video, non soltanto lo schermo televisivo ma, col progredire dell'automazione, i terminali delle apparecchiature elettroniche di controllo dati (computers), si può comprendere il motivo delle tensioni muscolari e della sensazione di stanchezza e di stordimento, abbastanza comuni al termine della giornata.
Alcuni di questi GNP si possono eseguire in ufficio, per evitare che le tensioni muscolari si trasformino col tempo in vere e proprie contratture dolorose.
Eliminare o ridurre le manifestazioni fisiche dello stress e mantenere un buon equilibrio muscolare possono aiutare a convivere con esso evitandone i danni.

NOCCIOLAIA
GNP N. 6389

Talvolta l'esecuzione di questo GNP può dare un senso di benessere immediato. Agendo su tutta la colonna vertebrale, e in particolar modo sul tratto lombare, può ridurre o eliminare le sensazioni di rigidità e pesantezza alla parte bassa della schiena frequenti in chi è costretto a stare a lungo seduto o in piedi.

■ *Indicazioni:* questo GNP è particolarmente adatto per combattere gli effetti negativi sul corpo dovuti alla statogenesi e alla sedentarietà. Può essere utile a chi guida a lungo per eliminare quelle sensazioni di schiena "bloccata" così frequenti negli automobilisti. Può servire ad eliminare o ridurre la stanchezza e la sonnolenza.

■ *Piano di movimento:* sagittale.

■ *Frequenza:* eseguite la Nocciolaia tre volte al giorno per qualche giorno all'inizio del vostro programma GNP per lo stress (mattino, mezzogiorno e sera). Può essere di grande utilità eseguire questo GNP durante il lavoro per evitare che sul corpo si accumulino gli effetti negativi dovuti alla statogenesi ed anche per superare la stanchezza e concentrarvi meglio.

■ *Attenzione:* se provate dolore, fermatevi e consultate il libro Zilgrei sul mal di schiena.
Mantenete una posizione corretta, senza irrigidirvi o curvarvi in avanti. Durante l'esecuzione di questo GNP il tronco va mantenuto in posizione verticale.
Potete utilizzare la respirazione dinamogenica standard che è quella che vi abbiamo insegnato o una sua variante che si chiama respirazione fase indicata espirazione. Vi diamo un esempio dei due tipi di respirazione.
La respirazione dinamogenica standard è, come già detto, una respirazione a due fasi e a quattro tempi:

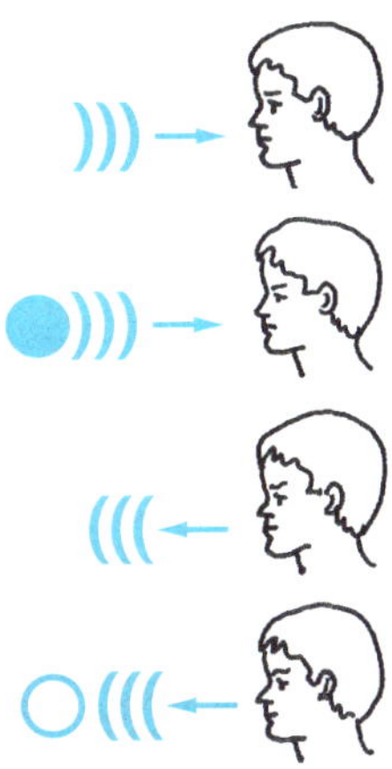

inspirazione

pausa di 5 secondi
a polmoni pieni

espirazione

pausa di 5 secondi
a polmoni vuoti

La respirazione fase indicata espirazione è, invece, una respirazione a due fasi e tre tempi:

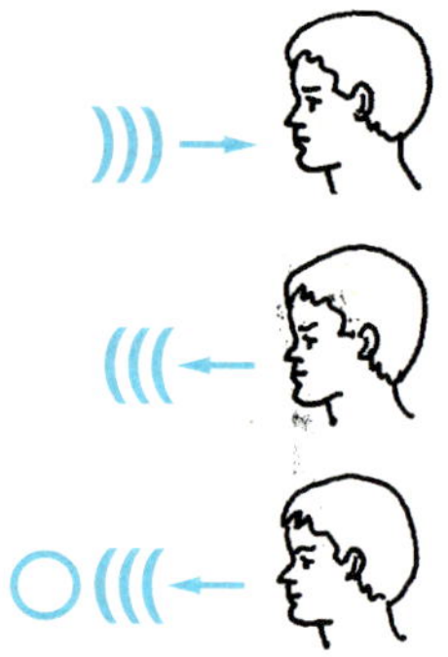

inspirazione

espirazione

pausa di 5 secondi a polmoni vuoti

La differenza consiste soltanto nel saltare la pausa che dovrebbe seguire all'inspirazione.
Così facendo si prolunga la durata della fase espiratoria.
Provate voi stessi a verificare se questa respirazione che prolunga l'espirazione ha degli effetti positivi sul vostro organismo. Se notate che, usando questo tipo di respirazione, vi sentite più rilassati e più carichi, vi sentite cioè meno stanchi e con più energia in corpo, coordinate ai movimenti questo tipo di respirazione.

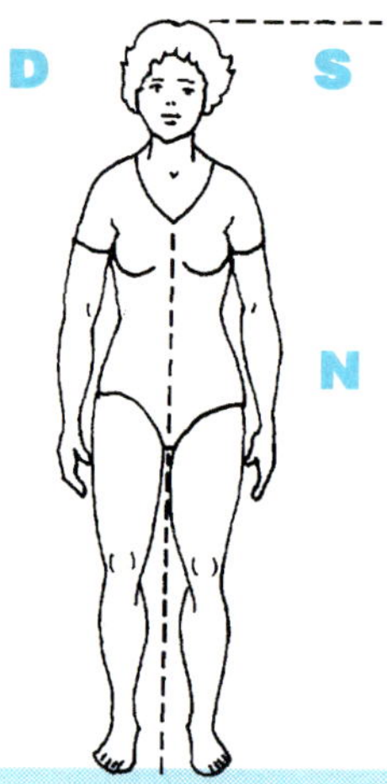

1

Posizione neutrale di partenza: in piedi. Assumete una posizione corretta, state dritti ma rilassati, distanziate un po' i piedi in modo da creare un certo spazio tra le gambe.

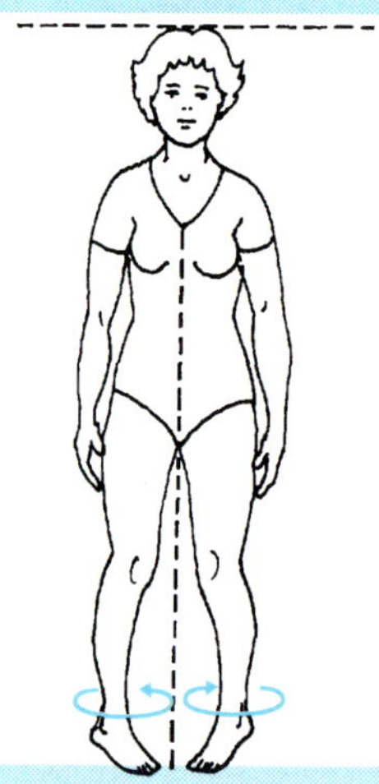

2

Ruotate le gambe verso l'interno, portando le punte dei piedi in dentro.

3

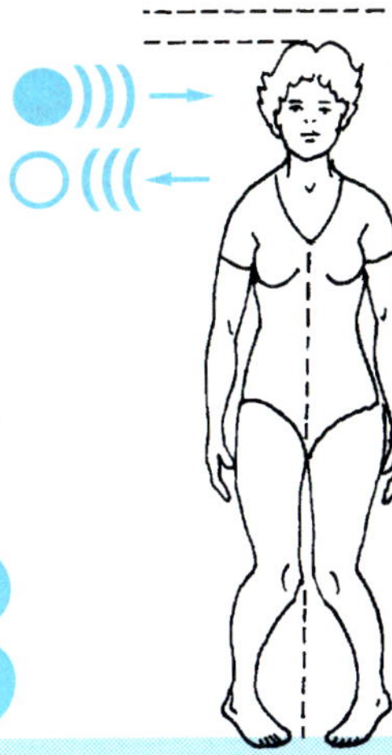

Mantenendo questa posizione, piegate un po' le ginocchia, tenendole però separate, evitando cioè che si tocchino.
In questa posizione, partendo dall'inspirazione, fate cinque cicli di respirazione dinamogenica standard...

4

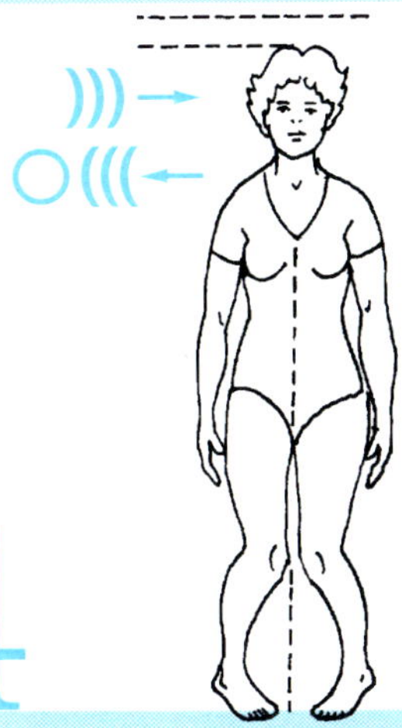

...oppure cinque cicli di respirazione dinamogenica fase indicata espirazione.

5

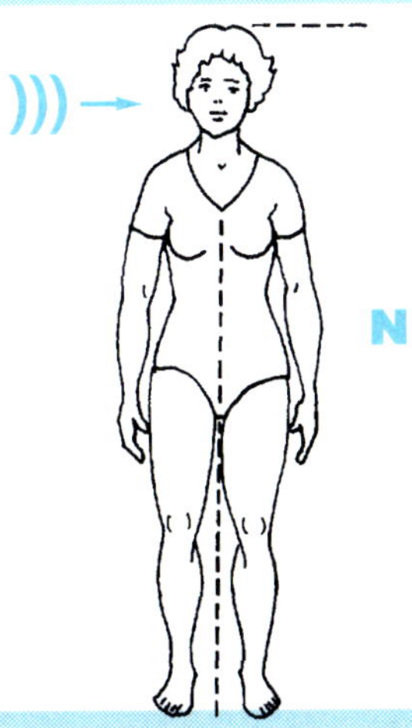

Alla fine dei cinque cicli di respirazione, ritornate inspirando (pancia in fuori) nella posizione neutrale.

MARABÙ
GNP N. 6820

Questo GNP può servire a ricaricarvi quando vi sentite stanchi e avvertite una sensazione di pesantezza diffusa a tutto il corpo e in modo particolare alle braccia.

■ *Indicazioni:* agisce sull'unità mente-corpo, scaricando le tensioni accumulate e nello stesso tempo restituisce tono e nuove energie.
Molto spesso la stanchezza dovuta allo stress si manifesta interessando contemporaneamente la mente e il corpo. Chi di noi al termine di una giornata di lavoro non ha provato la spiacevole sensazione di una mente torpida (scarsa capacità di concentrazione, senso di svuotamento, ecc.) e di un corpo pesante?

■ *Frequenza:* non esiste una limitazione di frequenza. Eseguite il Marabù al termine della vostra giornata di lavoro, oppure scegliete i momenti in cui vi sentite particolarmente stanchi durante il lavoro. Potreste sorprendervi nel constatare che così facendo riuscite a fare a meno di qualche caffè di troppo e che siete capaci di concentrarvi meglio e più a lungo.

■ *Attenzione:* i movimenti sono lenti e mai bruschi. Non cercate di allungare le braccia verso l'alto. Anche la pressione delle mani deve essere leggera.
Usate la respirazione dinamogenica fase indicata espirazione illustrata nel GNP precedente, utilizzando così al meglio gli effetti benefici sul corpo di questa fase della respirazione.
Mantenete una posizione corretta, eretta ma non rigida, durante l'esecuzione di questo GNP. Non muovete altre parti del corpo (testa, tronco) oltre quelle indicate.
Se provate dolore durante l'esecuzione di questo GNP, fermatevi e consultate un libro Zilgrei più specifico, adatto al vostro problema, o rivolgetevi ad un istruttore Zilgrei qualificato.

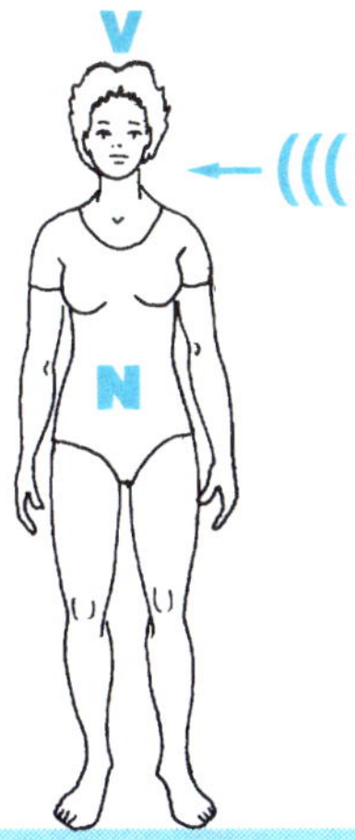

1

Posizione neutrale e di partenza:
in piedi, eretti ma non rigidi,
le braccia lungo i fianchi.
Inspirate (pancia in fuori).

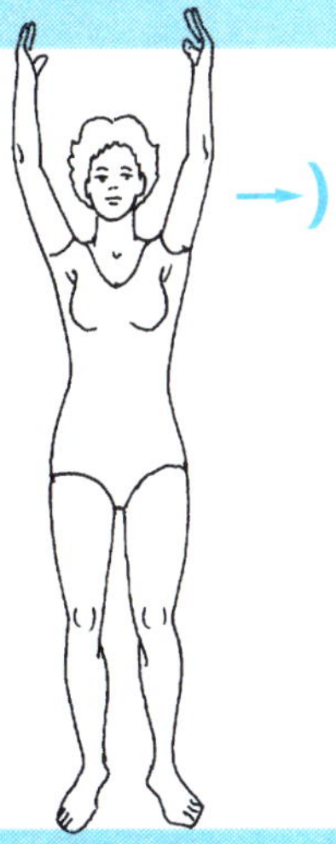

2

Cominciate ad espirare (pancia in dentro) e nello stesso tempo, dolcemente, portate le braccia verso l'alto...

3

...o, sempre espirando, ruotate le mani, col palmo verso l'esterno.

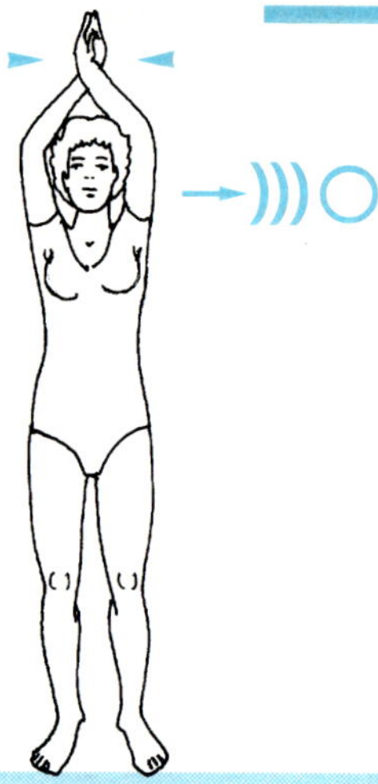

4

Sempre espirando, congiungete le mani (palmo contro palmo) e pressate dolcemente il palmo delle mani l'uno contro l'altro. Completate l'espirazione mantenendo la pressione esercitata e fate una pausa di cinque secondi a polmoni vuoti.

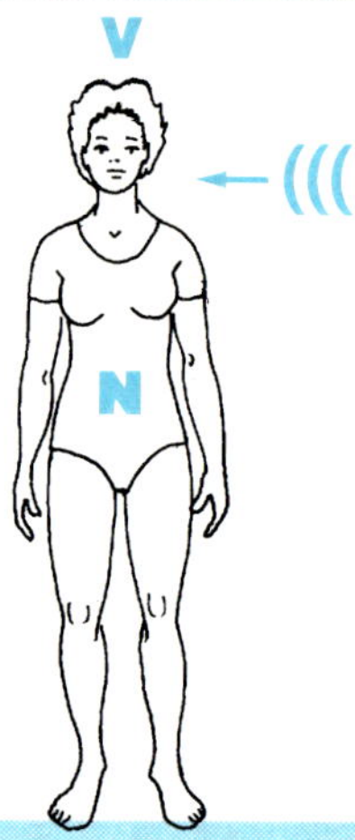

5

Mentre inspirate (pancia in dentro), sciogliete la posizione e riportate le braccia lungo i fianchi.

Ripetete l'intera sequenza dalla figura n. 1 alla figura n. 5 altre quattro volte di seguito.

OTTARDA
GNP N. 5921

Indicazioni: questo GNP serve a ridurre o ad eliminare la rigidità e la tensione muscolare a livello dei muscoli spinali, cioè le fasce muscolari del collo e del tronco, costantemente sollecitate durante la giornata, specie in chi deve assumere posizioni un po' sbilanciate in avanti.
Il GNP che vi verrà illustrato permette il rilassamento dei muscoli spinali ed aiuta a ridurre o ad eliminare quelle tensioni muscolari che costituiscono una manifestazione fisica dello stress e che lo rendono meno tollerabile.

Frequenza: eseguite l'Ottarda tre volte al giorno all'inizio del vostro programma GNP per lo stress. Eseguitelo successivamente una volta o due al giorno, anche al lavoro, se siete stati a lungo seduti e avvertite stanchezza e pesantezza alla schiena e al collo.

Attenzione: i movimenti devono essere lenti e coordinati alla fase respiratoria richiesta.
Se provate dolore durante l'esecuzione di questo GNP, fermatevi e consultate uno dei libri Zilgrei più specifici, scegliendo quello più adatto al vostro problema, oppure consultate un istruttore Zilgrei qualificato.
La respirazione usata è quella dinamogenica standard.

1

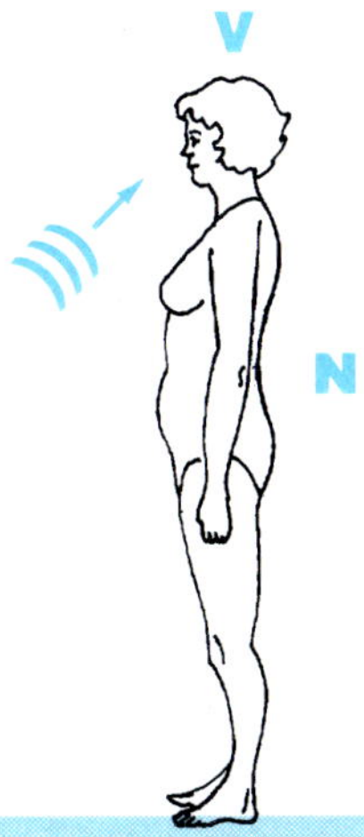

Posizione neutrale di partenza: in piedi. Assumete una posizione corretta, eretta ma non rigida. Inspirate (pancia in fuori).

2

Mentre espirate (pancia in dentro), flettete il tronco in avanti e mettete le mani sulle ginocchia in maniera da stabilizzare il tronco in questa posizione.

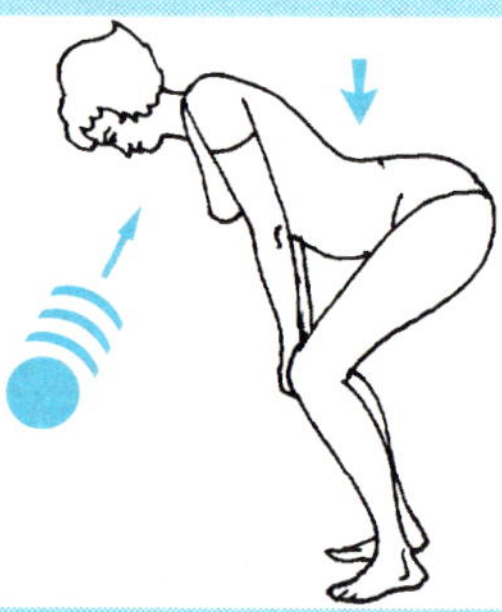

3

Restate in questa posizione e, mentre inspirate (pancia in fuori), lasciate cadere lievemente la pancia e la schiena verso il basso. In questa posizione fate una pausa di cinque secondi a polmoni pieni.

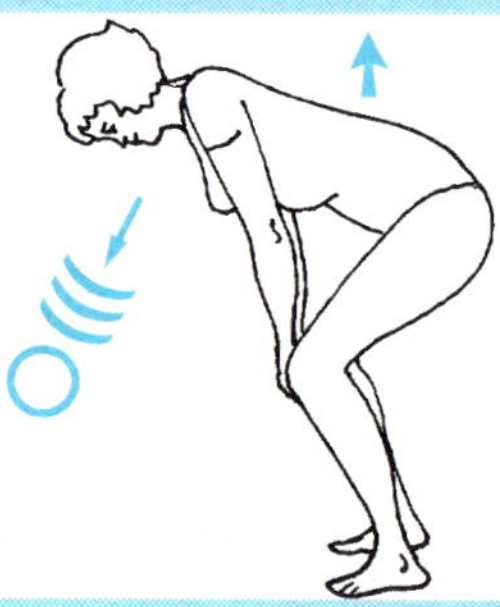

4

Restando sempre con il tronco flesso in avanti e le mani sulle ginocchia, espirate (pancia in dentro), inarcando lievemente la schiena. In questa posizione fate una pausa di cinque secondi a polmoni vuoti.

Ripetete i movimenti delle figure n. 3 e n. 4 altre quattro volte di seguito.

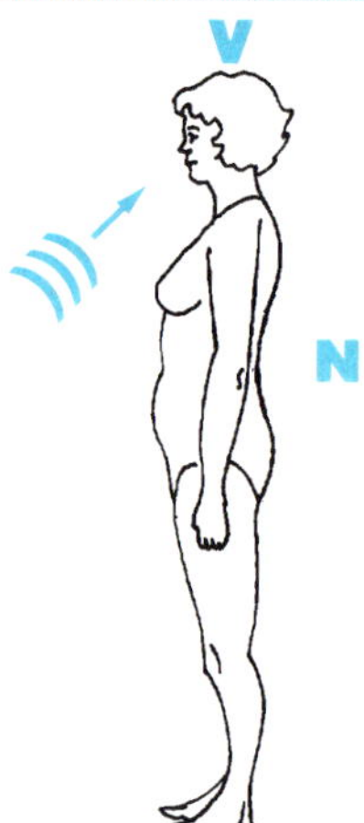

5

Inspirando (pancia in fuori), sciogliete la posizione e raddrizzatevi, ritornando così nella posizione neutrale.

PAVONE
GNP N. 5553

Questo GNP mobilizza tutta la colonna vertebrale e ha effetti positivi su tutte le funzioni fisiologiche.

■ *Indicazioni:* è particolarmente efficace per eliminare gli effetti negativi prodotti dallo stress sull'organismo, che si manifestano con disturbi che interessano tutta la colonna.
Se alla fine della giornata avvertite dolori sparsi un po' dappertutto, al collo, al dorso o al basso schiena, questo GNP può aiutarvi ad eliminarli.

■ *Piano di movimento:* sagittale.

■ *Frequenza:* eseguite il Pavone non più di tre volte al giorno all'inizio del vostro programma per lo stress (mattino, mezzogiorno e sera). Dopo qualche giorno continuate ad eseguirlo una o due volte nel corso della giornata. Quando sarete riusciti ad eliminare le manifestazioni fisiche dello stress, continuate comunque ad eseguirlo un paio di volte alla settimana, in modo da tollerare meglio lo stress quotidiano.

■ *Attenzione:* i movimenti vanno eseguiti lentamente, coordinandoli alla fase respiratoria richiesta.
Sono movimenti che mobilizzano la colonna vertebrale, perciò evitate assolutamente di esagerare. È una mobilizzazione, non uno “stiramento”.
Se provate dolore, fermatevi e consultate uno dei libri Zilgrei più specifici per il vostro problema, oppure consultate un istruttore Zilgrei qualificato.
Potete sdraiarvi sul fianco destro o sinistro, scegliendo il lato in cui siete più a vostro agio.

Posizione neutrale di partenza : sdraiatevi sul fianco dal lato che preferite. Inspirate (pancia in fuori).

1

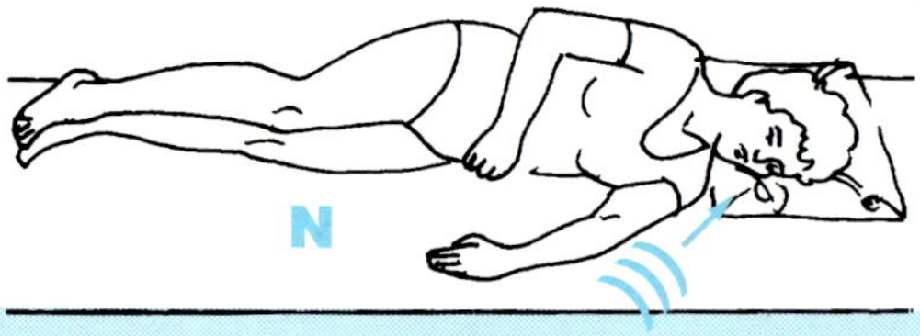

Mentre espirate (pancia in dentro), avvicinate le gambe al tronco e nello stesso tempo piegate la testa in avanti (avvicinate il mento allo sterno) assumendo completamente la posizione fetale. In questa posizione fate una pausa di cinque secondi a polmoni vuoti.

2

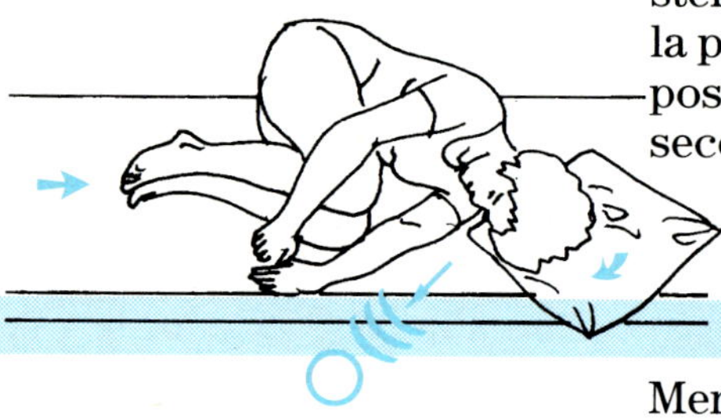

Mentre inspirate (pancia in fuori), raddrizzatevi tornando in posizione neutrale e quindi estendete le gambe diritte (non piegate le ginocchia) e la testa all'indietro. In questa posizione fate una pausa di cinque secondi a polmoni pieni.

Ripetete i movimenti delle figure n. 2 e n. 3 altre quattro volte di seguito.

3

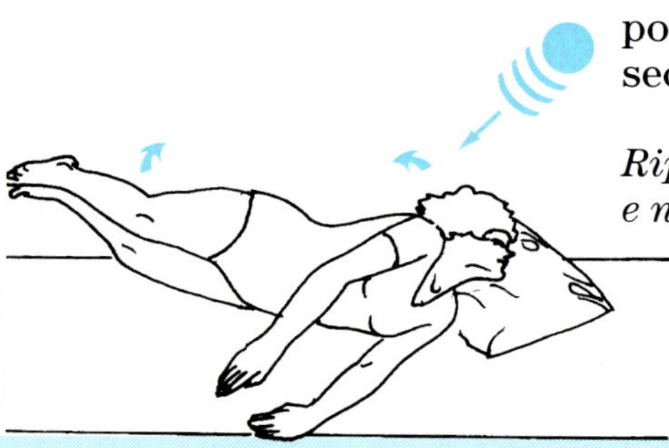

Tornate quindi, espirando (pancia in dentro), nella posizione neutrale.

4

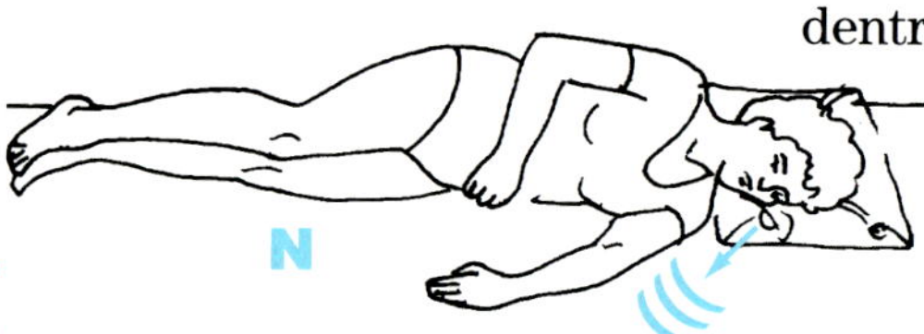

SPARVIERO
GNP N. 795

Indicazioni: questo GNP può essere utile a chi, per il tipo di lavoro che svolge, sta a lungo seduto con le braccia ferme nella stessa posizione. Con l'estensione dell'automazione in tutti i settori (industria, commercio e servizi) è un problema che riguarda parecchie categorie di lavoratori.
Lo stress, causato dallo stare a lungo seduti e dalla rigidità delle braccia, si manifesta con dolori alle spalle, alle braccia o alle mani, e con una sensazione di stanchezza e di rigidità, diffusa a tutto il corpo.

Piano di movimento: sagittale.

Frequenza: eseguite lo Sparviero al lavoro ogni qualvolta cominciate ad avvertire le sensazioni di fastidio e di tensione causate dallo stare seduti a lungo e dalla rigidità delle braccia.
Alzatevi ogni tanto, fate due passi e, prima di riprendere il vostro lavoro, eseguite questo GNP.

Attenzione: quando sollevate il braccio o le braccia verso l'alto, il movimento che eseguite deve essere lento, rilassato. Non forzate mai i movimenti che state eseguendo.
Non allungate il braccio o le braccia verso l'alto. Cercare di allungare o fare *stretching* può essere controproducente. La naturale reazione di difesa dell'organismo può portare ad un aumento dei fastidi.
Mantenete una posizione corretta, eretta ma non rigida. Utilizzate il braccio o le braccia tenendo ferme e rilassate le altre parti del corpo.
Se provate dolore, fermatevi e consultate un libro Zilgrei più specifico per il vostro problema oppure rivolgetevi ad un istruttore Zilgrei qualificato.
Utilizzate la versione n. 1 se siete destrorsi e la versione n. 2 se siete mancini. La versione n. 3 può essere usata indifferentemente dai mancini o dai destrorsi oppure alternata alle precedenti.

Versione n. 1

(indicata per i destrorsi)

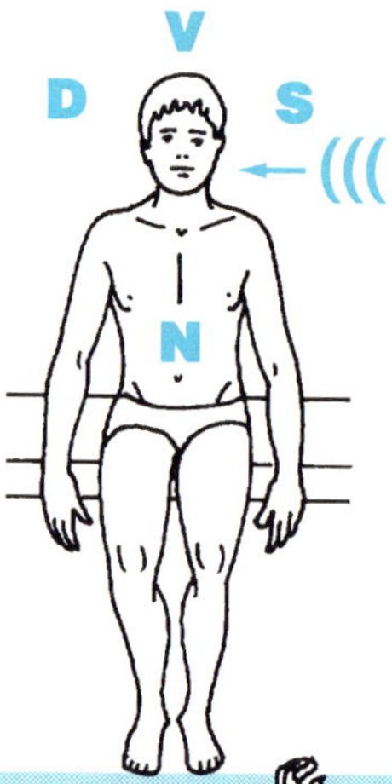

1

Posizione neutrale di partenza: seduti in posizione corretta, con il tronco eretto ma non rigido, le cosce orizzontali e i piedi ben appoggiati sul pavimento. Inspirate (pancia in fuori).

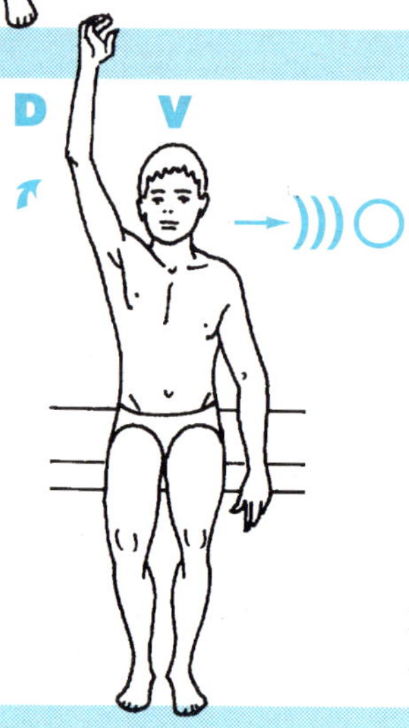

2

Mentre espirate (pancia in dentro), sollevate il braccio destro verso l'alto fino al limite del movimento, senza forzare. In questa posizione fate una pausa di cinque secondi a polmoni vuoti.

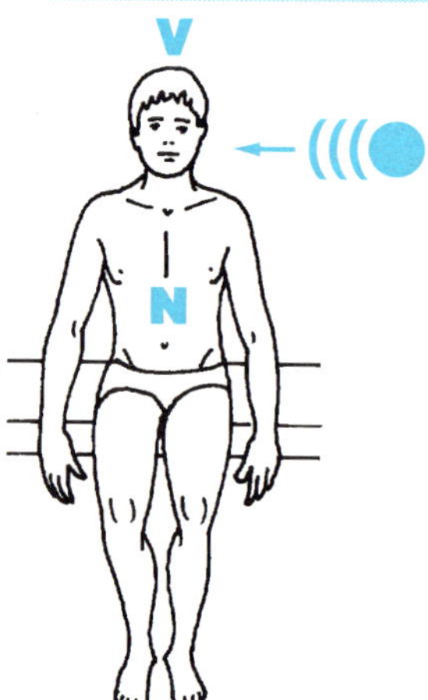

3

Mentre inspirate (pancia in fuori), riabbassate il braccio destro, tornando nella posizione neutrale e fate una pausa di cinque secondi a polmoni pieni.

Ripetete l'intera sequenza dalla figura n. 1 alla figura n. 3 altre quattro volte di seguito.

Versione n. 2
(indicata per i mancini)

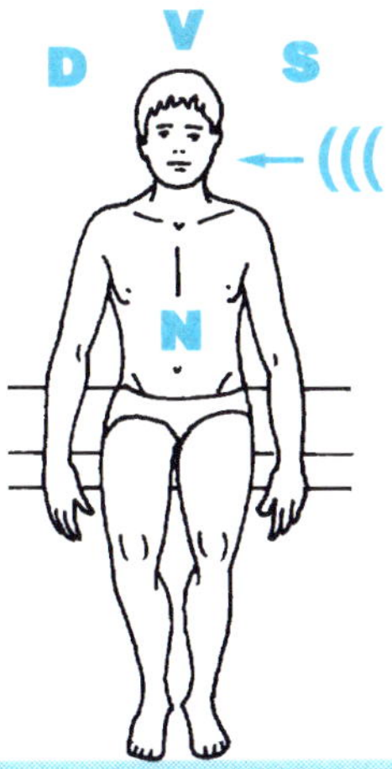

1

Posizione neutrale di partenza: seduti in posizione corretta, con il tronco eretto ma non rigido, le cosce orizzontali e i piedi ben appoggiati sul pavimento. Inspirate (pancia in fuori).

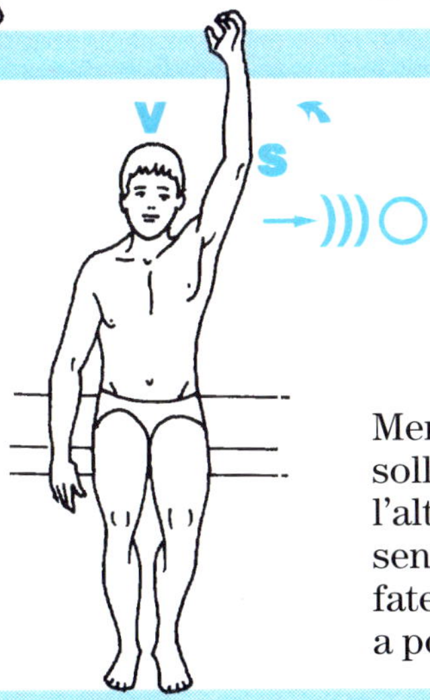

2

Mentre espirate (pancia in dentro), sollevate il braccio sinistro verso l'alto fino al limite del movimento, senza forzare. In questa posizione fate una pausa di cinque secondi a polmoni vuoti.

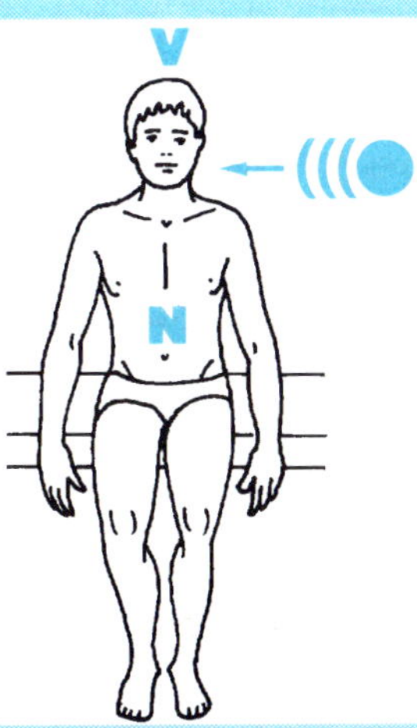

3

Mentre inspirate (pancia in dentro), riabbassate il braccio sinistro, tornando nella posizione neutrale e fate una pausa di cinque secondi a polmoni pieni.

Ripetete l'intera sequenza dalla figura n. 1 alla figura n. 3 altre quattro volte di seguito.

Versione n. 3

1

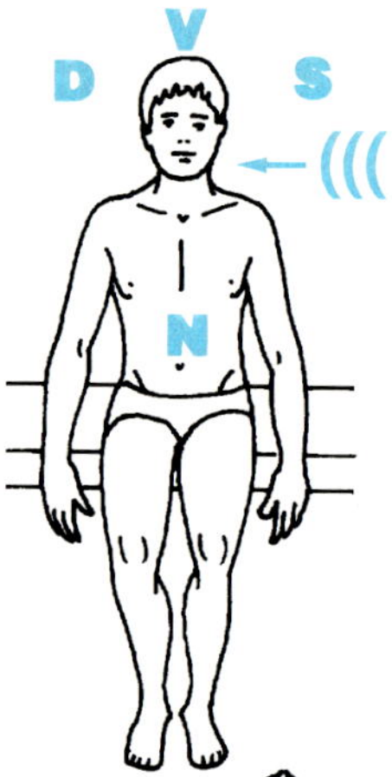

Posizione neutrale di partenza: seduti in posizione corretta, con il tronco eretto ma non rigido, le cosce orizzontali e i piedi ben appoggiati sul pavimento. Inspirate (pancia in fuori).

2

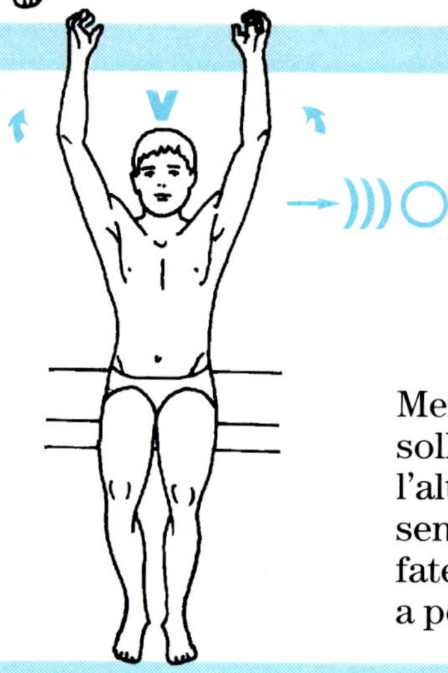

Mentre espirate (pancia in dentro), sollevate entrambe le braccia verso l'alto fino al limite del movimento, senza forzare. In questa posizione fate una pausa di cinque secondi a polmoni vuoti.

3

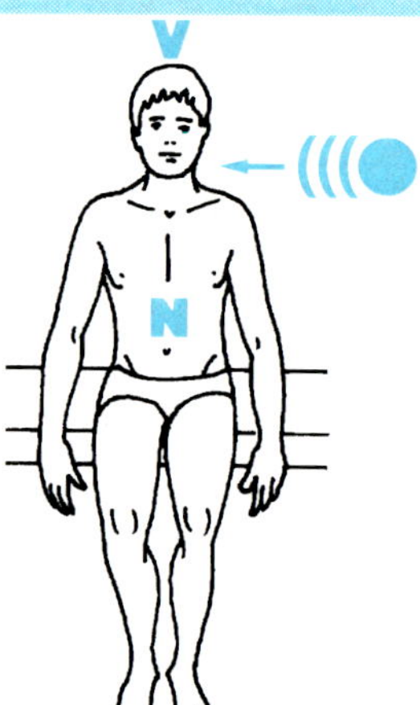

Mentre inspirate (pancia in fuori), riabbassate entrambe le braccia, tornando nella posizione neutrale e fate una pausa di cinque secondi a polmoni pieni.

Ripetete l'intera sequenza dalla figura n. 1 alla figura n. 3 altre quattro volte di seguito.

5

STRESS MENTALE NELLA VITA QUOTIDIANA

Verzellino - GNP n. 5696

Pellicano - GNP n. 2

Spioncello Marino - GNP n. 5550

Grillaio - GNP n. 6716

Astore - GNP n. 6195

Tucano - GNP n. 7238

Piviere - GNP n. 6392

In questo settore ci occuperemo delle manifestazioni psichiche dello stress e illustreremo alcuni GNP che possono servire a controllare meglio gli effetti negativi sulla mente e sul corpo dello stress. Nervosismo e irritabilità, ma anche stanchezza eccessiva, mancanza di energia, confusione, vuoti di memoria, incapacità di concentrarsi su un problema, sono manifestazioni molto diffuse nella società in cui viviamo, dove non mancano le sollecitazioni esterne capaci di produrle.
Uno degli aspetti negativi e sicuramente uno dei maggiori fattori di stress è rappresentato dall'eccessiva competitività nel lavoro. Siamo infatti costretti, anche solo per difendere il benessere conquistato e garantirlo ai nostri figli, a lottare quotidianamente per non perdere le sicurezze conquistate con fatica e, spesso, nelle metropoli sempre più rumorose ed inquinate dove viviamo e lavoriamo, dobbiamo difenderci da una quantità impressionante di stimoli di tutti i tipi, che finiscono col diventare dei veri e propri segnali d'allarme per il nostro organismo (traffico urbano, rumori assordanti, gas di scarico).
Cosa fare allora per vivere meglio in questo ambiente e riuscire a convivere con lo stress quotidiano, evitando che i segnali mentali dell'eccessivo stress superino le capacità di autodifesa del nostro organismo?
Vi proponiamo una serie di GNP che servono proprio a questo scopo. Alcuni di essi si basano sul controllo della respirazione. Chi è molto stressato respira male, determinando così un cattivo funzionamento di molte funzioni fisiologiche. Rompere le cattive abitudini, diventare consapevoli dei propri errori, controllare meglio il nervosismo, la stanchezza e gli altri effetti negativi dello stress sull'unità mente-corpo, vuol dire diventare capaci di vivere meglio in questa realtà sociale, dipendendo solamente da se stessi.

VERZELLINO
GNP N. 5696

Un altro fenomeno naturale può essere utilizzato per rilassare la mente e il corpo. Ne abbiamo parlato nell'introduzione, prima di iniziare a spiegarvi i GNP di base. Di fatto sbadigliare equivale a fare istintivamente un ciclo di respirazione dinamogenica corretta, non forzata, senza pause. Nelle figure successive vi faremo vedere cosa succede quando sbadigliamo:

■ *Lo sbadiglio*

Il soggetto, in piedi, assume una posizione corretta, eretta ma non rigida (fig.A).

La figura B illustra la fase inspiratoria dello sbadiglio. La bocca è aperta. Seguite la direzione delle frecce: durante l'inspirazione la testa si flette un po' indietro (freccia n. 1), le coste e lo sterno si sollevano verso l'alto (freccia n. 2), la pancia va in fuori (freccia n. 3), il bacino bascula in avanti (freccia n. 4), aumenta la lordosi lombare (freccia n. 5).

Nella figura C è illustrata la fase espiratoria dello sbadiglio. La bocca sta per chiudersi. Seguite la direzione delle frecce: durante l'espirazione la testa si flette un po' in avanti (freccia n. 1), le coste e lo sterno si abbassano (seguendo la direzione della freccia n. 2), la pancia va in dentro (freccia n. 3), il bacino bascula indietro (freccia n. 4), la lordosi lombare si riduce (freccia n. 5).

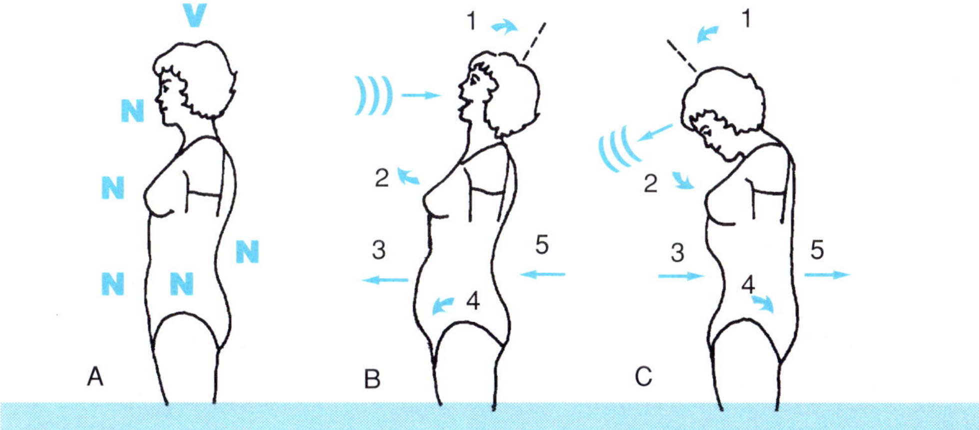

Se si paragona quello che succede mentre sbadigliamo con quanto avviene durante un ciclo di respirazione dinamogenica, e ognuno di voi è adesso in grado di farlo, ci si accorge che le differenze sono poche. Nelle figure successive vi faremo rivedere cosa succede quando eseguiamo correttamente un ciclo di respirazione dinamogenica.

Il soggetto raffigurato in piedi assume una posizione corretta, eretta ma non rigida (fig. D).

Nella figura E è illustrata la fase inspiratoria della respirazione dinamogenica. La testa rimane nella posizione neutrale invece di flettersi all'indietro, la bocca rimane chiusa o parzialmente aperta, non si apre pienamente come avviene nella fase inspiratoria dello sbadiglio. Seguendo la direzione delle frecce potete però notare che non ci sono altre differenze tra lo sbadiglio fisiologico e la fase inspiratoria della respirazione dinamogenica: mentre la testa rimane in posizione neutrale (freccia n. 1) invece di estendersi all'indietro, le coste e lo sterno si sollevano un po' verso l'alto (freccia n. 2), la pancia va in fuori (freccia n. 3), il bacino bascula in avanti (freccia n. 4), la lordosi lombare si riduce (freccia n. 5).

Nella figura F è illustrata la fase espiratoria della respirazione dinamogenica. Mentre la testa rimane in posizione neutrale (freccia n. 1), invece di flettersi in avanti, le coste e lo sterno si abbassano (seguendo la direzione della freccia n. 2), la pancia va in dentro (freccia n. 3), il bacino bascula indietro (freccia n. 4), la lordosi lombare si riduce (freccia n. 5).

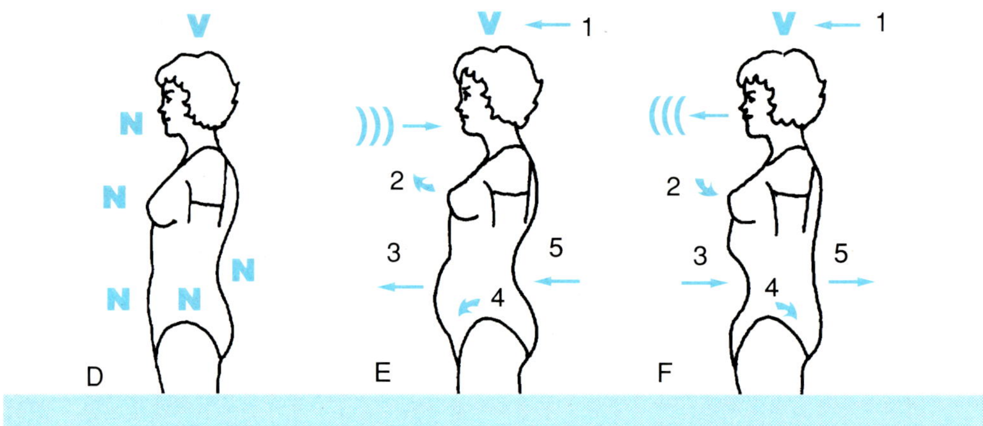

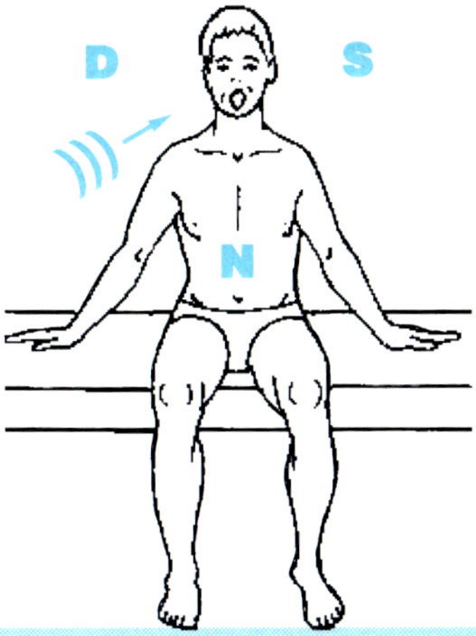

1

Vediamo come lo sbadiglio viene utilizzato nel GNP Verzellino.

Posizione neutrale di partenza: seduti su una panca o sul vostro letto (se è abbastanza rigido), assumete una posizione corretta, eretta ma non rigida, con i piedi ben appoggiati al pavimento e le mani sul piano su cui siete seduti. Eseguite la fase inspiratoria (pancia in fuori) dello sbadiglio.

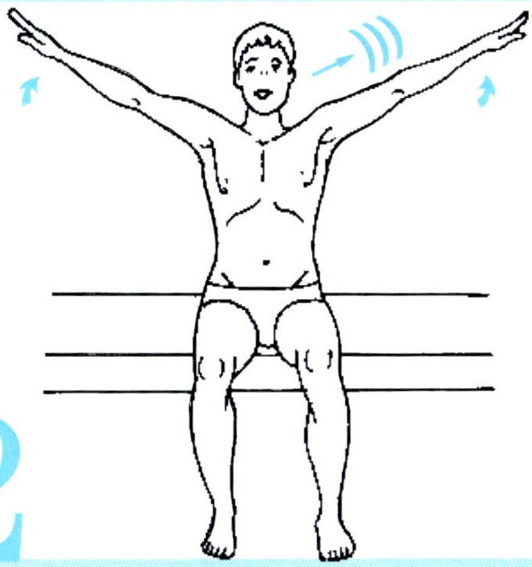

2

Durante la fase espiratoria dello sbadiglio (pancia in dentro), mentre sbadigliate naturalmente, ma potete anche provocare volontariamente questo fenomeno naturale, portate le braccia lateralmente e verso l'alto e allungate moderatamente verso l'alto anche la testa e il collo.

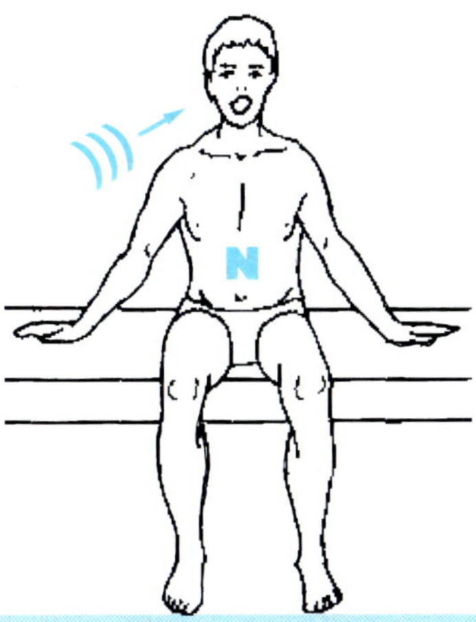

3

Mentre inspirate (pancia in fuori), tornate nella posizione neutrale di partenza.

Se riuscite ad indurre volontariamente il fenomeno naturale dello sbadiglio, potete eseguire questo GNP anche più di una volta di seguito, senza però superare quattro o cinque ripetizioni.

PELLICANO
GNP N. 2
AUTOTERAPIA ZILGREI

Questo GNP si esegue per eliminare o ridurre alcune manifestazioni fisiche dello stress. Si esegue anche per eliminare la tensione psichica (nervosismo e irritabilità).

■ *Indicazioni:* si esegue per alleviare la rigidità e la tensione muscolare localizzata alle spalle e alla zona infrascapolare (sotto la base del collo e tra le scapole). Ridona mobilità alle spalle e alle braccia ed è pertanto utile a chi passa molte ore in automobile e a chi fa un lavoro sedentario. Serve anche a scaricare la tensione nervosa accumulata durante il giorno, restituendo all'unità mente-corpo energia e benessere.

■ *Piano di movimento:* sagittale.

■ *Frequenza:* eseguite il Pellicano non più di tre volte al giorno finché non riuscirete a controllare meglio le vostre tensioni, poi eseguitelo una o due volte al giorno, scegliendo i momenti più adatti. Se volete evitare le manifestazioni fisiche e psichiche dovute allo stress e mantenere la condizione di benessere raggiunto, eseguite comunque questo GNP due o tre volte alla settimana.

■ *Attenzione:* questo GNP si esegue con un tipo di respirazione diversa dalla solita, chiamata respirazione breve. Imparate questo tipo di respirazione prima di eseguire i movimenti richiesti.
Se i movimenti richiesti vi provocano dolori, fermatevi e consultate uno dei libri Zilgrei adatto al vostro problema o rivolgetevi ad un istruttore Zilgrei qualificato.
I movimenti sono ritmici e non bruschi o troppo veloci. Mantenete le braccia dritte (non piegate i gomiti) durante l'esecuzione di questo GNP.

Prima di illustrare i movimenti spiegheremo in che cosa consiste la respirazione breve.

■ *Respirazione breve*
a) In piedi in posizione corretta con le braccia lungo il corpo. Espirate lentamente facendo uscire tutta l'aria dai polmoni (fig. A di pag.175).
b) Portate lievemente indietro la testa e inspirate rapidamente poca aria dalla bocca come se voleste "bere" una sorsata d'acqua (fig. B).
c) Trattenete l'aria (non esagerate) serrando le labbra una contro l'altra e lasciando che le guance si gonfino

d'aria. Contemporaneamente flettete la testa verso il basso lasciandola cadere (fig. C). In questa posizione, mentre trattenete l'aria, eseguite i movimenti del GNP Pellicano.
d) Espirate quindi con forza, come se voleste espellere con l'aria anche le tensioni accumulate, sollevando la testa, stringendo i pugni e portando le braccia in avanti (fig. D).

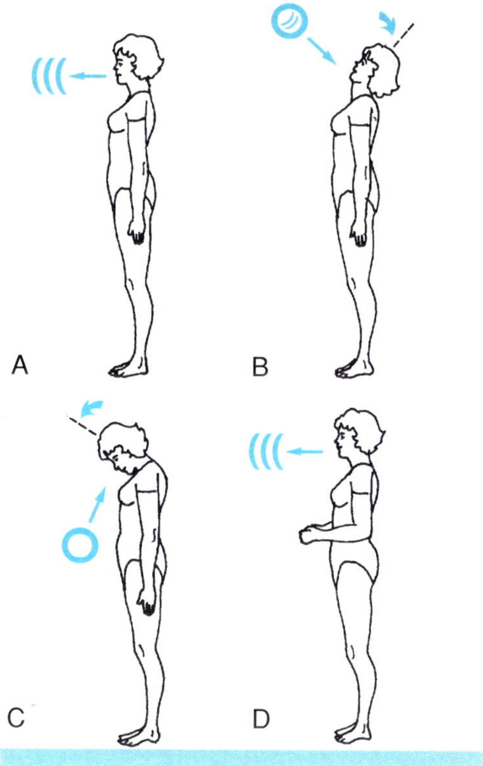

Simboli

 Espirare completamente

 Inspirare rapidamente poca aria dalla bocca socchiusa.

 Trattenere l'aria gonfiando un po' le guance.

Nelle figure che seguono sono mostrati i movimenti da coordinare alla respirazione breve. I movimenti illustrati nelle figure n. 2 e n. 3 vengono eseguiti più volte di seguito durante ogni singola respirazione breve.

1

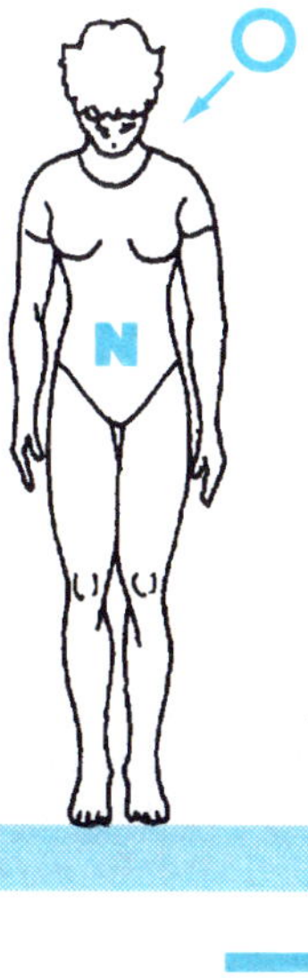

Posizione neutrale di partenza: in piedi con le braccia lungo i fianchi. Inspirate come nella respirazione breve (guance gonfie, testa flessa verso il basso).

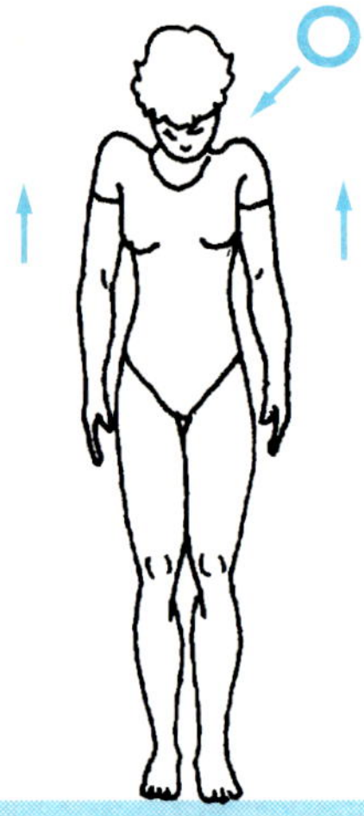

2

Mentre trattenete l'aria, sollevate le spalle verso l'alto tenendo le braccia tese e poi...

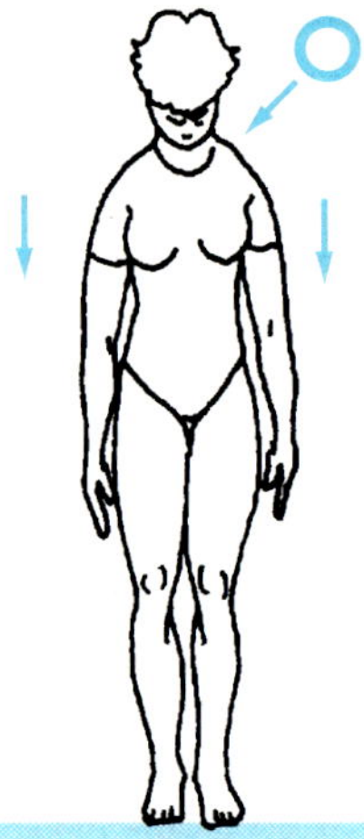

3

... abbassatele.

Ripetete i movimenti delle figure n. 2 e n. 3 quante volte ritenete opportuno, con un certo ritmo, senza esagerare.

4

Alla fine, espirate l'aria dalla bocca con forza, sollevando la testa e portando le braccia in avanti a pugno chiuso, allontanando da voi tutte le frustrazioni della giornata e ciò che vi rode dentro.

SPIONCELLO MARINO
GNP N. 5550

Chi di noi non ha goduto degli effetti benefici di una doccia al termine della giornata, per scaricare le tensioni accumulate, o al mattino, per tonificare il corpo e affrontare con maggior vigore fisico il nuovo giorno?

■ *Indicazioni:* utilizzate questo GNP usando al meglio gli effetti sul corpo dell'acqua a temperature diverse e della respirazione corretta.
Le posizioni sono quelle del GNP Uccello Azzurro descritte in questo libro. Gli effetti variano secondo la temperatura dell'acqua e le posizioni assunte.

■ *Piano di movimento:* sagittale.

■ *Frequenza:* non esiste limitazione di frequenza per lo Spioncello Marino; tuttavia, per ovvie ragioni, è più facile eseguirlo al termine della giornata o all'inizio. Per chi fa sport, l'esecuzione di una delle variazioni proposte può essere utile ad evitare la stanchezza e le tensioni muscolari, che a volte fanno seguito a sedute di allenamento particolarmente intense.

■ *Attenzione:* vi proponiamo due versioni, indicandovi come vanno eseguite. Basatevi comunque sulle vostre sensazioni e scegliete quella che è più congeniale a voi.
Se provate dolore durante l'esecuzione di questo GNP, fermatevi e consultate un libro Zilgrei più specifico o rivolgetevi ad un istruttore Zilgrei qualificato.
Durante l'esecuzione di questo GNP fate attenzione a non scivolare.

Versione n. 1

1

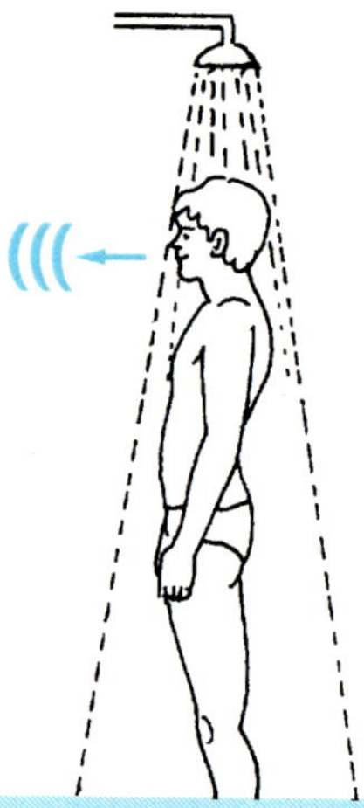

Siete sotto la doccia calda: in piedi, col busto eretto ma non rigido, e i piedi leggermente divaricati. Espirate completamente (pancia in dentro).

2

Mentre inspirate (pancia in fuori), estendete lievemente indietro prima la testa...

3

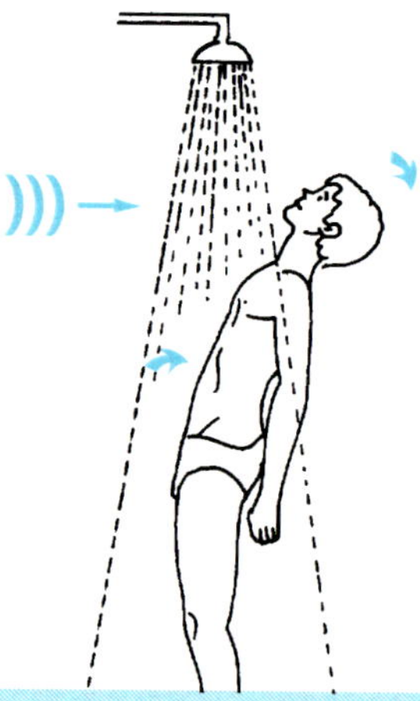

...e poi il tronco (non più di 15 gradi), senza forzare. Rimanete rilassati: i movimenti delle braccia e delle spalle seguono passivamente i movimenti della testa e del tronco.

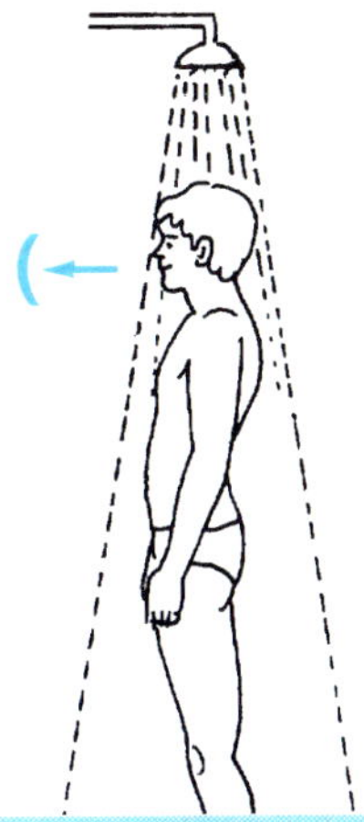

4

Mentre espirate (pancia in dentro), cominciate a raddrizzare la testa e il tronco ritornando in posizione verticale...

5

...e quindi, continuando ad espirare, flettete in avanti prima la testa...

6

...e poi il tronco, senza esagerare. Le braccia e le spalle seguono passivamente i movimenti della testa e del tronco.

7

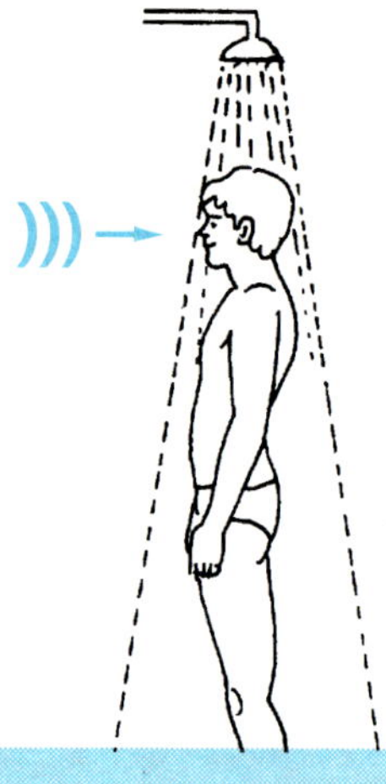

Mentre inspirate lentamente (pancia in fuori), cominciate a raddrizzare la testa e il tronco ritornando in posizione verticale.

Ripetete l'intera sequenza dalla figura n. 1 alla figura n. 7 altre quattro volte di seguito.

Versione n. 2

1

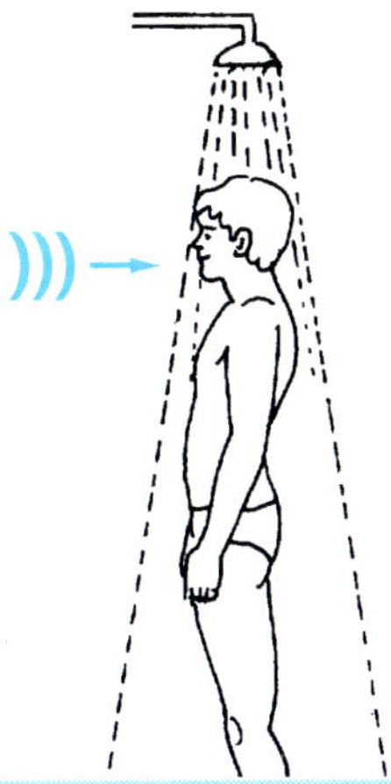

Siete sotto la doccia con l'acqua a temperatura piuttosto fredda: in piedi col busto eretto ma non rigido e i piedi leggermente divaricati. Inspirate (pancia in fuori).

2

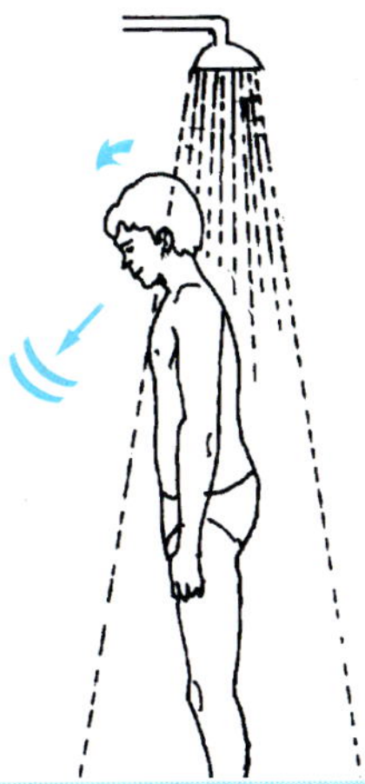

Mentre espirate (pancia in dentro), flettete in avanti prima la testa...

3

...e poi il tronco, senza esagerare. Le braccia e le spalle seguono passivamente i movimenti della testa e del tronco.

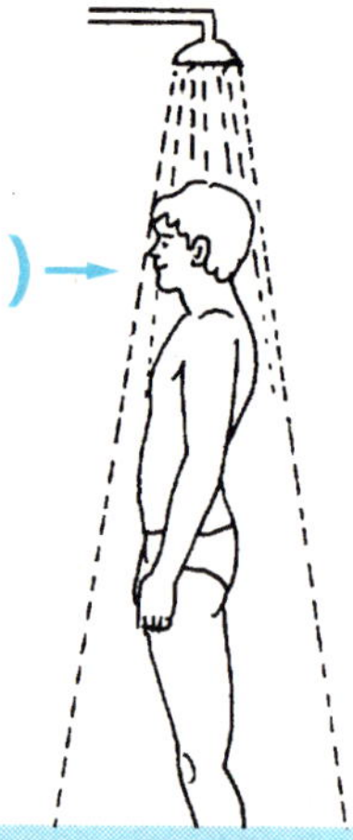

4

Mentre inspirate (pancia in fuori), cominciate a raddrizzare la testa e il tronco ritornando in posizione verticale...

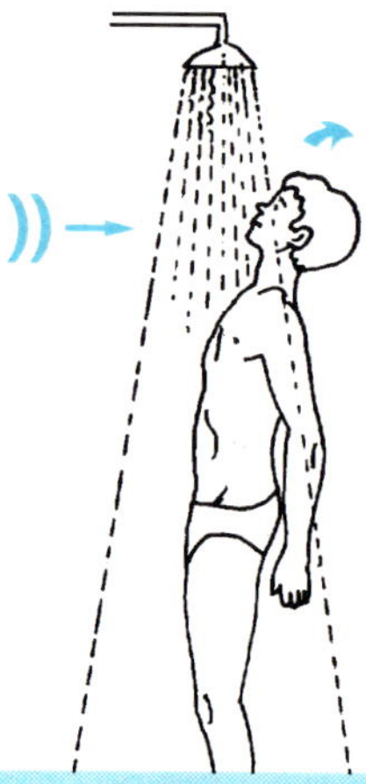

5

…e quindi, continuando ad inspirare, estendete lievemente indietro prima la testa...

6

...e poi il tronco (non più di 15 gradi), senza forzare. Rimanete rilassati: i movimenti delle braccia e delle spalle seguono passivamente i movimenti della testa e del tronco.

7

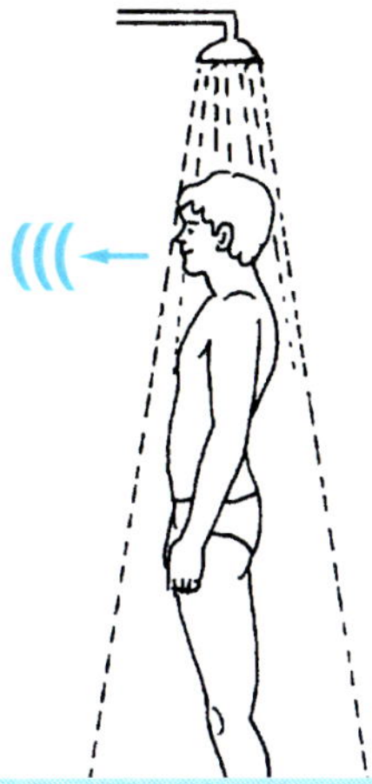

Mentre espirate lentamente (pancia in dentro), cominciate a raddrizzare la testa e il tronco ritornando in posizione verticale.

Ripetete l'intera sequenza dalla figura n. 1 alla figura n. 7 quattro volte di seguito.

GRILLAIO
GNP N. 6716

In questo GNP si utilizza la tecnica del "sospiro". Niente paura, si tratta soltanto di vocalizzare, di rendere sonora una fase della respirazione.
Questa semplice tecnica, basata su un fenomeno naturale, serve a combattere gli effetti negativi dello stress a livello mentale e fisico.

Frequenza: non c'è una limitazione di frequenza, tuttavia è meglio eseguirlo in privato, anche perché può essere imbarazzante.

Attenzione: Il sospiro che accompagna l'espirazione deve essere sonoro, cioè si deve sentire, per essere efficace. Il suono del sospiro potrebbe essere "ueeeh"!
È fondamentale che durante l'esecuzione di questo GNP venga mantenuta una posizione corretta, eretta ma non rigida.
I movimenti della testa non vanno esagerati, devono essere cioè piccoli movimenti, e vanno coordinati alle varie fasi della respirazione.

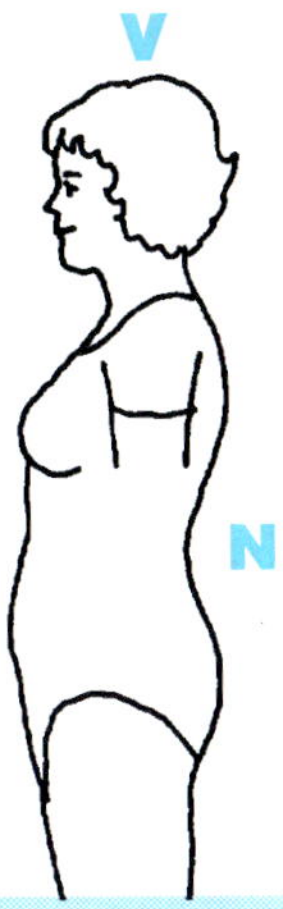

1

Posizione neutrale di partenza : in piedi, eretti ma non rigidi, o seduti correttamente.

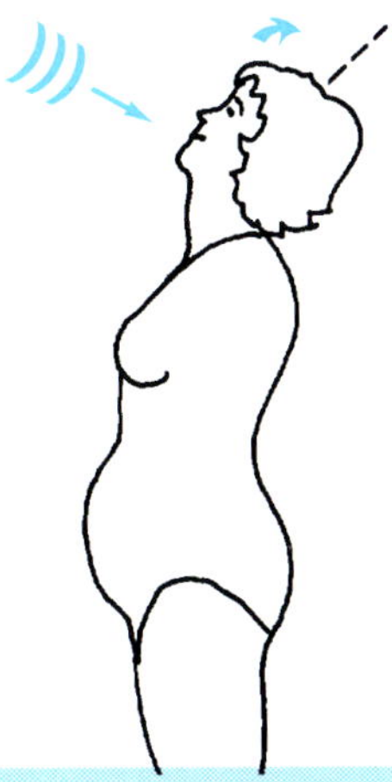

2

Mentre inspirate (pancia in fuori), flettete un po' indietro la testa.

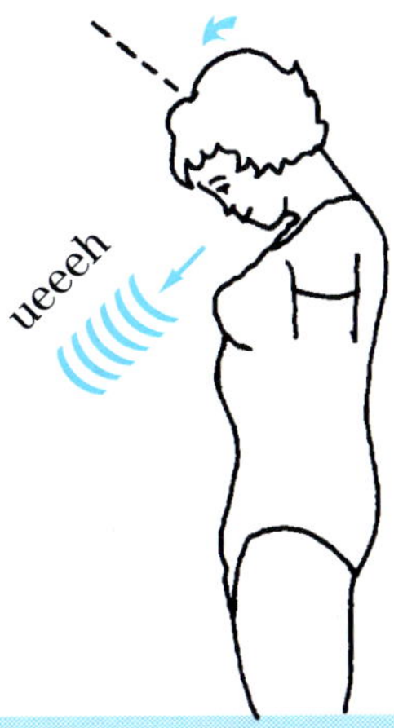

3

Espirate lentamente e completamente (pancia in dentro), flettendo lievemente la testa in avanti e rendendo sonora l'emissione di aria. Vocalizzate, per esempio, con un "ueeeh".

Ripetete, a vostro piacimento, i movimenti delle figure n. 2 e n. 3 il numero di volte che ritenete necessario per sentirvi meno tesi e più tonificati.

ASTORE
GNP N. 6195

Acquisire piena consapevolezza delle tensioni fisiche e mentali quotidiane significa aver compiuto un passo in avanti sulla strada che porta al loro controllo.
Attraverso il controllo delle nostre tensioni fisiche è infatti possibile controllare più facilmente anche quelle mentali che ci affliggono.

■ *Indicazioni:* eseguendo questo GNP, in cui facciamo contrarre volontariamente i muscoli di una determinata zona del corpo (in questo esempio, i muscoli delle braccia e delle gambe) e quindi provochiamo uno stato di tensione e poi li rilassiamo, cerchiamo di risolvere gli stati di tensione mentale e fisica del corpo.

1

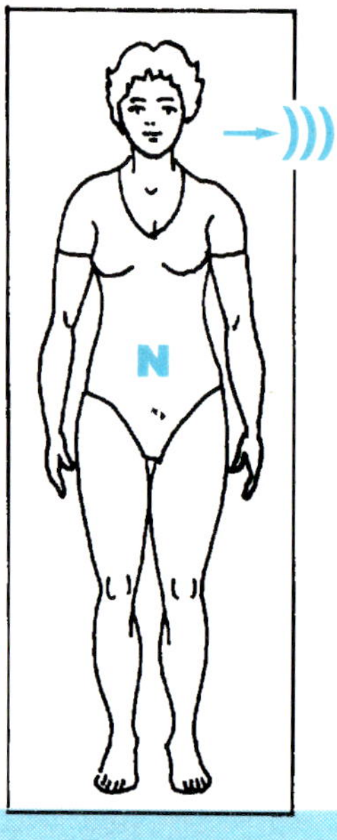

Posizione neutrale: sdraiati comodamente sul vostro letto, se è abbastanza rigido, o su un tappeto. Espirate completamente (pancia in dentro).

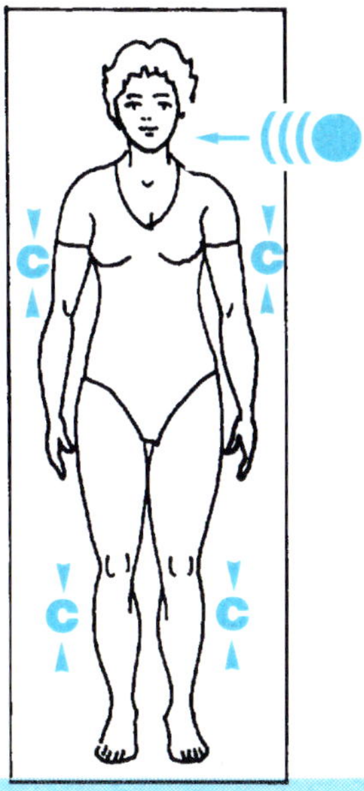

2

Mentre inspirate (pancia in fuori), contraete, cioè irrigidite, i muscoli delle braccia e delle gambe senza forzare. Mantenete i muscoli contratti e fate una pausa di cinque secondi a polmoni pieni.

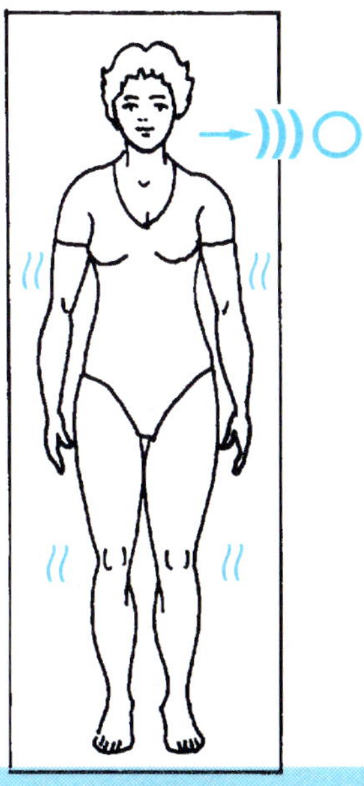

3

Mentre espirate (pancia in dentro), rilassate i muscoli delle braccia e delle gambe. Fate poi una pausa di cinque secondi a polmoni vuoti.

Ripetete quanto illustrato nelle figure n. 2 e n. 3 altre quattro volte di seguito.

TUCANO
GNP N. 7238

Questo GNP si basa sulla capacità di immaginare persone o animali o cose, oppure paesaggi naturali o scenari, in determinate situazioni statiche o dinamiche (ferme, come in una fotografia o in movimento, come nella scena di un film). È possibile anche utilizzare quadri o fotografie o disegni preparati e in questo caso usare la vista anziché l'immaginazione. Nell'uno o nell'altro caso è importante imparare ad usare la respirazione appropriata.

■ *Indicazioni:* serve per rilassare l'unità mente-corpo e imparare a controllare i pensieri negativi, sostituendo ad essi situazioni di vita che suscitano sensazioni piacevoli e positive per chi le evoca, attraverso l'immaginazione o attraverso la visione diretta.

■ *Frequenza:* non esistono limitazioni di frequenza, tuttavia può essere più facile, specialmente all'inizio, eseguire il Tucano in un ambiente tranquillo, lontano dai rumori, nella propria casa o magari in un angolo di verde cittadino (parco, giardino) o comunque in una situazione confortevole. Dopo un po' di tempo diverrà facile utilizzare questo GNP in altre situazioni come strumento per liberare la mente dalle tensioni accumulate, superare il negativismo e l'indecisione, acquisire nuove energie.

■ *Attenzione:* potete eseguire questo GNP sdraiati, in posizione supina, ma anche sdraiati sul fianco destro o sinistro se vi sentite più a vostro agio così.

Prima di iniziare, eseguite cinque o dieci cicli di respirazione dinamogenica senza i cinque secondi di pausa al termine delle due fasi della respirazione.

Potete scegliere tutto quello che vi produce sensazioni piacevoli, evocando con la vostra immaginazione persone, animali, cose o scenari, statiche o dinamiche.

Vi proporremo degli esempi per insegnarvi ad usare la respirazione appropriata al tipo di scenario che state evocando o che state guardando.

Si possono usare due tipi di scene: statiche o dinamiche.

Potete evocare con l'immaginazione e ad occhi chiusi scenari di vario tipo o guardare direttamente quadri o disegni che li rappresentano:

a) solo durante l'inspirazione se si tratta di scene statiche,

b) solo durante l'espirazione se si tratta di scene dinamiche.

Assumete la posizione neutrale di partenza, sdraiati in posizione supina oppure su un fianco, se lo preferite. Chiudete gli occhi. Inspirate (pancia in fuori).

1

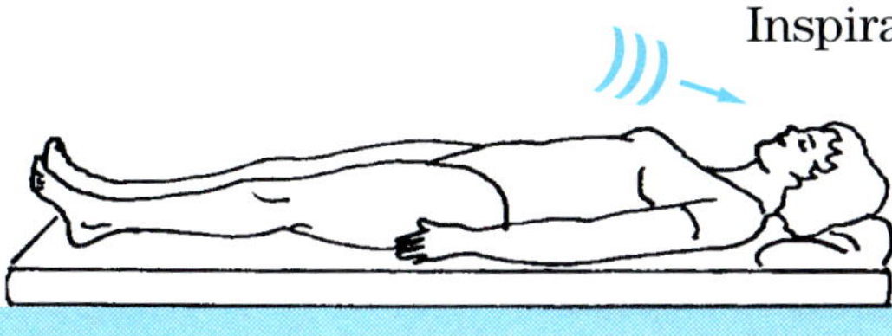

Mentre espirate (pancia in dentro) e fate una pausa di cinque secondi a polmoni vuoti, provate ad esempio a evocare l'immagine di un paesaggio alpino con un piccolo lago e un alito di vento che increspa l'acqua e fa muovere le foglie degli alberi, che fanno parte del paesaggio attorno al lago.

2

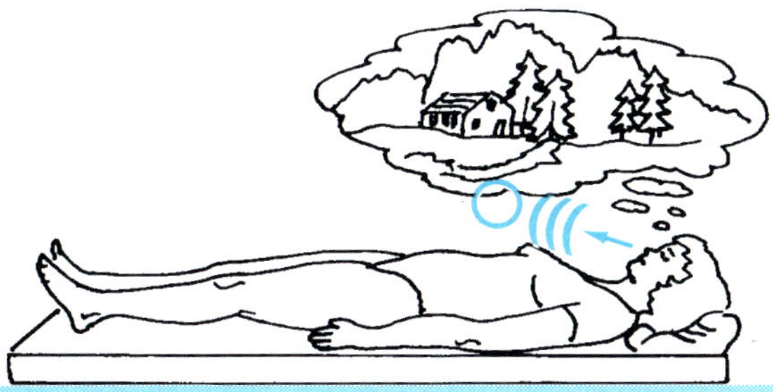

Mentre inspirate (pancia in fuori) e fate una pausa di cinque secondi a polmoni pieni, provate ad evocare l'immagine di una persona che amate.

Ripetete ciò che è indicato nelle figure n. 2 e n. 3 più volte di seguito, comunque non più di dieci volte.

3

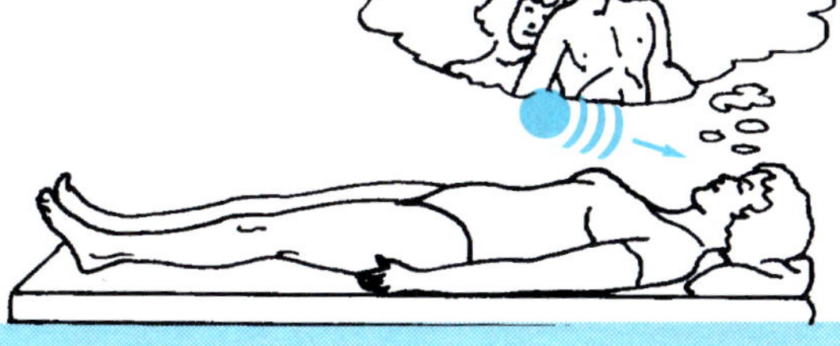

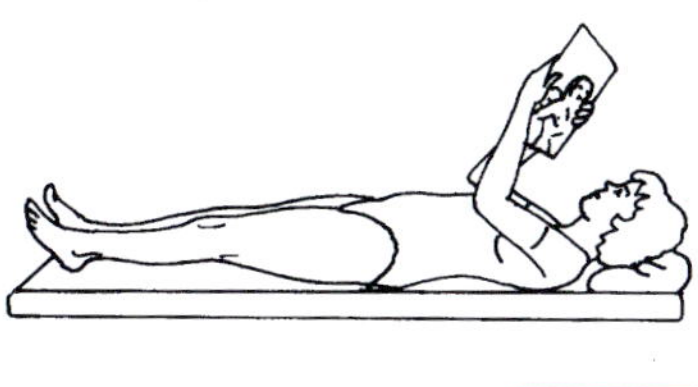

Nota. Potete invece guardare la fotografia o il ritratto di una persona amata. È una situazione statica. Fate questo durante l'inspirazione.
Se scegliete invece di guardare una scena animata (persone, oggetti o paesaggi in movimento), fate questo durante l'espirazione.

PIVIERE
GNP N. 6392

Indicazioni: questo GNP si basa sul controllo della respirazione e sull'eliminazione delle cattive abitudini respiratorie. Quando parliamo di respirazione ci riferiamo alla respirazione corretta, con la quale avete sicuramente familiarizzato. Prima di eseguire questo GNP assicuratevi che il vostro modo di respirare sia corretto.
Provate, per esempio, a ritornare a quei semplici autotest che vi abbiamo proposto nell'introduzione, e approfittatene per fare una piccola verifica. È cambiato qualcosa, avete imparato a respirare bene, vi sentite meglio?
Se non è così, abbiate un po' di pazienza, leggete con più attenzione il capitolo sulla respirazione e riprovate. Forse avete bisogno di più tempo ma siamo certi che otterrete dei risultati positivi.

Attenzione: fate un' ultima verifica eseguendo un ciclo completo di respirazione dinamogenica, per accertarvi che la eseguite correttamente.
Questo GNP nasce dall'osservazione di ciò che naturalmente fa, dal punto di vista respiratorio, chi è teso, nervoso, preoccupato per qualche problema che lo assilla e che non riesce a risolvere. Quando ci troviamo in queste condizioni tendiamo a trattenere l'aria, prolungando la fase inspiratoria ed aumentando senza rendercene conto il nostro stato di agitazione.

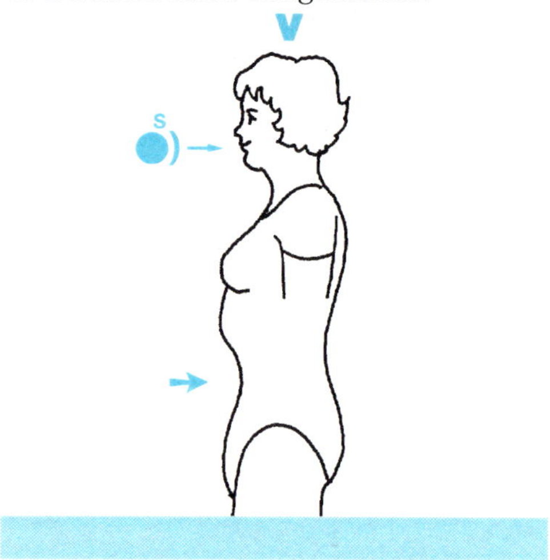

In questa figura si può osservare un modo di respirare scorretto, di facile riscontro in chi è teso, preoccupato, nervoso, molto stressato.
Potete osservare che è una respirazione superficiale e che il soggetto raffigurato trattiene l'aria nei polmoni.
Per rompere questa cattiva abitudine impariamo a comportarci da un punto di vista respiratorio in modo contrario, come illustrato nel GNP seguente:

1

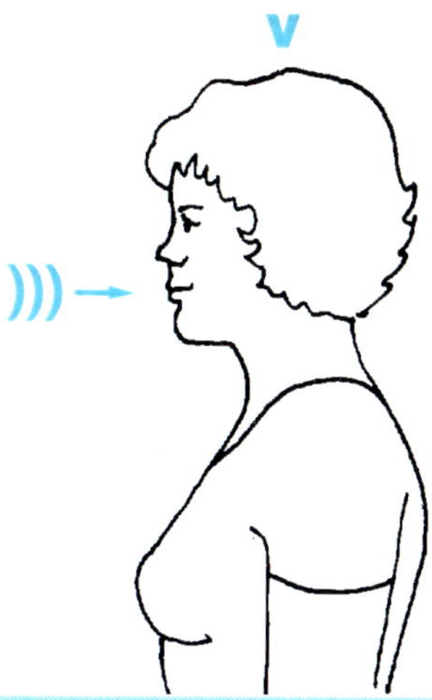

Posizione neutrale: in piedi o seduti, in posizione corretta. Inspirate col naso (pancia in fuori), senza forzare e...

2

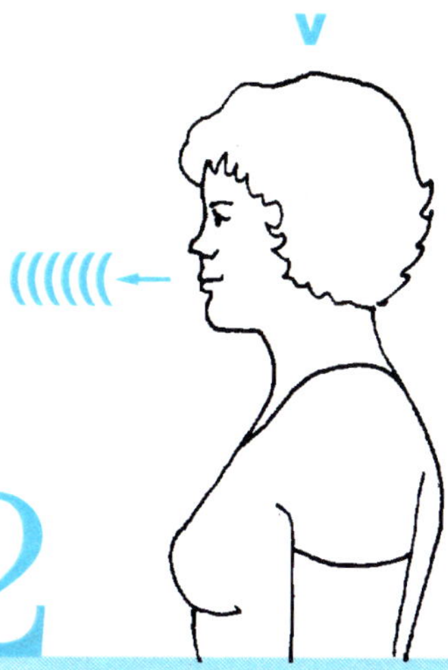

...espirate molto lentamente (pancia in dentro), facendo uscire tutta l'aria dai polmoni, prolungando un po' l'espirazione e usando la bocca.

Provate ad eseguire quanto è illustrato nelle figure n. 1 e n. 2 qualche volta di seguito, prendendo nota delle sensazioni che provate.

COME E DOVE È POSSIBILE SAPERNE DI PIÙ

Il modo più semplice consiste nel leggere attentamente questo libro dall'inizio, studiarlo specie nella parte tecnica (respirazione e GNP) e fare da soli.

Chi soffre di qualche disturbo specifico alla colonna vertebrale può procurarsi uno dei vari libri sul metodo Zilgrei. In caso di dubbi o perplessità si può ricorrere direttamente al dottor Hans Greissing presso il suo studio di Milano, Piazza della Conciliazione 1, tel. 02-4692218 o 4980645; o al dottor Carlo Di Salvo presso il suo studio di Palermo, via Alfonso Borrelli 4, tel. 091-309826; oppure a uno degli istruttori Zilgrei qualificati, ormai presenti in tutta Italia. Essi vi aiuteranno a costruire un programma di GNP adatto a voi, correggendo gli errori ed eliminando i dubbi.

Corsi per istruttori GNP

Sono in preparazione dei corsi di istruzione sul programma GNP per lo stress. Essi sono aperti a medici, fisioterapisti, infermieri, ecc., che intendessero usare questo metodo a scopo professionale, cioè per insegnarlo agli altri, ed anche a chi volesse approfondire le proprie conoscenze in merito. Consigliamo di frequentare il corso di base sul metodo Zilgrei prima di accedere a tali corsi.

L'istruttore GNP insegna come risolvere da soli i propri problemi.

Non cura, ma aiuta a scegliere i GNP più adatti, ad eseguirli in maniera corretta e a costruire un programma personalizzato.

Alla fine dei corsi GNP per lo stress viene rilasciato un attestato di frequenza. Diffidate di chiunque voglia darvi consigli o istruzioni sul programma GNP per lo stress; se non possiede l'attestato di frequenza a tali corsi, non è qualificato per farlo.

Allo scopo di proteggere il pubblico e il metodo, in questo libro ci siamo limitati a proporre i GNP più semplici e più facili da imparare e da eseguire. Questi GNP sono stati scelti tra gli oltre 500 esistenti per lo stress.

ALTRI LIBRI DISPONIBILI SUI NOSTRI METODI E PROGRAMMI DI AUTOTERAPIE NATURALI

Metodo Zilgrei di Hans Greissing e Adriana Zillo

In lingua italiana (editi da Arnoldo Mondadori Editore):

Zilgrei - Il metodo per eliminare subito il dolore.

Zilgrei - Come eliminare da soli il mal di schiena e i dolori da artrosi lombare.

Zilgrei - Come eliminare subito il mal di testa e i dolori da artrosi cervicale.

Zilgrei - Come eliminare da soli i dolori agli arti superiori.

Zilgrei - Come eliminare da soli i dolori agli arti inferiori.

Zilgrei - Come eliminare da soli i dolori dorsali.

In lingua tedesca (editi da Mosaik-Verlag):

Zilgrei: Neue Hoffnung.

Zilgrei gegen Ruckenschmerzen.

Zilgrei gegen Kopf- und Nackenschmerzen.

Programma GNP

Come appiattire la pancia con il programma GNP, di Hans Greissing, Emilio Bonzanini e Adriana Zillo, Sonzogno 1992

Sono in corso di preparazione presso Sonzogno libri che spiegano come prevenire e/o combattere, con questi metodi naturali di autoterapia, altri problemi quali la stitichezza, l'insonnia, la coxartrosi, la scoliosi, ecc.